新・教職課程演習　　第 9 巻

教育相談

筑波大学人間系准教授　飯田　順子
広島大学大学院教授　石田　弓　編著

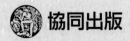 協同出版

刊行の趣旨

　教育は未来を創造する子どもたちを育む重要な営みである。それゆえ，いつの時代においても高い資質・能力を備えた教師を養成することが要請される。本『新・教職課程演習』全22巻は，こうした要請に応えることを目的として，主として教職課程受講者のために編集された演習シリーズである。

　本シリーズは，明治時代から我が国の教員養成の中核を担ってきた旧東京高等師範学校及び旧東京文理科大学の伝統を受け継ぐ筑波大学大学院人間総合科学研究科及び大学院教育研究科と，旧広島高等師範学校及び旧広島文理科大学の伝統を受け継ぐ広島大学大学院人間社会科学研究科（旧大学院教育学研究科）に所属する教員が連携して出版するものである。このような歴史と伝統を有し，教員養成に関する教育研究をリードする両大学の教員が連携協力して，我が国の教員養成の質向上を図るための教職課程の書籍を刊行するのは，歴史上初の試みである。

　本シリーズは，基礎的科目9巻，教科教育法12巻，教育実習・教職実践演習1巻の全22巻で構成されている。各巻の執筆に当たっては，学部の教職課程受講者のレポート作成や学期末試験の参考になる内容，そして教職大学院や教育系大学院の受験準備に役立つ内容，及び大学で受講する授業と学校現場での指導とのギャップを架橋する内容を目指すこととした。そのため，両大学の監修者2名と副監修者4名が，各巻の編者として各大学から原則として1名ずつ依頼し，編者が各巻のテーマに最も適任の方に執筆を依頼した。そして，各巻で具体的な質問項目（Q）を設定し，それに対する解答（A）を与えるという演習形式で執筆していただいた。いずれの巻のどのQ&Aもわかりやすく読み応えのあるものとなっている。本演習書のスタイルは，旧『講座教職課程演習』（協同出版）を踏襲するものである。

　本演習書の刊行は，顧問の野上智行先生（広島大学監事，元神戸大学長），アドバイザーの大髙泉先生（筑波大学名誉教授，常磐大学大学院人間科学研究科長）と髙橋超先生（広島大学名誉教授，比治山学園理事），並びに副監修者の筑波大学人間系教授の浜田博文先生と井田仁康先生，広島大学名誉教授の深澤広明先生と棚橋健治先生のご理解とご支援による賜物である。また，協同出版株式会社の小貫輝雄社長には，この連携出版を強力に後押しし，辛抱強く見守っていただいた。厚くお礼申し上げたい。

2021年4月

監修者　筑波大学人間系教授　清水　美憲

広島大学大学院教授　小山　正孝

序文

　現在，教育相談を取り巻く環境は大きく変化している。2000年に入り，現場でスクールカウンセラーやスクールソーシャルワーカーなど教員以外の専門家が共に活動するようになった。また，2005年に発達障害者支援法がスタートし，2007年度に特別支援教育が始動した。さらに，2013年に「いじめ防止対策推進法」，2013年に「障害者差別解消法」，2016年に不登校児童生徒を対象とする初めての法律「教育機会確保法」が施行されている。現在の教育相談は，これらの法律の下で行われることが1つの特徴である。

　これらの法律に基づいて子どもの支援を行うには，個々の教師の力量に依存したシステムではなく，チームでの対応が欠かせない。そのような背景の中出された方針が，"チームとしての学校"である。特別支援教育の専門家やスクールカウンセラーやスクールソーシャルワーカーなど多様な専門性をもつ専門家や，学校外の多様な資源と連携し，子どもの支援を行うことが目指されている。

　一方，学校生活が楽しい，わくわくするということは，子どもにとって学校に行く大きなインセンティブである。教師が行うわくわくする授業は，子どもにとって大きな支援になる。教師には"Teaching（教える）"という大きな役割がある。それに教師が専念できるよう，校内体制を整備することが今後の教育相談には欠かせない。学校における教師以外の専門家の配置が諸外国と比べてまだまだ進んでいない現状があり，教師の負担は大きい。一方，教師が授業をしながら児童生徒の様子をよく観察し，必要に応じてサポートを提供する仕組みは，日本がもつ教育相談の強みとも言える。強みを生かしながら，多様な専門家によるチーム支援を拡充していくことが，今後の学校現場には求められている。

　本書は，こうしたこれからの教育相談に必要な内容が広くカバーされている。それぞれの執筆者がこれから現場に入る教師に知っておいてほしい・

もっておいてほしいと願い書いた内容は，大事なことが重なっているところもあり，また異なる視点が提示されているところもある。読者には，これらの内容を通して読むことで，自身が大事だと思うこと，共感することを見つけてほしい。また，今すぐ必要なトピック，興味関心があるトピックから読み進めていただくという活用の仕方もある。

　本書は12章から構成されている。第1章「教育相談とは」，第2章「教育相談の方法」は教育相談の基本となる内容である。第3章「不登校の理解と対応」，第4章「いじめ問題の理解と対応」，第5章「非行・反社会的行動の理解と対応」，第6章「児童生徒の精神障害や習癖異常の理解と対応」，第7章「発達障害の理解と対応」は教育相談の対象となる児童生徒理解に関わる内容である。第8章「チーム学校と校内連携」，第9章「関係機関との連携」，第10章「保護者との連携」はチームとしての学校に関する内容である。そして，第11章「予防・開発的教育相談」，第12章「教師のメンタルヘルス」は，これから学校現場に入る教師にぜひ知っておいてほしい別の角度からなる視点を提供する内容である。

　教師を目指す人が減っている。一方で，教師でなければ体験できないことや，教師のやりがいは変わらずあるだろう。教師になりたいと思う人が，教師を目指すことができる職場環境づくりが必要である。そのためには，子どもの支援に関して学校内外の資源を有効活用し，教師が一人で抱えることがない教育相談の仕組みを築いていく必要がある。本書で学んだ学生のみなさんが現場に出て，自分らしい新しい教育相談の実践にチャレンジしていただけることを願っている。

　　2021年9月

　　　　　　　　　　　　　　　編者　飯田順子・石田　弓

目次

第3章　不登校の理解と対応

第4章　いじめ問題の理解と対応

第5章 非行・反社会的行動の理解と対応

第6章 児童生徒の精神障害や習癖異常の理解と対応

第1章

教育相談とは

Q1 教育相談を説明し，その意義について論じなさい

1．教育相談とは

　教育相談とは，多様なニーズをもつ子どもの学校生活を援助するために，すべての教師があらゆる機会をとらえ，あらゆる教育活動の中で展開するものであり，児童生徒の問題状況の改善や，学校適応の促進，人格の成長を目指す活動である（文部科学省，2008）。

　生徒指導と教育相談は，すべての教師に課された役割の1つである。生徒指導は主に集団に焦点を当て，学校行事や特別活動などを通して，集団としての成果や変容を目指す中で，結果として個の変容を目指すものとされている。例えば，学芸会を成功させるという集団としての目標があり，その中で各自がセリフを覚えみんなの前で発表することや，歌のスキルを磨くこと，舞台で使うものを作ることなど多様な活動に参加することで様々なスキルを身に付ける。集団活動を行うためには，自分の考えを主張することもあれば，自分の気持ちを抑えて周囲に合わせることもあるだろう。こうした学校生活を通して，子どもは社会性や感情調整の力を身に付けていく。一方で，集団生活に参加することに苦痛を感じる子どもや意義を感じられない子ども，自分の個人的課題が大きくなりすぎて安心して学校生活が送れない子どもなど，集団には多様な援助を必要とする子どもが存在する。教育相談は，

こうした一人ひとりの課題に目をむけ，個に焦点を当て，面接や演習などを通して個の内面の変容を図るものとされている（文部科学省，2011）。

教育相談における面接の技法や，発達心理学，臨床心理学の知見が，生徒指導の効果を高めるとされており，教育相談は生徒指導の一環として中心的な役割を担うものである。

２．教育相談では子どもの何を援助するか

教育相談では何を援助するのか。１つは，子どもの発達課題・教育課題への取り組みである。発達課題はエリクソンやハビガーストの理論がよく知られているが，子どもは成長する個人として発達課題に取り組みながら成長していく。学齢期にあたる児童期は，勤勉性対劣等感（学ぶことが楽しい，規則正しい生活を身に付ける，社会の役割を担う経験を積む）が課題であり，青年期はアイデンティティ達成対アイデンティティ拡散が課題となる。思春期が始まるころから，昨日の自分と今日の自分と明日の自分は同じ自分であるという連続的な自己観を獲得し，肯定的な自己観を形成することが課題となる。ここでは，完璧な自分を目指すのではなく，ほどよい自己観を形成することが，次の段階につながる。また，子どもたちは日本の学校に通う児童生徒として教育課題にも取り組む。教育課題は学校教育のあり方と共に変化する。以前は，中学３年生で初めて迎える受験が大きな試練の１つであった。しかし，現在は中学校受験をする児童も多く，教育課題が変わりつつある。小学校高学年から，受験のストレスで心身の不調を訴え保健室を利用する児童が増えている。子どもたちが取り組む発達課題・教育課題への取り組みを確認しながら，困難が生じている場合に，適宜援助することが重要である。

２つ目は，子どもの危機状況への援助である。コロナウィルスによる学校の臨時休校は，まさに世界中の子どもにとって危機的な状況であった。学校は子どもが学び，生活し，友達と関わる場であり，そこでは多様な活動が提供されている。臨時休校という事態は，子どもにとって大きな活動の場の喪失であり，家庭にとっても大きな社会資源の利用機会の喪失であった。この

ような中で，子どもはいつ学校が再開されるかわからない不安や友達や先生と会えないさみしさや孤独感，自分の生命に関する恐怖など，様々な感情をもちながら生活していたであろう。石隈（1999）は，子どもの危機状況について，①発達上の課題に伴う危機（例：思春期における身体の変化の受容という課題の失敗），②教育上の課題に伴う危機（進学・進級時の困難，転校，学業や受験の失敗），③心的外傷になるできごと（例：家族の死，いじめ，虐待，自然災害），④障害・病気に伴う危機（例：障害の受容の困難），⑤精神疾患の現れとしての危機（例：精神疾患が関連する自殺未遂），の５つを挙げている。このような事態に対して，子どもの援助者は子どもの情緒的混乱を受け止め，子どもが安心して日常生活を送れるよう必要な援助を行う。

　３つ目は，子どもと環境との折り合いの援助である。子どもに問題状況が発生しているとき（例えば，学校に行けない），子どもの問題と考える視点と，環境の問題と考える視点と，子どもと環境の折り合いの問題と考える視点と３つ考えられる。行動療法を専門とする田上（1999）は，子どもの不登校を理解するとき，子どもが学校に行ったときにその行動が報われているか（"正の強化子"があるか），学校に行くという行動に対してネガティブな体験が伴っていないか（"負の強化子〔罰〕"がないか）という視点で，子どもの登校行動を理解できるとしている。そして，子どもと環境の折り合いが良い状態を見極めるには，①楽しい時間を過ごしているか，②人間関係をもてているか，③自分にとって意味のある活動ができているかという観点がある。

3．教育相談と子どもの援助ニーズ

　このように教育相談には，子どもが取り組んでいる課題や心理的な状態を，援助者が予見して関わる側面がある。もう１つの側面は，子どもの援助ニーズに応じて関わる側面である。子どもの援助ニーズとは，教育・医療・福祉など社会的な視点から，子どもが援助を必要としていると判断されるものである（石隈，2014）。子どもの援助ニーズは，子どもの欲求（wants）とは異なる（石隈，2014）。欲求（wants）とは，欠乏しているものという意味で

あり，子どもが欲しいものや，して欲しいことである。子どもが欲しいこと（例えば，野菜を食べたくない，勉強したくない，ゲームを1日中していたい）を満たすことが援助ではなく，子どもの成長のために必要なことを教育的な観点から考え，苦手なことに子どもが向き合うことを援助することも，援助ニーズに応じた関わりになる。一方，子どもの欲求を理解しそれに応じることは子どもとの信頼関係の構築につながり，子どもの意欲を引き出すことにつながる。欲求とニーズは重なる部分と重ならない部分がある。

　学校心理学という子どもの援助に関する学問では，子どもの援助ニーズを学習面，心理・社会面，進路面，健康面という4領域でとらえる。各領域において子どもは多様な援助ニーズをもっている。学習面の援助ニーズには，「勉強の仕方を知りたい」「勉強を頑張っているのにテストの点数が上がらない」「授業がわからないし，勉強する気がわかない」などがある。心理面の援助ニーズは，子どもの自分とのつきあいに関するものであり，自分の性格の悩み，自分の気持ちとの折り合い，日々のストレスとのつきあいなどが含まれる。社会面の援助ニーズは，子どもと他者とのつきあいに関するものであり，友人関係，親・家族との関係，教師との関係，恋人との関係などが含まれる。進路面の援助ニーズは，「将来やりたいことがわからない」「将来役にたつ自分の得意なことがわからない」「進学先についてどのように情報を集めたらよいかわからない」などがある。健康面の援助ニーズは，「ストレスで頭痛がつらい」「自分の病気や障害について心配がある」などがある。

　教育相談は，子どものこうした多様な援助ニーズに応じる教師の関わりであり，この関わりに支えられ子どもは学校生活を送っている。教育相談は学校に欠かせない機能である。

参考文献

石隈利紀（1999）『学校心理学——教師・スクールカウンセラー・保護者のチームによる心理教育的援助サービス』誠信書房。

石隈利紀（2014）「心理教育的援助サービス」石隈利紀・家近早苗・飯田順子『学校教育と心理教育的援助サービスの創造』学文社。

文部科学省（2008）『中学校学習指導要領解説　特別活動編』ぎょうせい。

文部科学省（2011）『生徒指導提要』教育図書。

田上不二夫（1999）『実践スクール・カウンセリング――学級担任ができる不登校児童・生徒への援助』金子書房。

（飯田順子）

Q2 教育相談・生徒指導・特別支援教育の関係について論じなさい

1. 教育相談と生徒指導の関係

　子どもの援助に関わる教師の機能として，教育相談，生徒指導，特別支援教育がある。前述のように，教育相談は，一人ひとりの課題に目を向け，面接や演習などを通して個の内面の変容を図るものである。生徒指導は，主に集団に焦点を当て，学校行事や特別活動などを通して，集団としての成果や変容を目指す中で，結果として個の変容を目指すものである（文部科学省，2011）。教育相談は生徒指導の一環であり中心的な役割を担うものである。

　学校教育ではこれまで，生活指導と教科指導という2分法が見られた。これは，子どもとかかわる場面による分類である。教育相談と生徒指導の関係を考えるうえで参考になるものに，指導（ガイダンス）と援助（カウンセリング）という子どもへの関わりの機能による分類がある。指導サービスとは，子どもが成長するうえで必要な知識や能力を獲得できるよう指導する教育活動である。該当する知識や能力およびその指導方法の専門性をもつ者が，その知識や能力を児童生徒に「教える」ことであり，教師が積極的に教える活動を指す「ティーチング」と，学校生活という環境に不案内の児童生徒に，教師が案内人としてガイドするという「ガイダンス」がある（石隈，1999）。一方，援助サービスは，子どもが学校生活を通して，発達する人間として，そして児童生徒として課題に取り組む過程で出会う問題状況の解決を促進することを目的とした教育活動である。学校教育で援助するのは，子どもの発達に関する問題（例：思春期の子どもが身体の変化を受け入れること）と学校生活に関する問題（例：学級の集団に適応する，受験の準備をする）である（石隈，1999）。教育相談と生徒指導は，子どもの成長を促進する教師の関わりの2つの機能である。

　目の前にいる子どもが，今必要なのは指導なのか，援助なのか考えること

は，子どもとの関わりを考えるうえで重要な視点になる。多くの場合は両者のバランスをとりながら，教師は児童生徒と関わるが，子どもの状態によっては援助をより必要としている場合もあれば，全体を対象とした指導だけで十分に学校生活を楽しめている子どももいる。学習で苦戦している小学生の補習を行うとき，学習内容を教えることは指導になるが，子どもの自信や自己肯定感が高まるよう，子どもができていることをほめ，子どもが好きなキャラクターのシールをはり，自主的に話す子どもの好きなことに関する話（例えば，昆虫の話）に関心を示すことは，援助的な関わりになる。

2．教育相談と特別支援教育の関係

　特別支援教育の詳細は第6巻にあるためここでは触れないが，特別支援教育は，従来の生徒指導・教育相談という教師の役割に，新たに付与された教師の役割である。特別支援教育は，「LD，ADHD，高機能自閉症も含めて，障害のある児童生徒に対してその一人一人の教育的ニーズを把握し，持てる力を高め，生活や学習上の困難を改善又は克服するために適切な教育や指導を通じて必要な支援を行うもの」である（文部科学省，2003）。特別支援教育の開始にあたって，文部科学省が実施した調査では，通常学級に在籍し学習面や行動面に著しい困難のある児童生徒の割合は6.3％という結果が見られ，新たに同様の調査が行われた結果も6.5％と同様の数字が示されている（文部科学省，2012）。特別支援教育の対象となる児童生徒の多くは，通常学級に在籍し，個別のニーズに応じた配慮を必要としている。

　特別支援教育の対象は発達障害等の障害のある児童生徒とされており，この点は全ての児童生徒を対象とする教育相談と異なる点である。しかしながら，障害の有無の線引きは難しい。発達障害の診断は医療で行われるが，学習の遅れで医療につながる児童生徒は少ない。実際，学習障害（LD）は発達障害の中で一番割合が高いとされているが（文部科学省2002年調査では4.5％，ADHD＝注意欠如・多動症＝2.5％，HFA＝高機能自閉症＝0.8％），LDの診断を受けている児童生徒は少ない。発達障害に気付かれることなく適切なサポートがなく，二次障害として不登校やうつ状態に陥ることも少な

くない。不登校の状態にあり追加的な援助の対象となる児童生徒が，実は特別支援を必要としている場合も少なくない。加えて，現在は異なる言語や文化の背景をもつ子どもや，LGBTQ（セクシャルマイノリティ）など自己のセクシャリティに悩む子ども，家庭の福祉的なニーズをもつ子どもなど，多様な子どもが個に応じた配慮を必要としている。特別な支援を必要とする児童生徒は，障害のある児童生徒に限定されるものではない。このように考えると，教育相談・生徒指導・特別支援という縦割りで対応することは，子どもや家庭のニーズに沿っているとは言えない。このような背景を踏まえ，一部の自治体（例えば，神奈川県）では，"支援教育" という名称が使用され，児童生徒の支援ニーズに応じた教育の提供が目指されている（例えば，石隈・阿久澤，2015）。

3. 教育相談・生徒指導・特別支援教育をどう展開するか

　2007年の特別支援教育のスタートにより，教育相談・生徒指導という従来の教師の役割に，特別支援教育の役割が加わった。特別支援教育を推進する高橋（2007）は，「特別支援教育は，全く独立した新しい作業ではない。日常の教育指導の中で行われるものである」と述べている。特別支援教育の知識や技術の向上は，子どものつまずきの理解につながり，教育相談・生徒指導の力量アップにもつながる。高橋（2007）は，「LDの指導を学んだ先生は，学級全体の学習指導がうまくなる」「ADHDの指導を学んだ先生は，集中しやすい環境を作り，行動のコントロールがうまくなるので学級全体が落ち着く」「高機能自閉症の指導を学んだ先生は，対人関係を見る目が鍛えられ，学級全体の人間関係を育てる力がつく」（p.31）と述べている。また，教育相談・生徒指導に裏打ちされた学級経営は，特別支援教育を行う基盤にもなる。授業が成立していない状況で個別の配慮を行えば学級崩壊につながりかねない。教師と児童生徒の関係ができていないところで，指導の工夫を取り入れると，特別扱いという批判がでる。集団が安定していないと弱い立場の子どもがいじめなどの形でダメージを受けやすい（高橋，2007）。この3つの役割は，個々の教師の中で統合され，展開される。

　また，これらの3つの役割は，生徒指導，教育相談，特別支援教育を担う校内組織（部会や委員会と呼ばれる）を中心に展開される。各校内組織では，各役割に関する教師の理解を高めるための研修を企画する，学校全体の情報を集約し必要な支援を検討し役割を分担し対応する，児童生徒との全員面談の機会（例：教育相談週間）を設けて学校全体の援助機能を高めることが行われる。これらの部門で長い経験をもつ教師は，子どもの援助に関する専門性が高く，学校の中で援助の中心的な役割を担っている。この教師を中心とする組織に加え，現在は心理の専門家であるスクールカウンセラーや，福祉の専門家であるスクールソーシャルワーカーが参画し，多職種による子どもの援助の充実が目指されている。前述のようにこれら3つの役割の対象となる児童生徒は重なりが大きく，役割ごとに分けられるものではない。したがって，校内でこの3つの組織が置かれている場合にも，縦割りにならないよう組織間の連携が重要であり，情報共有と協働が欠かせない。

参考文献・URL

石隈利紀（1999）『学校心理学——教師・スクールカウンセラー・保護者のチームによる心理教育的援助サービス』誠信書房。

石隈利紀・阿久澤栄（2015）「学校心理学は支援が必要な子どもに何ができるのか？」『学校心理学研究』，15，pp.59-71。

文部科学省（2003）「今後の特別支援教育の在り方について（最終報告）」https://www.mext.go.jp/b_menu/shingi/chousa/shotou/054/shiryo/attach/1361204.htm（2021年5月24日閲覧）。

文部科学省（2011）『生徒指導提要』教育図書。

文部科学省（2012）「通常の学級に在籍する発達障害の可能性のある特別な教育的支援を必要とする児童生徒に関する調査結果について」https://www.mext.go.jp/a_menu/shotou/tokubetu/material/1328729.htm（2020年9月24日閲覧）。

髙橋あつ子（2007）『一から始める特別支援教育「校内研修」ハンドブック』明治図書出版。　　　　　　　　　　　　　　　　（飯田順子）

Q3　教育相談の援助の対象について説明しなさい

1．子どもを対象とした教育相談

　教育相談の援助の対象はすべての子どもである（文部科学省，2011）。実際の教育相談の展開としては，学校全体あるいは学年・学級などの子どもの集団を対象にする場合と，1人の子どもを対象とする場合がある。

（1）すべての子ども

　すべての子どもを対象とした教育相談では，対象とする集団（学校全体，学年，学級など）のほぼすべての子どもが有すると思われる援助ニーズに応えることを目的とする（石隈，1999）。具体的には，新入生を対象とした学校生活への不安の解消や期待の向上を目的としたり，学校の統廃合によって複数の学校の子どもが1つの学校に通うようになった時に，廃校となった母校を惜しみながらも新たな学校への所属感を高めることを目的としたりする。

　また，学校生活上の困り事や悩みを把握するためにも，学校全体で教育相談週間を設定しすべての子どもと教師が面談する取り組みも行われている。教育相談週間では子どもの自発的な相談を待つのではなく，教師の方から呼び出して相談の場を設定するため，本当は困っていても自分から相談できずにいる子どもには特に重要な機会となる。

　このようにすべての子どもを対象とした教育相談を行うことによって1度に多くの子どもの援助ニーズに応えることができる。ただし，子どもによって援助ニーズの大きさは様々であり，1回あるいは数回の教育相談で全員の援助ニーズを満たすことができるわけではない。そのため実際には，すべての子どもを対象とした教育相談を行う時に，援助ニーズの特に高い子どもの様子を観察し，後述するような少数あるいは個別の子どもを対象とした教育相談によって必要な支援を加えていくことになる。

（2）困難さが生じ始めた少数の子ども

　すべての子どもを対象とした教育相談のみでは十分に援助ニーズを満たすことが難しい子どもたちがいる。例えば，学習意欲が低下した子どもや，友人を作りたくてもうまく作れない子ども，転校生，外国籍の子ども，家庭環境の悩み（両親の離婚・再婚，きょうだいの誕生）を有する子どもなどである。学校では，これらの問題状況にいる子どもがより大きな困難（不登校，いじめ被害など）に直面する前に予防的に関わることを目的とした教育相談が行われる。早期発見と時期を見計らった適時の支援が重要となる（石隈，1999）。

　困難さが生じ始めた子どもの早期発見のためには，担任教師のみでなく養護教諭や保護者の役割も大きい。学校全体で，そして家庭と学校が連携して子どもの教育に当たる姿勢によって，子どもの困難さにより早く気付くことが期待される。

（3）大きな困難さのある個別の子ども

　長期欠席や不登校，いじめ，非行，発達障害や精神障害と関連する学校生活上の困難さなどの問題状況にある子どもには個別の支援が必要である。これらの個別の子どもを対象とした教育相談では個々の問題状況に対処しながら学校生活を送れるようにすることを目的とする（石隈，1999）。

　教育相談の展開に当たっては，子どもの強み（自助資源）と子どもを取り巻く環境の強み（援助資源）を活用しながら重大な援助ニーズに応えていくことが重要である（石隈，1999）。子どもの強み（自助資源）には，得意な教科がある，仲の良い友人がいる，趣味や好きなことがある，等が挙げられる。援助資源には本人の問題状況を理解しようとしてくれる人たちが該当し，家族，友人の他，学校内の様々な教職員（養護教諭，スクールカウンセラー，部活動顧問），習い事の先生，受診している医療機関等が挙げられる。

　学校生活に大きな困難さが生じている個別の子どもへの支援においては学校内外の連携が不可欠である。連携によって複数の教職員や福祉・医療等の面から，様々なニーズへの支援を展開することができる。

２．教育相談における保護者との関わり

　子どもが不登校やいじめ，学力不振など学校生活上の困難さのある時，子どものみでなく保護者との関りも重要となる。保護者はカウンセリングニーズ（保護者自身の子育ての迷いや葛藤，疲弊，苦労を聞いてほしい）とコンサルテーションニーズ（子どもにどのように接したらよいか教えてほしい）を有していると考えられ（田村・石隈，2007），保護者との信頼関係を作りながら具体的な子どもへの支援方法を見つけていくには両方のニーズに応えながら面談を進めると良い。

３．教育相談の留意点

　教師が行う教育相談の留意点として以下の３点が挙げられる（本田，2020）。第一に，教師と子ども，教師と保護者という人間関係の影響が教育相談の場に生じる点である。教職員が相談を受ける子どもと同じ場で生活しているため，相談場面以外の人間関係が反映しやすい。例えば日頃から教師に叱責されることが多い子どもは，教育相談週間での教師との面談に拒否的になるかもしれない。第二に，指導と援助のバランスの葛藤である。学級担任が反社会的な行動（未成年の飲酒・喫煙，万引き，暴力行為等）への教育相談を行う場合に，指導的な関わりと援助的な関わりの両方を同時に行う難しさが生じる。第三に，守秘義務の取扱いである。学校内外の連携をするうえで，秘密の保持や個人情報の保護などについて関係者間で共通認識を徹底しつつも，必要な情報は共有しなければ子どものための良い援助を展開できず，そのバランスが難しい。

　これらの課題解消のためには，複数の教職員による教育相談体制（援助チーム）を作ることが重要である。

参考文献

本田真大（2020）「学校カウンセリング体制と校内連携」『教職課程コアカリキュラム対応版——キーワードで読み解く特別支援教育・障害

児保育＆教育相談・生徒指導・キャリア教育』福村出版。

石隈利紀（1999）『学校心理学』誠信書房。

文部科学省（2011）『生徒指導提要』教育図書。

田村節子・石隈利紀（2007）「保護者はクライエントから子どもの援助の
　　　パートナーへとどのように変容するか——母親の手記の質的分
　　　析」『教育心理学研究』55，pp.438-450。

（本田真大）

Q4　教育相談の実施者について説明しなさい

　学校心理学では子どもの支援者を，様々な業務の1つとして支援を行う複合的ヘルパー（教師），支援を主な業務とする専門的ヘルパー（スクールカウンセラー，スクールソーシャルワーカーなど），保護者としての役割の1つとして支援を行う役割的ヘルパー（保護者），自発的に支援的な関わりを行うボランティア的ヘルパー（友人，習い事の先生など）の4つに分類している（石隈，1999）。教育相談の主な実施者は複合的ヘルパーである教師や養護教諭と，専門的ヘルパーであるスクールカウンセラー，スクールソーシャルワーカーなどであり，チームとして教育相談を展開するうえで役割的ヘルパーやボランティア的ヘルパーの協力を仰ぐことがある。

1．教師

（1）担任教師等

　子どもは学校生活の中で様々なことに悩み，その相談相手に担任教師の他，教科担当の教師，部活動顧問など，様々な教師を選択する。教育相談はあらゆる教育活動においてすべての子どもを対象に実施されるものであるため，すべての教師が教育相談の基本を理解し実践できるように研修を受けることが望まれる（文部科学省，2011）。

　教師が行う教育相談の利点は，子どもの学校環境自体に影響を与えられることにある。子どもの悩みを聞いて落ち着かせるにとどまらず，自分が担当する教科の授業の進め方を工夫したり（板書する量を減らす，グループ活動を行う前に自分の意見をまとめる時間を作る等），人間関係に配慮して席替えを行ったり，部活動の練習方法を調整したりすることができる。これらの学校環境への働きかけは，困難さが生じている子どもの学校生活を支えるうえでとても大きな支援となる。

　教師が子どもや保護者との教育相談をうまく展開するためには，信頼関係の形成が不可欠である。そのために，教師は子ども一人ひとりに関心をもっ

て子ども理解に努め，強み（自助資源）を発見する姿勢を大切にすることが欠かせない。また保護者は授業参観や三者面談等で直接的に，学級だよりや成績表の所見，採点の仕方，子どもから聞く教師の姿等で間接的に，教師のことを理解していく。教師は子どもの良さを保護者に伝えるなど，問題状況が何も生じていないときに信頼関係を積み重ねることが重要である（文部科学省，2011）。

（2）養護教諭

養護教諭の職務は健康管理，保健教育，健康相談，保健室経営，保健組織活動など多岐にわたり，その職務の特質はすべての子どもの入学時からの成長・発達を見ることなどにある（文部科学省，2011）。保健室には心身の不調を訴える子どものみでなく，いじめ被害や被虐待が疑われる子ども，不登校傾向のある子ども，非行や性問題行動を繰り返す子どもなど，様々な援助ニーズのある子どもが来る。そのため養護教諭が子どもの援助ニーズに気付き，他の教職員と連携して教育相談を進めることが重要である。

養護教諭は保健室の活動の中で，保健調査の結果（既往症や感染症の罹患，アレルギー，学校生活での必要な配慮や相談の希望など）や健康診断の結果（過呼吸，過敏性腸症候群，大幅な体重の変動，無月経などメンタルヘルスの問題が疑われるもの），日々の欠席や遅刻・早退，保健室来室状況から子どもの健康面の援助ニーズを把握する。そして，子ども本人に健康面を中心に直接話を聞き，必要性と子ども本人の希望を確認しながら担任教師やスクールカウンセラーと連携して教育相談を展開する。悩みを抱えながらも相談できない子どもの中には身体症状や不定愁訴として訴える者もいるため，身体面から子どもの援助ニーズに気付き，教育相談を進める養護教諭の役割は極めて重要である（相樂，2018）。

養護教諭が教育相談の役割を果たすためには，日頃から他の教職員とコミュニケーションを図り必要に応じて連携すること，職員会議で養護教諭からの報告の機会を確保すること，校内研修会で保健室からの事例を取り上げること，等に留意する必要がある（文部科学省，2011）。

2．教員以外の専門スタッフ

　チーム学校（チームとしての学校）とは，多様な専門性をもつ職員の配置を進め，教師と多様な専門性をもつ職員が1つのチームとしてそれぞれの専門性を生かして連携・分担する学校のことである。専門的ヘルパーであるスクールカウンセラーとスクールソーシャルワーカーはチーム学校における教員以外の心理や福祉に関する専門スタッフに挙げられている。スクールカウンセラーは心理の専門家として児童生徒等へのカウンセリングや困難・ストレスへの対処方法に資する教育プログラムの実施を行うとともに，児童生徒等への対応について教職員，保護者への専門的な助言や援助，教育のカウンセリング能力等の向上を図る研修を行っている専門職である。スクールソーシャルワーカーは福祉の専門家として問題を抱える児童生徒等が置かれた環境への働きかけや関係機関等とのネットワークの構築，連携・調整，学校内におけるチーム体制の構築・支援などの役割を果たしている。学校においてはスクールカウンセラーやスクールソーシャルワーカーを生徒指導や教育相談の組織に有機的に位置付け，教職員に周知徹底することが求められる（中央教育審議会，2015）。

　スクールカウンセラーが専門的に行う仕事は，要支援者（子ども個人や学級集団，保護者等）の置かれた問題状況や心理に関する情報を集めて分析するアセスメント，要支援者への直接的な援助であるカウンセリング，要支援者の関係者（不登校の子どもの担任教師等）の相談に乗って要支援者への援助方法を考え，実施し評価するコンサルテーション，子どもへの授業や保護者への講演会という形で実施される，心理に関する適切な情報提供や自己理解，コミュニケーション能力の向上等を図るための予防開発的心理教育，がある。さらにこれらにとどまらず，スクールカウンセラーには事件・事故が生じた際の緊急支援や，災害に被災した学校での支援も求められる。また，学校の教育相談の機能を高めるために，管理職に対して相談室をよりよく利用してもらうための校内支援体制そのものに対する提案や助言を行うことも重要な役割となる（本田，2020）。

参考文献・URL

中央教育審議会（2015）「チームとしての学校の在り方と今後の改善方策
　　について（答申）」http://www.mext.go.jp/b_menu/shingi/chukyo/
　　chukyo0/toushin/__icsFiles/afieldfile/2016/02/05/1365657_00.pdf
　　（2020年3月30日閲覧）。

本田真大（2020）「学校カウンセリング体制と校内連携」『教職課程コアカ
　　リキュラム対応版　キーワードで読み解く特別支援教育・障害児
　　保育＆教育相談・生徒指導・キャリア教育』福村出版。

石隈利紀（1999）『学校心理学』誠信書房。

文部科学省（2011）『生徒指導提要』教育図書。

相樂直子（2018）「養護教諭が中心となる健康面からの援助」水野治久・家
　　近早苗・石隈利紀編『チーム学校での効果的な援助――学校心理
　　学の最前線』ナカニシヤ出版, pp.114-122。

（本田真大）

Q5 教育相談の進め方について，子どもの援助ニーズの視点から説明しなさい

1．予防的／開発的教育相談の進め方

子どもを対象とした教育相談には，学校生活に関わる様々な能力の基礎部分とも言える心の成長を支えることを目的とした開発的（発達促進的）教育相談，問題状況を未然に防ぐ予防的教育相談，そして，既に生じている問題状況の解決を目指す問題解決的（治療的）教育相談に分けられる（文部科学省，2010）。いずれにしても子どもたちの援助ニーズを把握することで具体的な教育相談を行うことができる。

（1）予防的／開発的教育相談のアセスメント

予防的／開発的教育相談を実施しようと思う時，教師は対象となる集団（全校，学年，学級）のどこかに課題や今後の心配があるであろう。予防的／開発的教育相談はこのきっかけ（教師の気付き）から始まり，より詳細な援助ニーズのアセスメントを行う。学校で実施しやすいアセスメントの方法としては，複数の教師間で当該集団の子どもの特徴を話し合う，子どもに援助ニーズに関するアンケートを作成し実施する，などが考えられる。

援助ニーズを把握することで子ども集団の課題を明確にし，教育の目標を設定する。例えば「表面的には仲が良いが，一度けんかすると仲直りできず居場所がなくなる」という人間関係上の課題（社会面の援助ニーズ）が見つかった学級であれば，「人間関係上の葛藤をうまく解決する」，「孤立している子どもを積極的に仲間に入れる」などの目標が考えられる。

（2）予防的／開発的教育相談の方法

子ども集団の実態のアセスメントと目標設定の後に，具体的な方法の検討を行う。生徒指導提要（文部科学省，2011）には8つの方法（例えば，ストレスマネジメント教育やソーシャルスキルトレーニング等）が紹介されており，各技法は子どもの心理面，社会面，進路面，健康面のニーズに応えるも

のとなっている。その他にも，学習面の援助ニーズ（家庭学習を継続することが難しいなど）に対応する学校生活スキルトレーニング（飯田，2010）なども開発されている。

（3）予防的／開発的教育相談の実践と評価

　具体的な方法を基に実施計画を作成し，実践した後に評価を行う。一度きりの実践では効果は限られるかもしれないため，多くの場合は実践後の学校生活においても予防的／開発的教育相談で学んだことが定着するような工夫を取り入れる。

　また，予防的／開発的教育相談を行う集団の中にいる子どもの援助ニーズの程度は様々である。そこで，特に援助ニーズの高い子どもについては実践後の学校生活をよく観察し，必要に応じてスクールカウンセラー等と連携した問題解決的／治療的教育相談へとつなげることも検討する（本田，2015）。

2．問題解決的／治療的教育相談の進め方

　問題解決的／治療的教育相談は，不登校，いじめ被害，発達障害や精神障害と関連する学校生活上の困難さなどが生じている子どもからの相談の申し出や保護者からの相談の他，教師の方から呼びかけて相談の場を設定する形で始まることが多い。そして，既に大きな困難さが生じているために担任教師1人で子どもの相談を受けることよりも，保護者や他の教職員を含めた複数人で子どもの支援に当たることがよくある。ここでは複数人で支援を行う場合の問題解決的／治療的教育相談の進め方を解説する。

　問題解決的／治療的教育相談は常にアセスメントを行いながら進められる。特に必要になるのは「気付く」，「深める」，「確かめる」の3つの場面である（本田，2018）。

　教師は学校生活で大きな困難を抱え始めた子どもにできるだけ早期に「気付く」ことが望ましい。気付くためには援助ニーズの視点（学習面，心理面，社会面，進路面，健康面）からの子どもの普段の様子や変化の観察や教職員間の日頃の情報共有が重要である。

　困難な状況にいる子どもに気付いた後には，その子どもに関する情報を収

集・分析し，子どもの理解を「深める」。その際に援助ニーズのみでなく，子どもの強み（自助資源）と子どもを取り巻く環境の強み（援助資源）に関する情報も集めると具体的な支援方法を考えるのに役立つ。子ども本人との面談や保護者との面談，教職員間の情報共有によって行ったアセスメントの結果，および子ども本人の希望を踏まえて，教育相談の目標を設定する。その目標（援助方針）を基に具体的な支援（援助案）を考え，「誰が，何を，いつからいつまで行うか」を明確にした計画を立てて支援を行う。援助方針は教育相談を通して目指す大きな方向性であり，援助案は各自の特徴を踏まえた具体的な方法である。例えば教師は授業の進め方を変えて子どもの負担を減らす，スクールカウンセラーはカウンセリングを行う，などが考えられる。

　これらの支援が一定程度経過した後，その結果を「確かめる」こともアセスメントの一部である。子どもの学校生活上の変化を見定め，共有しながら教育相談の結果を確かめ，さらに必要な支援を展開したり，教職員のチームによる教育相談を一旦終えたりする。

3．教育相談に拒否的な子どもたちへの援助

　教師が行う教育相談は子どもや保護者が自ら相談しに来ることで始まるのみでなく，教師の方から援助ニーズが高いと判断された子どもや，その子どもの援助者としての保護者に相談に来てもらうことで開始することもある。つまり，困難さが生じている子どもや保護者が常に教師に相談するとは限らないのである。実際に，ベネッセ教育総合研究所（2010）が小学4年生～高校2年生を対象に実施した調査の2009年のデータでは，「日頃良く話す，一緒に遊ぶ友だち」が「いない」と回答した子どもの割合は0.5～3.4%である一方で，「悩みごとを相談できる友だち」が「いない」と回答した子どもの割合は5.7～16.9%であった。つまり，「一緒に遊ぶ友人はいるが相談できる友人はいない」という子どもたちがある程度存在すると考えられる。

　悩みの相談に関する心理は「援助要請」と呼ばれ，援助ニーズがあっても相談しない心理には「困っていない」（本人に問題意識が乏しい），「助けて

ほしいと思わない」（他者を頼ったり，力を借りたりしようとしない），「『助けて』と言えない」（助けてほしいが言い出せない），という 3 つがある（本田，2017）。教師は日々子どもたちの様子を見る中で，「相談に来ない子どもは困っていない子どもだ」と考えるのではなく，援助要請の心理に配慮して相談しやすい学校環境づくりに努めることが重要である。

参考文献・URL

ベネッセ教育総合研究所（2010）「第 2 回子ども生活実態基本調査報告書」http://berd.benesse.jp/berd/center/open/report/kodomoseikatu_data/2009/pdf/data_05.pdf（2020 年 9 月 3 日閲覧）。

本田真大（2015）「特別支援教育における教師とスクールカウンセラーとの協働」『指導と評価』5 月号，pp.36-38。

本田真大（2017）『いじめに対する援助要請のカウンセリング――「助けて」が言える子ども，「助けて」に気づける援助者になるために』金子書房。

本田真大（2018）「アセスメント」渡辺弥生・西山久子編著『必携　生徒指導と教育相談――生徒理解，キャリア教育，そして学校危機予防まで』北樹出版，pp.103-107。

飯田順子（2010）「中学生のスタディスキルの育成の試み」『学校心理学研究』10，pp.3-15。

文部科学省（2011）『生徒指導提要』教育図書。

（本田真大）

第2章

教育相談の方法

Q1 教育相談のための，児童生徒を援助する方法について説明しなさい

　学校教育の中で児童生徒を援助する方法は，学校心理学において心理教育的援助サービスと呼ばれている。ここでは，心理教育的援助サービスの方法についてその概略を紹介する。

1．心理教育的アセスメント

　児童生徒の援助を考える際に，適切な児童生徒理解がなければ，そこに必要な援助が届くことはない。まずは児童生徒についての理解が必要不可欠である。学校における児童生徒理解のためのプロセスを心理教育的アセスメントと呼んでいる。

　学校心理学における心理教育的アセスメントの定義は「子どもの問題状況についての情報を収集し，分析して，援助介入に関する意思決定を行う資料を提供するプロセスである。」（石隈，1999）とされている。心理教育的アセスメントを行う際には，幅広い視点で子どもをとらえる力が必要となる。

2．カウンセリング

　カウンセリングとは，カウンセラーの専門的な知識・技能による面接によって問題解決を目指して行われる援助であるが，カウンセリングの応用分野である学校カウンセリングは，このスタイルに限定されてはいない。学校

カウンセリングでは，スクールカウンセラーなどの専門家による援助も行われるが，教師も援助者である。援助のスタイルは，個別の面接による援助のみならず，児童生徒への援助的な関わりはすべてカウンセリングとしてとらえている。また，カウンセリングの目的も問題解決だけではなく，心身の健康の増進や健全な人格の成長促進が重視され，教育的，開発的なカウンセリングが求められている。このように学校カウンセリングは，広い意味で児童生徒の成長を援助する取り組みである。

3．コンサルテーション

　学校心理学では，コンサルテーションとは「子どもの理解や援助に関する援助者の課題に対する援助」（石隈，1999）であり，「異なった専門性や役割をもつ者同士が子どもの問題状況について検討し今後の援助のあり方について話し合うプロセス（作戦会議）」（石隈，前掲書）であるとされている。例えば，児童生徒の直接的な援助者である教師が，児童生徒の援助内容や方法など何らかの課題を抱えた際に，この教師の抱える課題について，専門家がそれぞれの立場から教師を援助する取り組みのことである。児童生徒に対する支援のスタイルとしては，教師が児童生徒に行う直接的援助に対し，コンサルテーションは教師を介して児童生徒を援助する間接的援助と位置付けることができる。

　コンサルテーションでは，援助を受ける者をコンサルティ，自らの専門性に基づいてコンサルティに対して援助を行う者をコンサルタントと呼んでいる。

4．援助チーム

　児童生徒の問題解決に向けた援助を考えた時に，児童生徒と1対1の面接で相談に乗る姿をイメージする人が多いのではないだろうか。もちろん，そのようなスタイルでの援助は非常に大切である。しかし，もし児童生徒に関わる複数の大人がそれぞれの考えによって個々に支援することが生じれば，せっかくの援助が効果的でないだけではなく，時として児童生徒にとって負

担を大きくすることにもなりかねない。そのため，児童生徒の援助資源である大人は，チームとなって援助の目的や方法を共有しながら児童生徒を援助していくことが求められる。

　学校心理学では，子どもの抱える問題の解決を目指して取り組む複数の専門家と保護者によって構成されるチームを援助チームと呼んでいる。援助チームでは，保護者は自分の子どもの専門家であるとの認識に立ち，専門家同士の問題解決に向けた作戦会議では，保護者も子ども援助のパートナーとして位置付いている。

5．コーディネーション

　ここまで，子どもを援助する心理教育的援助サービスとしての方法を紹介してきたが，これらの援助方法が学校の中でより円滑に機能し効果的な援助を実現していくためには，個々のチームや学校内の組織，また学校外の専門機関や地域との関係などにおいても様々な調整が必要になる。このような援助活動を調整するプロセスのことをコーディネーションと呼んでいる。

　学校心理学では，コーディネーションを「学校内外の援助資源を調整しながらチームを形成し，個別の援助チームおよびシステムレベルで，援助活動を調整するプロセス」（瀬戸・石隈，2002）と定義している。コーディネーションは，コーディネーターにより実践されるが，「チーム学校」を促進するためには，校内の複数のコーディネーターがチームとなって取り組んでいくことが求められている。

6．心理教育的援助サービスのプロセス

　ここまでの5つの心理教育的援助サービスが効果的に機能するためには，まず子どもの援助ニーズの把握である心理教育的アセスメントをスタートとしながら，その時々において各サービスの比重を変化させながらも同時並行的にサービスが行われることが重要となる。例えば，教師やカウンセラーは子どもとの関係づくりを行いながらアセスメントを行っていくが，その際にも広義のカウンセリングとして日常的な関わりの場を活用しながら，状況に

応じて個別の面接も行っていく。また，アセスメントは援助目標を設定し介入方法を検討する際に特に必要であるため，援助過程の初期に必要である印象が強いかと思われる。しかし，行っている支援をより適切なものへと修正しながら進めていくためにも子どものアセスメントは援助過程の途中においても実施される必要がある。また，各サービスを展開するうえで最も大切なことは子どもとの信頼関係（ラポール）の構築であることは忘れてはならない（石隈，前掲書）。

参考文献

石隈利紀（1999）『学校心理学――教師・スクールカウンセラー・保護者のチームによる心理教育的援助サービス』誠信書房。

日本学校心理学会編, 石隈利紀・大野精一・小野瀬雅人ほか責任編集（2016）『学校心理学ハンドブック　第2版「チーム」学校の充実をめざして』教育出版。

瀬戸美奈子・石隈利紀（2002）「高校におけるチーム援助に関するコーディネーション行動とその基盤となる能力および権限の研究」『教育心理学研究』50（2），pp.204-214。

藤田哲也・水野治久・本田真大・串崎真志（2017）『絶対役立つ教育相談――学校現場の今に向き合う』ミネルヴァ書房。

（茅野理恵）

Q2 児童生徒理解のための，心理教育的アセスメントの方法について説明しなさい

　児童生徒を適切に援助するには，前提として十分な児童生徒理解が行われる必要がある。一人ひとりの子どもに応じた効果的な援助を行うためには，子どもが出会う問題状況についての情報や教育活動に活かすことのできる情報を適切に収集し，さらにこれを分析，活用できることが重要となる。

1．心理教育的アセスメントの対象と収集する情報の内容

（1）子どものアセスメント

　子どもについての情報を収集する際にまず重要となるのは，特定の視点からのみの偏った情報収集にならないことである。例えば，子どもが学習面で苦戦している時，その背景が学習スキル獲得の課題など学習面のアセスメントで見えてくることもあるが，一方で家庭環境の急変により学習に集中困難となっているケースや，視力の低下による健康面の課題を抱えているケースも存在する。そのため，子どものアセスメントは，常に幅広い視点から行われる必要がある。その際，学習面，心理・社会面，進路面，健康面という大きく4つの領域を意識しておくだけでも見落としを小さくすることができる。

　また，各領域についての情報を収集する際に有効となるのが，自助資源と援助資源という視点である。問題状況を解決する際に，子どもの強みやすでにある資源を活用することは非常に効果的である。自助資源とは，子ども自身がもつ強みであり，学習やストレス対処のスタイル，さらには趣味や特技なども含まれる。これらは，子ども自身が自助資源としての認識をもち，自らのために有効に機能させることができるようになると，自分自身を支える大きな力となる。また，援助資源とは子どもの周りにあって子どもの問題解決に役立つものや助けになるもので，人的資源や物的資源など内容は様々である。

（2）環境のアセスメント

　子どもが抱える問題の背景を探るうえで，子どもの環境の理解は不可欠である。学級であれば集団規模や男女比などに加え，学級の雰囲気や集団で重視されている価値観なども重要となる。教師の学級の経営方針や子どもたちに求められている行動などもアセスメントのポイントである。また，当然ながら，子どもの所属する場は，学校だけではない。家庭や地域などにも目を向け，子どもの環境について幅広く知る必要がある。環境という視点には，その子に関わる親や教師などの大人の存在も含まれることを意識しておきたい。

（3）子どもと環境とのマッチングについてのアセスメント

　子ども個人とその環境についてのアセスメントに加え，この両者のマッチングという視点からアセスメントすることも必要である。子どもの苦戦が見えてきた際に，子どもと環境それぞれには大きな問題はなく，あくまでマッチングの課題であることも少なくない。ある子にとってはとてもわかりやすい授業の進め方が，ある子にとっては苦手でわかりにくいという場合もある。学級の雰囲気についても同様で，居心地の良さというのは子ども個々の特性によっても感じ方は大きく変化してくるものである。

（4）支援者のアセスメント

　支援者も子どもにとっての環境である。支援者自身がどのような価値観をもち，子どもたちに何を求めているのかなど自身のアセスメントが必要である。自身のもつ価値観や信念などに無自覚であると，子どもに対する思い込みやSOSのサインの見落としなどが生じやすくなる。支援者であれば，常に自覚しておきたいところである。

２．情報収集の方法

（1）行動観察（観察法）

　情報収集の方法として，まず直接行動を観察するという方法がある。学校生活を共にする教師にとっては，観察場面は多様に存在する。行動を観察する際には，横断的な視点から発達段階の近い周囲の子どもたちと異なる点の

有無に注目したり,縦断的視点からその子のそれまでの姿との変化の有無に注目したりすることで子どものサインがとらえやすくなる。また,学校では子どもによって制作された絵や作文といった様々な作品から,その子の感じ方やものごとのとらえ方を知ることができる。このような作品などを通しての子どもの理解も行動観察の1つと言える。

（2）聞き取り（面接法）

児童生徒と直接話をすることや周囲からの聞き取りによって得られる情報は非常に多い。児童生徒との面接では,子どもが安心して話せる場所や人などの環境を整えたうえで面接をすることが必要である。受容的な姿勢で聴くことはもちろんであるが,子どもが感じていることの中には,上手く言葉にできない部分も多くある。このことを忘れずに,子どもの言葉のみにとらわれることなく,言葉の背景にも常に思いを馳せながら聴く姿勢も重要である。

児童生徒の周りには,その子を最もよく知る保護者や友達がいる。教師とは異なる面からの多くの情報をもつ存在であり,情報の共有ができると子どもの援助資源が増えることにつながる。

（3）アンケート調査や心理検査（調査法・検査法）

教育相談に関する定期的なアンケート実施は,児童生徒のSOSのサインをキャッチすることに有効である。アンケートには,自身のことだけではなく友達についての心配事が寄せられることもあり問題の早期発見につなげることができる。また,知能検査や認知特性,性格特性を測定する検査など,標準化された検査を用いて子どもの特性を把握することができるが,検査を実施する際には,検査の目的が明確になっていることが重要である。また実施後は,専門家の意見を仰ぎながら,結果を教育活動や支援に活かす取り組みが不可欠である。

3．心理教育的アセスメント実施の際の留意点

児童生徒の心理教育的アセスメント実施の際の留意点を述べておく。適切なアセスメントが実施できるか,その鍵を握るのは児童生徒との信頼関係である。信頼関係は,日々のちょっとした関わりを大切に積み重ね続けること

により構築される部分が大きい。常日頃からこのことを意識することが重要となる。また，収集した個人情報は慎重に取り扱われなくてはならない。児童生徒の支援に関わるすべての人が守秘義務と個人情報の保護について高い意識をもつことが必要で，情報はそのうえで共有されなくてはならない。

参考文献

石隈利紀（1999）『学校心理学——教師・スクールカウンセラー・保護者のチームによる心理教育的援助サービス』誠信書房。

水野治久・石隈利紀・田村節子・田村修一・飯田順子編著（2013）『よくわかる学校心理学』ミネルヴァ書房。

（茅野理恵）

Q3 児童生徒の相談に応じるための，カウンセリングのプロセスについて説明しなさい

カウンセリングは，援助者と児童生徒が出会い，協同して課題解決に取り組み，その関係を解消するまでの一定のプロセスがある。一般的には，次のような経過をたどると考えられる。

1．カウンセリングが始まる前の段階

カウンセリングは，実際に会って話をする前の段階から始まっている，と言われることがある。ある子どもが教員に相談してきたという場面を想像してみよう。その子どもは，何かしらの悩みを抱え，その悩みが自分自身の力では解決不可能であると判断して相談を申し込んでいるだろう。そして，その相談相手として，保護者でも友人でもなく，また他の教員でもなく当該教員が適切であると考えて相談しに来ていると言える。ここには，いくつかの留意点が存在する。

まず，ある子どもは，教員に話しかけることさえも躊躇し，大きな勇気を振り絞って来談していることもあるだろう。あるいは，自力での解決を早々に放棄し，教員に解決を委ねているように見える子どももいるかもしれない。このように，それぞれの子どもが相談に至る態度は多種多様であり，その思いを受け止めることがカウンセリングの第一歩であると言えるのではないだろうか。

また，悩みを解決するためにその援助者が有用だという判断には，その援助者に対する期待や不安，普段の人間関係といった様々な要素が含まれている。こうしたポイントがその後のカウンセリングの展開に影響をもたらすことは，容易に予測できるであろう。このように，カウンセリング開始前の状況に思いを馳せることは，援助者にとって極めて大切な態度になる。

2．カウンセリングの初期段階

（1）インテーク面接

　カウンセリングでは，実際に初めて対面する面接を「インテーク面接（受理面接）」と呼び，その後の継続面接とは一線を画すものとして考えられている。インテーク面接では，児童生徒が来談しようと考えた目的（主訴）や来談経路（誰かに評判を聞いたとか，自分でこの先生がいいと思ったといった来談に至った経緯）などを確認することによって，どのような課題が背景にあるのか，児童生徒はどのようなパーソナリティかといったことを暫定的にアセスメントする。そして，そのアセスメントに基づき，援助者は，自分が面接を担当するにふさわしいのかといったことを判断し，場合によっては適切な機関を紹介するということも行う。

　さらに，インテーク面接で何よりも大切であるのは，児童生徒との間に信頼関係（ラポール）を構築することであり，それは，以上に述べたような情報収集を行ったり，今後の面接を展開していったりするためにも必要な，基本的事項となる。信頼関係が感じられることによって，児童生徒は面接への利用価値を感じ，面接を継続することを決意するのである。したがって，インテーク面接は，その後の面接を大きく左右する重要なポイントであるという認識をもって臨む必要がある。

（2）その後の面接初期段階

　その後，面接初期の段階では，主に児童生徒に対する共感的理解を示しながら，問題が明確化していくことを支えることになる。

　ここで大切になるのは，中立的な態度で面接に臨むことである。悩みを抱えている者は，自分自身の力では問題を解決することができないという絶望感を抱き，援助者に助けを求め，自分の絶対的な味方として自分の話を聞いてくれるだろうと期待している場合がある。このような状況で，援助者が児童生徒の意見を全面的に賛成するように話を聞いてしまえば，援助者に対して強い信頼を抱くようになり，ひいては依存的な関係につながりかねない。そのことは，援助者が課題解決の道標を知っており，カウンセリングを受け

てさえいれば問題が消失するかのような誤解や期待を生み出す場合もある。

　しかしながら，カウンセリングの目的は，援助者が児童生徒の問題を代わりに解決してあげることではない。カウンセリングが目指すべきは，児童生徒が，自分自身の力で問題を解決できるように支えることである。したがって，児童生徒の話をあえて中立的に聞いていくことにより，児童生徒の自律性をサポートしていく態度を示すことが重要になる。この援助者の態度を肌身で感じることにより，児童生徒は，援助者に支えられながらも自分で自分に向き合う経験を重ねることになるのである。

3．カウンセリングの中期段階

　援助者と児童生徒の関係が安定し，問題が明確化してくると，カウンセリングは中盤に差しかかっていると言える。

　この段階では，児童生徒は自分を見つめ，問題の状況やその背景にある自分の課題を理解しようという取り組みを始める。それは例えば，「友達ができないのは自分に勇気がないせいだと思い込んでいたけど，どうやら話しかける方法が下手みたいだ」「お母さんのことが大好きだけど，だからこそ言いたいことが言えないでいたんだなぁ」などというように，これまで気付いていなかった自己の側面に触れていく経験である。これに対し，援助者は，そうした気付きが深まるように質問をしたり，気付いた事柄に深く共感を示したりして，その気付きを促す役割を担っていく。

　しかしながら，そうした自分の課題に気付いたからと言って，そのことをすぐに受け入れられるとは限らない。さらに，受け入れたからと言って，その状況をすぐに変化させられるものでもない。そうした心の動きは，面接において「抵抗」として表現されることがある。具体的には，面接の遅刻やキャンセルなどの形で自分の課題に向き合う機会を避けようとする，といったものが抵抗の代表例となる。こうした抵抗が起こっていることを面接で取り上げていくことが，児童生徒の自己理解を進展させていくことがある。

4．カウンセリングの後期段階

　中期段階を経て，児童生徒が自らの課題に取り組む気持ちをたしかなものとしていくと，次に必要になるのは具体的な変化に向けた取り組みである。まずは，課題解決のために必要な変化は何かを考え，変化に向けた目標設定を行うことになる。そして，その変化を実際に起こすための計画を立て，実行してみるという作業を行っていく。

　この段階では，援助者には，目標設定や行動計画が実現可能なものになるようサポートしたり，くじけそうになる気持ちを励ましたりするような援助が求められてくる。また，実際に試みた行動変化について，児童生徒とともに振り返ることを通じ，目標設定や行動計画を変更する必要はないか，次のステップに進んでいくべきかどうかなどを考えていくことも必要になる。このようにして，主訴の解決を目指して具体的な共同作業を行い，その解決がなされているかどうかを見定めていくのがカウンセリングの後期段階であると言える。

5．カウンセリングの終結

　後期段階において，十分に課題が解決されたという双方の合意が得られると，カウンセリングは終結となる。終結にあたっては，一般に，終結面接の日程を決め，それまでの面接では今までよりも面接頻度を少なくするなどの終結に向けた準備をすることが多い。これは，面接がない状況でも本当に日常生活に支障がないかなどについて，実際に体験をしてみて検討することが必要と考えられるためである。そのようにして，やはり終結しても大丈夫だと考えられるのであれば，これまでの面接過程を振り返り，児童生徒・援助者双方が別れを味わう機会を設け，実際の終結となる。

　しかしながら，カウンセリングの終結は，このように双方が合意した終結ばかりではない。児童生徒が面接を希望しなくなるといった意図的な中断や，転居や病気等による不本意な終結もある。さらに，援助者の転退職や病気等によって不本意ながら終結せざるを得ない場合もある。このような場合

には，そこに至った経緯を検討しつつ，必要かつ可能な限りの別れの作業を行い，場合によっては適切な機関への紹介を行うことが求められる。児童生徒が，今後必要な時にどこかでカウンセリングを受けることへのハードルを下げるよう働きかけることが重要である。

参考文献

福島脩美・田上不二夫・沢崎達夫・諸富祥彦編（2004）『カウンセリングプロセスハンドブック』金子書房。

金沢吉展編（2007）『カウンセリング・心理療法の基礎——カウンセラー・セラピストを目指す人のために』有斐閣。

諸富祥彦（2014）『新しいカウンセリングの技法——カウンセリングのプロセスと具体的な進め方』誠信書房。

（五十嵐哲也）

Q4　児童生徒の相談に応じるための，カウンセリングの理論について紹介しなさい

　カウンセリングには，数百種類の技法が存在すると言われている。ここでは，その中で代表的とされているいくつかの理論について紹介する。

1．心理力動論的アプローチ

　心理力動論的アプローチは，20世紀はじめ，フロイト（S. Freud）が創始した精神分析に始まったものであり，その後様々な形で心理療法を発展させてきた。無意識の存在に注目し，対話によって顕現化された課題の背景にあるものへの気付きを促すことを目指し，それにより課題解決に結びつけようとする立場である。

　この立場に関連し，いくつかの特徴的な考え方が提唱されている。

　第1には，3層構造モデルである。これは，人間の心が意識，前意識，無意識という領域から成っているというものである。意識とは自覚できる心の部分で，無意識とは思い出せない心の部分，前意識はその中間に当たるような，思い出そうと思えば思い出せる心の部分とされている。

　第2に，精神機能が，エス（イド），自我，超自我という3要素に分かれているというものである。エス（イド）は本能的な欲望が湧き上がっている部分，自我は現実状況に合わせてコントロールする機能，超自我は道徳的判断を行う機能を有するとされる。

　第3に，発達論の提唱である。人がどの部位に快楽を見いだすかという視点から，人生の段階を口唇期（0〜2歳），肛門期（2〜3歳），男根期（3〜6歳），潜伏期（6〜12歳頃），性器期（12歳〜）と分類した。

　心理力動論的アプローチでは，このような考えを基礎に置きながら援助対象となる方への理解を深めていこうとする。そのうえで，傷つきを回避してきた経験などのために十分に体験されてこなかった自己のありようを探求させ，変容させていこうとしている。具体的な方法は様々であるが，例えば，

援助者との間で起こっているトラブルが，面接室以外の場でその児童生徒が起こすトラブルとどんな関連性があるのか，そしてそれがその児童生徒のそれまでの体験とどう結びついているのかを解釈するなどの方法がある。

2．行動療法

　行動療法は，援助対象の方が抱えている課題を「行動」の視点からとらえ，その行動改善を目指すものである。例えば，不登校を「登校する」という行動ができていない状態ととらえ，登校行動の形成を目標として支援をするということが考えられる。

　こうした行動療法は，種々の学習理論に則って形作られている。古典的条件付けは，犬に餌を与える際にベルの音を鳴らすことによって，そのうちにベルの音を聞くだけで唾液が出るようになるというものである。このように，ある刺激とある刺激が連合し，新たな反応が起こってくるような仕組みを指し，これをもとに曝露法（恐怖の対象に現実にあるいはイメージで直面することにより，不安反応を消去していく方法）や，系統的脱感作法（不安の強さを階層化しておく一方で，脱感作と呼ばれるリラクセーション法を学んでおく。そのうえで，リラクセーション法を実践しつつ低い階層にある不安状況に直面していく方法）が実践されている。

　オペラント条件付けは，ある行動に対して報酬や罰を与えることによって，その行動が自発的に起こるようにする，あるいはその行動が起こらなくなるようにするというものである。この考え方をもとに，トークンエコノミー法（特定の行動が生起した際にトークンと呼ばれる報酬を与え，そのトークンが一定数に達したら具体的な報酬を与える方法），タイムアウト法（問題行動が生じた際に，怒ったりするのではなく，誰もいない部屋に移動させるなどして感覚を遮断する方法）が実践されている。

3．認知行動療法

　認知行動療法は，行動の変容において認知という概念を取り入れた心理療法である。

　認知行動療法では，次のような考え方を取る。人はそれぞれ，同じ状況に置かれても，その状況をどのようにとらえるかは各個人によって異なっており，自動的に瞬時の判断を行っている。特に，強いストレスを感じるような場面においては，その主観的な判断が大きく偏ってしまい，その偏った判断は非合理的になってしまう。そのため，不快な感情が高まり，結果的に不適応的な行動や，不快な身体反応が引き起こされる。この循環が学習され，パターン化してしまっていると考えられるので，この悪循環をどこかで断ち切ることが必要である，というものである。この考え方に従い，認知行動療法では，まず，問題を整理し，自動思考（状況に対して瞬時に湧き出る思考）がどのように感情や行動に対して影響しているのかを考えるところから始めていく。そして，自動思考がいかに現実とずれているのかを理解し，より現実的な柔軟な認知を獲得する練習に取り組み，様々な現実状況への応用を図っていくということになる。

　具体的な方法としては，セルフモニタリング法（自分の行動，認知，感情，身体反応などを観察し，それを記録することで，自分自身の認知の歪みなどに気付きを促す方法），認知再構成法（ストレス状況における自動思考を記録し，その思考はどれくらい妥当なものなのか，他の考え方はないのか，他の考え方をした場合にどんな気持ちになるのか，といったことを検討し，代替思考への変容を促す方法），行動活性化法（やる気がないから行動しないのではなく，行動すればやる気が出るととらえ，ポジティブな活動を増やすことによって自発的行動が強化されるように促す方法）などがある。他にも多様な技法が存在するが，援助の対象者の状況などに応じて技法を取捨選択していくことになる。

4．パーソンセンタード・アプローチ

　ロジャーズ（C. Rogers）が提唱したものであり，非指示的療法，来談者中心療法と呼ばれてきたものである。その考え方の中心は，人間は成長する能力，自己実現に向かう力を有しており，援助者はそれを支えるために存在するのであって，治療者と患者というような一方的に問題を解決する・され

るという関係性ではないという特徴がある。したがって，援助者と援助対象の方との関係性を通して，援助対象の方が自己に向き合い，成長を図ることができるよう，援助する過程が求められる。

　そのため，援助者には，次の３つの基本的態度を備えることが必要になるとされる。まずは，自己一致の状態にあることである。これは自分の内面の感情をそのまま受けとめ，それを意識の中で否定したりねじまげたりしないでいられることをさす。次に，無条件の肯定的配慮（受容）である。これは，相手をかけがえのない存在として尊重する態度であり，援助者の価値観や好み，常識にかかわらず，相手を受け入れ，評価や解釈をしないことをさす。さらには，共感的理解である。これは，援助対象の方の主観的な見方，感じ方，考え方を，あたかもその人のように感じたり，考えたりすることをさす。

　こうした態度をもちながら，援助者は，積極的傾聴を行って面接を進めていく。積極的傾聴とは，援助対象の方の考えや気持ちをその人の立場にたって理解することで，その人が自分自身を理解し，自信ある行動がとれるよう助力する聴き方のことである。具体的には，相槌や頷きを行いながら相手の感情をありのままに受け止めること，相手の使用した言葉をそのまま繰り返すこと，相手の感情を伝え返すこと，相手の明確になっていない考えなどを明確化していくことなどの方法が含まれる。これらによって，十分に受け入れられた体験をもち，しだいに自己の内面へと気付きが促されていくのである。

参考文献

乾吉　佑・氏原　寛・亀口憲治・成田善弘・東山紘久・山中康裕編（2005）『心理療法ハンドブック』創元社。

岩壁　茂・福島哲夫・伊藤絵美（2013）『臨床心理学入門――多様なアプローチを越境する』有斐閣。

小此木啓吾・成瀬悟策・福島　章編（1990）『臨床心理学体系７　心理療法①』金子書房。

（五十嵐哲也）

‖ Q5　児童生徒の環境への働きかけとして，コンサルテーションの意義について説明しなさい

　児童生徒の援助を考えたとき，児童生徒の環境である学校や教師，親や家庭に働きかけることが子どもにとっての間接的な援助となることがある。ここでは，子どもへの環境への働きかけの方法として，コンサルテーションを紹介する。また，コンサルテーションは子どもの支援に関わる様々な専門家による，よりよい連携にも必要な技法である。

1．コンサルテーションの特徴

　援助を受ける者をコンサルティ，自らの専門性に基づいてコンサルティに対して援助を行う者をコンサルタントと呼ぶことは，Q1ですでに説明した。このコンサルタントとコンサルティが対等なパートナーである点や専門性の異なる者同士が互いの専門性を尊重しながら進んでいく点が，スーパービジョンやカウンセリングといった他の援助関係と異なる特徴と言える。コンサルテーションは，コンサルティの求めによって行われることが基本である。コンサルタントはコンサルティの求めに応じて，援助のための様々な提案を行うが，対等な立場であるコンサルティは，自らの責任によって提案内容を選択し実行することとなる。

　学校におけるコンサルテーションは，多くの場合コンサルタントとコンサルティが常に固定された関係ではなく，作戦会議の状況により立場が柔軟に入れ替わる相互コンサルテーションのスタイルとなる。例えば，担任，養護教諭，スクールカウンセラーの3者による作戦会議の場では，担任がコンサルティとなりコンサルタントとしてのスクールカウンセラーの心理的視点からの助言や養護教諭からの健康管理面からの助言が有効に機能する場面もあれば，スクールカウンセラーや養護教諭がコンサルティの立場となり，担任からの学習への取り組み方についての情報提供や学級でできる支援方法の提案が支援に役立つ場面もある。

２．３タイプのコンサルテーション

　学校において実践されているコンサルテーションの代表的な３つの形を紹介する。１つ目は，問題解決型コンサルテーションである。子どもの問題状況について，この解決を目指した複数の専門家をメンバーとするチームによる作戦会議であり，最も代表的なスタイルである。２つ目は，研修型コンサルテーションであり，教師や保護者を対象とした研修会がこのスタイルに当たる。コンサルタントである講師が，コンサルティである教師や保護者に専門性を活かして，子どもの援助に有効な知識や技術を提供していくスタイルである。３つ目は，システム介入型コンサルテーションである。主に学校組織を対象として，子どもの援助に関するシステムの構築や修正を目的として行われるコンサルテーションのスタイルである。

３．教師による保護者へのコンサルテーション

　異なる専門家同士の援助関係であるコンサルテーションにおいて，教師が保護者に対してコンサルテーションを行う際には，保護者はその子の専門家であり子どもの問題解決におけるパートナーであることをしっかり認識する必要がある。子どもの抱える問題の解決のために，子どもの環境である保護者に対してアプローチをかけることは少なくない。その際に，コンサルテーションのモデルを意識せずにいると，保護者に上下の関係を感じさせるような関わりになりかねない。教師が保護者へアドバイスやカウンセリング的な支援を行うことも多いが，その目的は子どもの直接的な援助者である保護者を援助することを通して，子どもの問題状況の改善や解決を目指しているということを忘れてはならない。

４．援助チームでの相互コンサルテーション

　援助チームでの作戦会議は，子どもの直接的な援助者が複数含まれることが多く，相互コンサルテーションのスタイルで進行することが多い。この相互コンサルテーションの場である援助チームには，３つのスタイルがある

（石隈・田村，2003）。保護者・担任教師・コーディネーターなどの子どもの支援の核になるメンバーで構成されるコア援助チーム，学年の教師や養護教諭など子どもと関わる校内のメンバーによる拡大援助チーム，外部の専門機関や地域の援助資源などが含まれるネットワーク型援助チームである（詳しくは，第8章Q4）。子どもの支援の状況により，各スタイルの援助チームが柔軟に形成されることが望ましい。

5．効果的なコンサルテーションに向けて

　作戦会議のすべての参加者にとって有意義な会議であったと実感できるコンサルテーションをするために，日頃から大切にすべきポイントがある。コンサルテーションは，自らの専門性を活かして援助を行っていく場であることは前述した通りである。しかし，自らの専門性を高めるだけでなく，連携する他のメンバーの専門性についての知識を深めることが成功のポイントとなる。子どもを総合的に支援するには，教育，心理，福祉，司法，医療など様々な領域で援助に当たる専門家の役割を知ってこそ，その中で自らの専門性を子どものために活かせる場がより明確になる。また，周囲の援助資源がもつ力を互いに知ることで，援助者同士による援助要請を容易にし，結果として子どもへのその時々の状況に応じた適切な援助の提供につながるのである。

　また，コンサルテーションの中で工夫すべきポイントも1点紹介しておく。これは，コンサルテーションに限ったことではないが，ていねいな言葉選びである。コンサルテーションの中でも特に問題解決を目指している際などは，ネガティブな印象の強い表現が多くなりがちである。これを参加者が前向きに思考できような言葉に変換して表現することが大切になる。例えば，「子どもの問題」を「子どもが抱えている課題」，「わがままな子」を「苦戦している子」などに変換していくことなどがあげられる。さらに，日頃使用している言葉の中には，他の専門家には耳慣れない専門用語が多く含まれている。わからない言葉を使用されると，参加者の緊張や不安を高めることにつながりかねないため，これらの言葉も参加者すべてが理解できる表

現に変換して伝えられる力が必要である。これらの変換作業をていねいに行うことは，子どもの援助者同士の協働への意欲にも大きく影響を与え，より効果的な援助を生み出すことにつながるのである。

参考文献

石隈利紀（1999）『学校心理学——教師・スクールカウンセラー・保護者のチームによる心理教育的援助サービス』誠信書房。

石隈利紀・田村節子（2003）『石隈・田村式援助シートによるチーム援助入門　学校心理学・実践編』図書文化社。

グレッグ・ブリッグマン，リンダ・ウェッブ，ジョアナ・ホワイト，フラン・ムリス（谷島弘仁訳）（2012）『学校コンサルテーション入門——よりよい協働のための知識とスキル』金子書房。

（茅野理恵）

第**3**章

不登校の理解と対応

▌Q 1　児童生徒が不登校状態に陥ってしまう原因と学校における早期発見の視点について述べなさい

1．不登校の原因

（1）不登校のきっかけとなる出来事

　2018（平成30）年の文部科学省による調査（「平成30年度児童生徒の問題行動・不登校等生徒指導上の諸課題に関する調査結果について」）によると，不登校児童生徒本人に関係する不登校の要因として，小学校，中学校では「『不安』の傾向がある」，「『無気力』の傾向がある」，「『学校における人間関係』に課題を抱えている」の順に高い割合を示している。高等学校では「『無気力の傾向』がある」が最も高い。一方，学校，家庭に関係する要因から見ると，小学校では「家庭に係る状況（家庭の生活環境の急激な変化，親子関係をめぐる問題，家庭内の不和など）」が半数以上の割合を占めている。中学校では「家庭に係る状況」と「いじめを除く友人関係をめぐる問題」が，高等学校では「学業の不振」と「いじめを除く友人関係をめぐる問題」がそれぞれ多く認められる。

　上記の調査は教師による回答を集計したものであるが，実際に不登校を経験した生徒自身を対象とした調査（文部科学省，「不登校に関する実態調査——平成18年度不登校生徒に関する追跡調査報告書」）では，結果がやや異なる。「あなたが学校を休みはじめた時のきっかけは何ですか？」との問い

に対する回答（複数回答可）では，「友人との関係（いやがらせやいじめ，けんかなど）」が52.9％，「生活リズムの乱れ」が34.2％，「勉強が分からない」が31.2％，「先生との関係」が26.2％となっており，不登校経験者自身は，友人関係の問題や勉強の問題，そして規則正しい生活リズムを維持することの困難さが，自身の不登校経験につながっていると評価しているようである。

（2）不登校の背景要因

　不登校の原因を一律に個人のパーソナリティや家庭，あるいは学校に求めることは困難である。ここに挙げる種々の要因が重層的に作用することで不登校状態に至るということに注意を払うべきである。

① 　児童生徒の要因

　児童生徒の性格傾向などが学校への不適応につながっているとする見方である。例えば，母親との分離に強い不安を抱くため登校が困難になるというタイプの児童生徒がいる。比較的低学年の児童に多く見られると言われる。ほかには，完全主義的傾向や強迫的傾向が強く理想的，万能的自己イメージをもっている児童生徒で，その一方で過敏で不安が強い場合には，学校場面がそうした自己イメージを脅かす場となり登校が困難になる。自我の弱さ・未熟さや傷つきやすさ，さらには，対人関係のもち方などのソーシャル・スキルの未発達なども不登校につながる要因として挙げられるだろう。

② 　家庭・家族の要因

　近年では虐待や家庭環境の極度の乱れが児童生徒の不登校の原因となっているケースも増えていると言われる。虐待は家庭外からは気付かれにくく，虐待する親も学校等の外部とは関係を断とうとする傾向があるため，子どもをあえて登校させないようにすることもある。子どもの養育そのものを拒否するネグレクトや親に精神障害などがあり養育が困難な場合なども不登校につながることがある。さらに，貧困などの経済的な問題が背景にあって家庭生活そのものが成り立たなくなり，結果として不登校状態に陥ることもある。

③ 　学校の要因

　学校という環境に不登校の原因を求めることができるケースも多いと考え

られる。まず挙げられるのがいじめであろう。先に触れた不登校生徒の追跡調査では「友人との関係（いやがらせやいじめ，けんかなど）」がきっかけとして最も多い割合を占めている。身体的暴力を伴うものから仲間はずれや無視，ネット上での誹謗中傷などにより，友達関係が不信に満ちたものとなり学校での居場所を失ってしまうのである。

　教師との関係で傷つきを体験して登校できなくなるケースもある。教師による心ない言葉や体罰が引き金になる場合もあるであろうし，教師の教育方針や価値観が児童生徒の個性と相容れない状態になり学校場面から退却してしまうこともある。

　発達障害の傾向のある児童生徒が，教師をはじめとする周囲の人たちから理解されず，適切な対応をされないために不登校状態に陥る場合も増えている。発達障害のある児童生徒はその特性から教師や他の児童生徒との間で適切なコミュニケーションがとれなかったり，学習がうまくいかなかったりすることが多い。こうした事態が引き金となり学校場面から撤退することになるのである。また，性別違和の傾向のある児童生徒も，教師や周囲の児童生徒の関わり方が原因となって，学校生活に不適応をきたす例が多く報告されている。これらの問題に関しては，合理的配慮の観点から個々の児童生徒の特性に合った関わり方を考えることが必要である。

④　社会・文化的要因

　不登校の原因として社会の急激な変化があるとする考えは，過去にも論じられてきた。近年では「学校は行かなければならないところ」というこれまで自明のことと考えられてきた規範が薄れてきているという見方が示されてきている。日本社会における価値観や生き方の多様化などに伴い，学校に行かないでも生きていけると考える親や子どもが増加しているというのである。不登校状態になることへの抵抗が薄れてきていると感じさせられるケースに出くわすことが増えたという現場での報告は多い。こうしたことを考えると，確かに不登校はその時代の社会情勢などの影響を考慮せざるを得ないのかもしれない。

２．学校における早期発見の視点

　一度欠席状態が固定化すると学校への復帰が困難になる場合が多い。不登校に関しても早期にその予兆に気付き早期に対応を開始することにより，児童生徒が不登校状態になることを未然に防ぐことが可能となる。伊藤(2011)は不登校の早期発見・早期対応のためのアセスメント（見立て）のコツを以下のようにまとめている。

① 子どもの普段の様子を知る

　授業時間，休み時間，教室移動，学級活動，清掃などの普段の子どもの様子を知っておけば，小さな変化があれば気付くことができる。

② 小さな変化を見逃さない

　ほんの小さな変化でもていねいにその意味について検討する姿勢をもちたい。

③ 気付いた変化を周囲に伝える

　気付いた変化を周囲の教師などに伝えてみることで見守りの輪ができる。

④ 子どもとの関わりを増やす

　小さなものでも変化に気付いたら，子どもとの関わりをさりげなく自然な形で増やすよう心掛けることが大切である。

⑤ 学級全体のアセスメントも同時に行う

　学級全体にも注意を向け，個人の変化の意味を検討することも必要である。

⑥ 予防策を講じる

　①〜⑤のアセスメントで得られた情報から，子どもと学級に何が起こっているのかについての仮説を立てて，対応策を講じていくことになる。

　ここに挙げたポイント以外にも，学級内でのアンケートや児童生徒への面接を行うなどの方法も有効であるが，教師が児童生徒の小さな変化に気付く目をもつことが基本であり，その気付きをもとに他の教師や周囲の児童生徒に働きかけを即座に行えるような関係を日々のコミュニケーションの中で築いておくことが重要である。

参考文献

伊藤亜矢子 (2011)「早期発見・早期対応のためのアセスメント」『児童心理』65 (9)，pp.124-129。

伊藤美奈子 (2009)『不登校　その心もようと支援の実際』金子書房。

桑原知子 (1999)『教室で活かすカウンセリング・マインド』日本評論社。

（勝見吉彰）

Q2 不登校状態にある児童生徒の家庭を訪問する際に留意すべき点について述べなさい

1. 実際に家庭を訪問するまでに留意すべきこと

　児童生徒が不登校状態になった場合，その対応として多くの教師が考えることが家庭訪問であろう。家庭訪問をどのような頻度で行うか，どのような形で行うか，どの程度まで関わるか，どのような姿勢で関わるかなどについて決まった答えはない。そこには，家庭訪問に対する保護者や児童生徒の思いや，児童生徒の状態，訪問する教師と児童生徒との関係の質など考慮すべき条件が多く存在する。伊藤（2003）によると，不登校の児童生徒とその保護者に対する全国調査において，教師による家庭訪問についてどう思うか尋ねたところ，保護者に比べて児童生徒はかなり拒否的に捉えていたとのことである。具体的には，実際に教師による家庭訪問が行われている場合には33.5％の児童生徒が教師に「来てほしくない」と回答しており，教師による家庭訪問が行われていない場合には57.5％の児童生徒が教師に「来てほしくない」と回答しているというのである。このように教師の家庭訪問には拒否的な児童生徒に会おうとするのであるから，かなり慎重な態度が求められるのは当然のことであろう。

　家庭訪問を行おうとする際には，まず児童生徒本人と保護者が教師の家庭訪問に対してどのような思いでいるのかについて十分吟味することが必要である。事前に連絡を入れて訪問したい旨を伝え，保護者と児童生徒の意向を確認し，当事者の気持ちを十分汲んで実際の行動に移していくことが大事である。

　家庭訪問をいつから始めるかに関しては，田嶌（2001）は「不登校は最初の1週間が重要」との考えから，不登校初期のできるだけ早い時期から訪問することを推奨している。休み始めて数日であればまだそれほど目立たないですむが，長期化すればするほど再登校するためにかなり多くのエネルギー

が必要になるというのである。初期の早い時期から訪問を開始することで深刻にならずに済む可能性が高まるのである。

2．家庭訪問実施にあたって留意すべきこと

（1）家庭訪問の目的

　児童生徒に直接会うことを家庭訪問の目的とすると，教師の家庭訪問に拒否的な児童生徒の場合にはその思いとずれが生じてしまう可能性が高まる。事前に会う約束をしていても，いざ会おうという時になって抵抗を示すことも多い。そのような時に無理に会おうとするのではなく，例えば保護者と会って話をするだけでも大きな意味があると考えられるとよい。特に不登校がすでに長期にわたっている場合には，児童生徒に直接会うのは困難なことが多い。児童生徒に会うということが目的になっていると，教師の方も失敗感が強くなり，児童生徒に対して否定的な感情をもってしまうことになる。

　田嶌（2001）は家庭訪問の目的を①本人と細いパイプであれつながりをもち，できれば相談に乗ること，そして②保護者を支えることの2つだとしている。たとえ子どもに直接会えなくても，教師が継続して尋ねてきてくれているということが子どもに伝われば，学校やクラスとつながっているという感覚が維持されるであろうし，そうした感覚は再登校できるだけの準備が整ってきた時には大きな支えになって実際の登校につながる。保護者も教師の家庭訪問により，「わが子が見捨てられてしまうのではないか」という不安や「学校から切り離され自分たちだけで対応していかなければいけないのでは」という孤立感を必要以上に感じなくてすむのである。

（2）児童生徒と会う時の基本姿勢

　登校再開を目標として意識していると児童生徒との関係は難しくなるようである。登校させようという意図が教師の態度から伝わってしまい，児童生徒も安心して教師と場をともにすることができなくなる。菅（2001）は「登校させようとの意図を示さず，ただその子どものことを『気にかけて』訪問してくれていると感じられると，それは子どもにとって大きな支えになる」と述べている。児童生徒にとって安全な存在で，登校を迫るなど児童生徒が

嫌がることを押しつける存在ではないということを実感してもらうことが目指すところである。そのためには，児童生徒のペースに合わせて児童生徒の体験世界をそのまま理解しようと努力することが欠かせない。児童生徒の考え方，感じ方を良い悪いの評価を交えることなく，そのまま受け止めていくよう努めるべきである。そのような関わりを続けることで，児童生徒は自分が尊重されていると感じることができて，少しずつ勇気を振り絞って前に進もうという気持ちになっていくのである。話題にするのは趣味や児童生徒が興味をもっていることなどが望ましい。学校や勉強のことは教師の方からはあえてもち出さない方が安全である。特に初期の間は関係づくりに努めるのがよいだろう。話しにくいようであれば，簡単に答えられるような質問を投げかけるところから始めるのもよいだろう。

　家庭訪問で実際に児童生徒に会えたからといって「次の訪問でも必ず会えると期待しない方がよい」ことは肝に銘じておくべきである（田嶌，2001）。「逃げ場を作りつつ関わり続ける」ことを関わり方の基本として，教師に会わない，教師と話さないという選択肢も児童生徒に許容する姿勢が当然のことながら求められるのである。

（3）訪問の時間と頻度

　家庭訪問をどのくらいの頻度で行うべきか，どのくらいの長さの訪問とするかなどは個別の事例によるだろう。児童生徒，保護者，そして教師の各々にとって負担とならないような形で行われるのが望ましい。不登校になりかけのごく初期にはできるだけ毎日訪問するのがよいとする専門家もいる。そのようにすることで長期化するリスクを低下させられる場合があるとのことである。しかしながら，教師にとって負担が大きくならない程度の訪問頻度にすることも大事である。負担が大きくなりすぎると，結局は継続できなくなり訪問が滞ってしまう。そうなるよりは，無理なく訪問を継続できるペースを見つけるべきであろう。

　訪問の時間にも気をつけたい。一般に不登校の児童生徒は朝の皆が登校する時間帯には不安や緊張が高まり，午後になると落ち着いてくると言われる。したがって，児童生徒が落ち着いている放課後，あるいは教師自身の学

校での仕事が一段落した夕方以降に訪問するのが望ましい。可能であれば，毎週何曜日の何時からと会う時間を決めて定期的に訪問するのがよい。児童生徒の生活にリズムを与えることにもなるし，連続性と一貫性，すなわち予測できることは児童生徒に安心感をもたらすことにもつながる。

　訪問時の滞在時間は安定した関係が築かれるまでは柔軟に対応した方がよい。児童生徒の反応次第で短時間ですませることもあるだろうが，そうした際にも形式的，義務的なものにならないように注意すべきである。

　田嶌（2001）は「不登校に対する心理的援助の目標は登校の再開ではなく，生徒をエンパワー（元気を引き出す）し，周囲との関係がとれるように援助すること」としている。教師による家庭訪問においても，このような方針のもと，児童生徒や保護者の反応をモニターしつつ，ほどよい間合いを取りながら訪問を継続していくことが肝要なのである。

参考文献

伊藤美奈子（2003）「不登校児童生徒の保護者に対する調査報告書」『文部科学省委託調査報告書』。

伊藤美奈子（2009）『不登校 その心もようと支援の実際』金子書房。

菅佐和子・木之下隆夫編（2001）『学校現場に役立つ臨床心理学——事例から学ぶ』日本評論社。

田嶌誠一（2001）「不登校・ひきこもり生徒への家庭訪問の実際と留意点」『臨床心理学』1（2），pp.202-214。

（勝見吉彰）

Q3　不登校状態にある児童生徒に対する登校刺激のあり方について述べなさい

　登校刺激を与えるべきか否かという問題については，これまでに様々な議論がなされてきた。過去には「登校刺激を与えてはいけない」とする考え方が広く受け入れられていたこともあったが，そうした状況に対する批判も多くなされてきた。ここでは登校刺激の望ましいあり方について論じる。

1．登校刺激とは

　登校刺激とは，不登校状態の児童生徒にとって学校場面を連想させる刺激全般を指すものである。「学校に来てみないか」という直接登校を促すものから，他のクラスメートのことを話題にするといった間接的なものまで，さらには教師が姿を見せるだけでも児童生徒にとっては登校刺激になると言える。かつて不登校状態にある児童生徒を教師が力づくで登校させることで，よけいに状態を悪化させるといったことなどがあり，不登校状態にある児童生徒に対しては一律に「登校刺激は控えて，じっと見守りつつ児童生徒が自ら動き出すのを待つ」という姿勢で臨むことが原則と考えられるようになったのである。こうした姿勢が過度に一般化されて「登校刺激は絶対に与えてはいけない」とまで言われるようなこともあり，こうした動きに対する批判も多く挙げられるようになったのである。小澤（2011）は「『本人が自覚して動き出すまでじっと見守る』ことで学校復帰するのは非常に難しい。学校から何らかの手が差し出され，それを児童生徒本人が受け入れて動き出すしかない。つまり何らかの登校刺激がなければ学校復帰は無理なのである」とまで言い切っている。したがって，登校刺激を与えるか与えないかではなくて，どうすれば登校刺激が有効なものとなるのかが問題とされるべきことなのだと言えよう。

2．効果的な登校刺激

（1）登校刺激が効果的な場合

　不登校のごく初期には登校刺激を与えることが功を奏することが比較的多いと言われる。電話や家庭訪問など教師からの登校の誘いによって，短期のうちに登校を再開するようになる場合が実際あるようである。また，不登校状態が続いた後に元気が出てきて再登校に向けて動き出そうというタイミングで，教師などから登校刺激が適切になされるとすんなりと登校できることもある。これは児童生徒の心が登校できるだけの準備状態に至っていて，そこにひと押しが加わって事態が進むということのようである。このような児童生徒の変化を見逃さない目を周囲の者がもてるのが望ましい。

　不登校のタイプによっても登校刺激に対する反応が異なると言われる。怠学傾向や非行傾向，あるいは無気力傾向が前面に出る児童生徒に対して見守るという姿勢を維持していると，そのまま学校とのつながりが途切れてしまう可能性が高い。そのため，このような児童生徒には積極的に登校を促す働きかけをすることが必要である（鈴木，2002）。逆に，登校できないことに思い悩み，強い罪悪感を抱く傾向のある児童生徒には，登校刺激はマイナスに作用することも多い。こうした場合には無理に直接本人に関わろうとせず見守る姿勢を維持し，保護者等とのコミュニケーションを深めるなどの対応をとるのが望ましい。

　このように不登校のタイプや時期によって登校刺激のもつ意味は異なってくる。関わっている児童生徒がどのような状態であるのかをきちんと評価することが欠かせない。

（2）効果的な登校刺激の与え方

　小澤（2011）は登校刺激を与える際に注意すべき点を3つ挙げて以下のように説明している。

① 小さな話題から出す

　最初から「学校に来てみないか」などと言われても，子どもとしては荷が重い。学校に関係する話題をそっと出してみて様子を見るのがよい。

② ダメなときはすぐ引っ込める

　顔がこわばるなどの明らかに拒否的な反応が見られた場合には，「この話はおしまい」などと言ってその話は切り上げるべきである。時間をおいて，もう少し受け入れやすい形で再度もち出すなどの工夫も必要である。

③ 結果については後日家庭に確認する

　家庭訪問をしたことに対する子どもの反応を後で家族に確認することが大切である。教師が帰った後に子どもが荒れたり，その逆に教師の前では無反応だった子どもが教師の訪問を嬉しそうに振り返っていたりと反応も様々である。こうした反応を確認してその後の対応を調整していくのがよい。

　また，内田（2013）は心理的な負荷としての登校刺激を与える際に，「子どもにとって周りからの少しの支えがあれば耐えられるのではというぎりぎりの負荷であること」が大切であるとしている。そして，登校刺激を与える前に，子どもと十分話し合いをすること，引き返すことややり直すことも可能であることが保証されていること，これらのことが一定の信頼関係（子どもがノーと言える関係）の中で行われることが望ましいとしている。

　要するに，登校刺激が効果的なものになるためには，児童生徒と教師の間に安心できる関係が築かれていて，児童生徒の状態と反応を見ながら急かすことなく時間をかけて，なおかつ細やかに刺激の強さを調節しながら登校を促すメッセージを送ることが大切なのである。

参考文献

小澤美代子（2011）「効果的な登校刺激——アセスメントと対応の実際」『児童心理』65（9），pp.67-75。

鈴木康之（2002）「不登校の理解と対応」一丸藤太郎・菅野信夫編『MINERVA教職講座10 学校教育相談』ミネルヴァ書房。

内田利広（2013）「不登校支援における登校刺激と適応最近接領域——『初めてのおつかい』にみる心理的負荷の与え方」『京都教育大学紀要』123，pp.75-85。

（勝見吉彰）

Q4　不登校状態にある児童生徒の心理的な成長を支援するために教師にできることについて述べなさい

1．不登校の児童生徒の心理的な成長について

　心理的な成長とは何か。成長については，単純に「できなかったことができるようになる」という能力の変化が思い浮かぶかもしれない。では，それを除く，心理的な成長とは何か。思い通りにできなかったとしても，それにとらわれることなく，切り替えることができたり，自ら主体的に何かに挑戦したり，あるいは苦しさを抱えながらも前向きに生きていくというような意識・態度の変化のことと言えるかもしれない。

　それらの心理的な成長の機会が学校には多く用意されている。例えば，普段の授業に加えて，運動会や文化発表会に野外活動，修学旅行，日常的に触れる機会の少ない芸術や一流の仕事をする人に触れる教育講演などである。加えて，そのように学校側が周到に準備したものでなくても，休憩時間を含めた様々な場面で起こる児童生徒同士でのトラブルを，教師が児童生徒と一緒になって解決していくことで，児童生徒の成長につながっている。それでは，不登校の児童生徒の場合はどうか。そして，支援する際の教師の姿勢について検討する。

（1）不登校の児童生徒は心理的成長をしないのか

　結論を言えば，状況にもよるが，不登校を経験した児童生徒も心理的に成長をする。不登校を経験したからこそ成長できたと感じる児童生徒が存在するのである。ただし，不登校の児童生徒の心理的成長を支えるためには，教師を含めた周囲の支援が必要である。なぜなら，心理的な成長のためには，何らかの体験とそれを支える人間関係が必要であるが，不登校になるとそれまでの人間関係が変化し，関わる人数が減るからである。不登校になると児童生徒はそれまで生活の大部分を占めていた学校が生活の場でなくなる。そして，登校していないことに負い目を感じてか習い事や外での遊びにも消極

的になる。そして，家族と接する時間が増え，多くの場合，家族からは登校するようにとの圧力を感じ，家族関係が悪化する。この点は不登校児童生徒が1人で状況を変えていくことは難しいため，支援が求められる。

（2）支援の際の教師の姿勢

　教師側の姿勢について考えておきたい点がある。児童生徒が成長するときに教師はどのような役割を果たすのか。児童生徒は安心・安全な環境と適切な刺激があれば自分の力でおのずと成長する。特別大人が教えたことでなくとも，児童生徒は環境から学び，自分なりに考え，新たな行動を行っていく。そういう場面に遭遇していくと児童生徒には自らを成長させる力があると認識させられる。したがって，教師は児童生徒の成長のためにすべてを管理する必要はない。そのため，児童生徒の力を信じ，見守る姿勢が必要となる。児童生徒を伸ばす教師はここの舵取りがうまい。基本的に児童生徒の自主性，主体性を信頼し，教師が介入するのは本当に必要な時に限られる。この姿勢は児童生徒が不登校の場合も同様である。児童生徒が不登校になり，先行きについて不安をのぞかせた時には，教師側の姿勢を伝えるために，「あなたは学校に来ないだけであって，よいところはたくさんある。あなたがやりたいと思うことを応援している」というような言葉かけをしてもよい。そのような声かけによって，不登校の児童生徒は安心して以後の生活を送ることができ，教師との関係をよりよくすることができるかもしれない。

2．不登校の児童生徒の心理的な成長を支援するために教師にできること

（1）不登校の児童生徒にとっての安心・安全な支援

　上述のような教師側の受容，支持的な関わりは，不登校の児童生徒にとってどのように体験されるだろうか。安心・安全な体験である。そして，それは教師と児童生徒との交流を促し，信頼関係の構築につながる。この信頼関係が，すべての支援の前提となる。信頼関係がない状態では何を伝えても，どのような支援をしても，児童生徒の成長につながりにくい。

（2）支援の方向性

　教師と信頼関係が構築できれば，児童生徒の状態を見ながら，児童生徒の
ペースに合わせて様々な試行錯誤をしてみるとよい。「児童生徒のペースに
合わせて」というのは，「休むことも必要である」ということである。不登
校に至るまでに心身ともに疲弊しているのであれば，休むことで心のエネル
ギーを補給する必要がある。また，活動を始めたとしても，疲れを感じた
ら，立ち止まって休めばよい。不登校の児童生徒が，勉強したり，外出した
り，登校について口にしたらすぐに家族や支援者は次のステップを検討して
しまうが，児童生徒の揺れ動く気持ちを確認することが重要である。支援の
方向性としては①家族以外の誰かとつながるような支援と②楽しい体験につ
ながるような支援である。

　①　家族以外の誰かとつながるような支援：不登校の児童生徒がいる家庭
　　では，登校を促す圧力が少なからず存在する。登校圧力が存在する家庭
　　での時間に変化を起こすために，教師を含めた家族以外の誰かとつなが
　　ることが重要である。教師と会って，話ができるというだけで，保護者
　　が安心し，登校圧力が軽減されることもある。家族以外の誰かとは，例
　　えば教師や友達，習い事や不登校サークルの参加者や先輩，後輩などで
　　ある。そのような家族以外の誰かとつながると他に何が起こるのか。世
　　の中に絶望し，意欲をなくした不登校の児童生徒の中に何かをしようと
　　いう気持ちが起こる。なぜか。人間には欲望がある。欲望とは，友達と
　　遊びたい，将来こうなりたいといったような思いのことである。この欲
　　望は自分の中でおのずと作り出されるものではないとされている。誰か
　　が欲しいと思っているから，自分も欲しくなる。すなわち，1人でずっ
　　と部屋にいるだけでは，何かをしたい，あるいは学校に行きたいという
　　欲望は出てこないのである。何らかの欲望をもった家族以外の誰かとつ
　　ながることで，欲望が生まれ，それが次の行動につながっていく。

　②　楽しい体験につながるような支援：人間はトラウマのようなつらい体
　　験をしたとしても成長すると言われている。トラウマとまではいかなく
　　ても，逆境を乗り越えたことで成長したと実感した人もいるだろう。不

登校期間中には，将来を悲観し自殺を考える児童生徒もいる。そのような逆境を越えて成長するためには，まず死にたい，つらいという気持ちと距離を置く必要がある。楽しいというポジティブな感情は，死にたいといったネガティブな感情に対して拮抗的に作用する。そのため，家族以外の誰かと好きなアニメの話に熱中すること等を通じて，死にたいというようなネガティブな感情と距離を置くことができる。また，楽しい体験は，考え方を柔軟にすることもある。ネガティブな気持ちの時ではなく楽しい体験をしている時に，ふと「休んだことで今の自分がある」や「成長した・視野が広がった」といったような考えが浮かぶようである。

教師にできることは，家族以外の誰かとなり，これらの体験を共有したり，それができる場所を紹介したりすることである。教師が家族以外の誰かになれず，それができる場所を紹介した場合は，紹介先での不登校の児童生徒の体験をしっかり聴くことで共有できるとよい。それで教師としての役割は十分に果たしている。

（3）不登校後の支援

最後に不登校の児童生徒の心理的成長のために教師にできることとして，不登校の期間が終わってからの支援について触れる。心理的な成長は不登校期間中にも起こっている。しかし，自殺が視野に入るほどにつらく苦しい不登校期間中に，自身の心理的な成長を認められる児童生徒は少ない。さらに，自分自身の苦しい時期を振り返ることは，児童生徒１人では非常に難しい。そのため，教師が不登校を終えた児童生徒と一緒に，不登校体験がどういう体験で人生の中でどういう意味をもつのか，これからの人生にどう生かしていきたいかなど，ゆっくりと振り返ることが重要な支援となる。この過程で，不登校の児童生徒は，不登校体験を心理的な成長につなげることができるからである。時期としては，不登校を経て，次の生活が安定し，心理的に余裕が出てきた時期が望ましい。この振り返りが行われるときには，卒業等を経てかつての所属校に籍がないことも多い。したがって，会う機会も限られるが，学校行事等の地域に開かれた場で会う機会を活かしたり，次の進

路が学校等であれば，そこに所属する教職員に引継ぎをして，後の支援を任せたりしてもよい。

参考文献
斎藤　環（2007）『ひきこもりはなぜ「治る」のか？』筑摩書房。
文部科学省（2014）「不登校に関する実態調査」。

（中原元気）

Q5 適応指導教室やフリースクールなどの学校外における学びの場の特徴と教師の連携のあり方について述べなさい

1. 不登校の児童生徒の生活環境

　学校に行く児童生徒は勉強や社会性等の課題に取り組んでいるが，不登校の児童生徒はそれらの課題ではない別の課題に向き合っていると考えられる。それは不登校を体験した児童生徒が見せる成長が示唆している。そのように考えれば，不登校の児童生徒は登校していないというだけで，必要以上に生活を制限される必要はない。生活の制限とは，例えば学校に行く児童生徒が授業を受けている時間だからといって，不登校の児童生徒に家庭での勉強を過剰に強いるというようなことである。

　ただし，児童生徒が自分の課題が何かを考え，その解決のために学校に行かないとはっきりとした意図をもって決断するということは少ない。したがって，登校の代わりに何をするかというところまで考えていない児童生徒が多い。不登校という体験は児童生徒にとってこれまで体験したことがないため，見通しをもてないのは当然と言える。そこで，登校しない時間の過ごし方について教師が一緒になって検討することは，不登校の児童生徒やその保護者にとって必要な支援となる。

（1）不登校に対する法整備

　不登校を取り巻く環境は法律の観点からも少しずつ変化している。今では学校教育法第一条で定められたいわゆる学校だけが学びの場ではなくなっている。1992（平成4）年の文部科学省からの通知「登校拒否（不登校）問題への対応について」において，保護者と学校との間に十分な連携・協力関係が保たれていることなどの要件はあるものの，学校以外の民間施設で過ごすことが校長の裁量によって指導要録上，出席として扱うことが示された。2016（平成28）年には，「義務教育の段階における普通教育に相当する教育

の機会の確保等に関する法律（教育機会確保法）」が施行され，不登校の児童生徒の教育機会を確保し，支援するための指針が示された。この法律は，不登校の児童生徒の休養の必要性と，学校以外の場における多様な学習活動を認め，学校側に対しては不登校の児童生徒が安心して教育を受けられるように校内の環境整備を求めている。教師もこれらのポイントを理解したうえで不登校の児童生徒やその保護者と連携をしていく必要がある。

2．学校外の学びの場に対する教師の連携の際の留意点

　学校外の学びの場について触れていくが，教師がこれらの情報を提案する際に「登校しないなら，そこに行きなさい」というような圧力にならないように注意が必要である。教師側に圧力をかける意図がなくても，児童生徒がそのように感じてしまえば同じである。不登校の児童生徒はそのような言動に敏感で，被害的に感じてしまうことがある。こうして，教師との関係が悪化すれば，教師が紹介した学びの場に行くことが難しくなる。それでは，教師はどのような態度で不登校の児童生徒に学びの場を紹介すればよいだろうか。

（1）教師が学校外の学びの場を紹介する目的

　不登校の児童生徒を学校外の学びの場に紹介する目的を考えてみる。「登校しないなら，（学校外の）学びの場くらい行きなさい」という考えの背景には，「学校は勉強するところで，登校しないなら勉強ができないから，別の場所で勉強しなさい」という考えがあるのかもしれない。つまり，この場合の目的は学力の補充となっている。そして，学校に登校するときのために，社会に出る時のために，あるいは毎日の生活を豊かにするために勉強の必要性は否定しない。しかし，児童生徒の立場にたって考えてみた場合にどうか。教師から"勉強"の必要性の理解を求められる時，不登校の児童生徒は，どのような体験をするだろうか。その児童生徒は勉強の必要性を理解し，教師の言うとおりに勉強に主体的に取り組むだろうか。児童生徒が勉強の必要性を理解し，行動に移すという見通しが教師にもてないならば，"勉強"について触れないことも必要である。

教師は不登校の児童生徒が安心して通うことのできる家庭以外の居場所を作る目的で、学校外の学びの場を紹介してはどうか。不登校の児童生徒にとって家庭は保護者の登校してほしいという思惑が存在する場所であり、完全に安心して過ごすことは難しい。また、不登校の児童生徒は様々な不安に晒されて生きている。例えば、「この生活はいつまで続くのだろうか、親が死んだら、自分も死ぬしかないのか」と思ったり、「親のすねをかじって、親が死ねば、生活保護で暮らす」と言いながら、「本当にそれでいいのか」と思っていたりする。さらに、不登校の人間は自分1人だけではないかと感じてしまう。なぜなら、現実生活において不登校の児童生徒が同じく不登校の児童生徒に会う機会が極端に少ないからである。そこで、不登校の児童生徒に安心して暮らしてよいことを実感してもらう目的のために、居場所を紹介するのである。不登校ではあるものの、充実した生活を送っている人を見れば、不登校の児童生徒は安心する。

3．適応指導教室やフリースクールなどの学校外の学びの場について

　適応指導教室とフリースクールは不登校の児童生徒にとって居場所になるだけでなく、所属する学校において出席扱いになりうるという共通の有用性がある。これは、高校受験をひかえた不登校の中学生あるいは、その保護者にとっては大きな安心材料である。以下、適応指導教室とフリースクール、家庭での支援について確認する。

（1）適応指導教室の特徴

　文部科学省によると適応指導教室（教育支援センターとも言う）は「不登校児童生徒等に対する指導を行うために教育委員会及び首長部局が教育センター等学校以外の場所や学校の余裕教室等において、学校生活への復帰を支援するため、児童生徒の在籍校と連携をとりつつ、個別カウンセリング、集団での指導、教科指導等を組織的、計画的に行う組織として設置したもの」とされている。支援内容としては、集団生活への適応、情緒の安定、基礎学力の補充、基本的生活習慣の改善などがある。

　適応指導教室の特徴について、支援の前提とスタッフ、料金の観点から確

認する。適応指導教室の最大の特徴は、支援の前提として学校生活への復帰を目指している点である。そのため、精神科医や臨床心理士等による個別のカウンセリングによって、学校生活への復帰や現状について不登校の児童生徒が向き合う機会が設けられているところもある。したがって、学校への復帰を目指していない児童生徒にとっては居心地が悪く感じられることもある。スタッフは退職した元教員や教員免許をもつスタッフが多い。料金については、適応指導教室が教育委員会の設置する公的な機関であるため、上述のような設備や人的資源を無料で享受できる。そのため、保護者の負担を考えれば、適応指導教室が不登校の児童生徒に対する支援施設として最初の選択肢となるかもしれない。

（2）フリースクールの特徴

　日本におけるフリースクールとは、文部科学省によると「一般に、不登校の子供に対し、学習活動、教育相談、体験活動などの活動を行っている民間の施設」のことを指す。支援内容としては「多種多様であり、民間の自主性・主体性の下に設置・運営」とされており、勉強に加えて、社会体験、自然体験、調理体験、芸術活動、スポーツ体験などがある。ただし、ほとんどのフリースクールは学校教育法の要件を満たしていないため、"スクール"とはいうものの、学校としては認められていない。

　フリースクールの特徴について支援の前提とスタッフ、料金の観点から確認する。フリースクールは適応指導教室とは異なり、学校復帰を目指していない。ただし、不登校の児童生徒が学校復帰を目指す場合には、それに伴う支援が行われる場合もある。スタッフは教員免許をもたない者もいる。そのため、多様な価値観や経験をもつスタッフと過ごすフリースクールでの生活は、通常の学校生活とは少し異なる体験となる場合が多い。料金については、フリースクールが民間機関によって設立された機関であるため、有料となる。

（3）家庭にいる不登校の児童生徒への支援

　適応指導教室やフリースクールは家庭から離れた居場所となるが、そのために不安が高い不登校の児童生徒にとってはハードルが高く感じられること

もある。そのような場合には，家庭にいながら学びを得ることができる家庭教師やインターネットの教材等を活用した支援を検討する。それらにも抵抗がある場合には，その時点では休養が最優先となる。

参考文献・URL

文部科学省「不登校児童生徒による学校以外の場での学習等に対する支援の充実」https://www.mext.go.jp/component/b_menu/shingi/toushin/__icsFiles/afieldfile/2017/07/25/1382195_1.pdf（2020年6月16日閲覧）。

文部科学省「義務教育段階における普通教育に相当する教育の機会の確保に関する法律」https://www.mext.go.jp/a_menu/shotou/seitoshidou/1380960.htm（2020年6月16日閲覧）。

文部科学省「不登校児童生徒への支援の在り方について」https://www.mext.go.jp/a_menu/shotou/seitoshidou/1422155.htm（2020年8月24日閲覧）。

（中原元気）

第4章

いじめ問題の理解と対応

Q1 いじめの定義や加害行動の具体，および児童生徒のいじめ問題が生じる原因について述べなさい

1．いじめの定義

いじめ防止対策推進法（平成25年）では，いじめは以下のように定義されている（第2条）。

　　この法律において「いじめ」とは，児童等に対して，当該児童等が在籍する学校に在籍している等当該児童等と一定の人的関係にある他の児童等が行う心理的又は物理的な影響を与える行為（インターネットを通じて行われるものを含む。）であって，当該行為の対象となった児童等が心身の苦痛を感じているものをいう。

2　この法律において「学校」とは，学校教育法（昭和22年法律第26号）第1条に規定する小学校，中学校，義務教育学校，高等学校，中等教育学校及び特別支援学校（幼稚部を除く。）をいう。

3　この法律において「児童等」とは，学校に在籍する児童又は生徒をいう。

4　この法律において「保護者」とは，親権を行う者（親権を行う者のないときは，未成年後見人）をいう。

ただし，いじめの本質を理解するためには，注意が必要である。文部科学省が毎年行っている「児童生徒の問題行動等生徒指導上の諸問題に関する調査」（昭和61年度から平成17年度まで）においては，いじめは以下のように定義付けられていた（文部科学省，2012）。

　　　この調査において，「いじめ」とは，「①自分より弱い者に対して一方的に，②身体的・心理的な攻撃を継続的に加え，③相手が深刻な苦痛を感じているもの。なお，起こった場所は学校の内外を問わない。」とする。
　　　なお，個々の行為がいじめに当たるか否かの判断を表面的・形式的に行うことなく，いじめられた児童生徒の立場に立って行うこと。

　現在の定義は，以前の定義のうち，「弱い者に対して一方的に」，「継続的に」，「深刻な（苦痛）」という3点が削除されている。削除されたのは，これらの判断が「表面的・形式的に」行われてしまい，いじめを正しく把握しきれなかったという反省による。しかし，いじめには強い者が「弱い者に対して一方的に」攻撃するという力関係があること，1つの行為自体は些細なことに見えても「継続的に」攻撃されることによって，まさしく「深刻な苦痛」をもたらすことなど，いじめを理解するうえで重要なポイントが含まれている。

2．いじめの加害行動

　文部科学省の調査において，「いじめ」に相当する具体的な「心理的，物理的な攻撃」は，以下のように分類されている（文部科学省，2019）。

①　冷やかしやからかい，悪口や脅し文句，嫌なことを言われる
②　仲間はずれ，集団による無視をされる
③　軽くぶつかられたり，遊ぶふりをして叩かれたり，蹴られたりする
④　ひどくぶつかられたり，叩かれたり，蹴られたりする

⑤　金品をたかられる

⑥　金品を隠されたり，盗まれたり，壊されたり，捨てられたりする

⑦　嫌なことや恥ずかしいこと，危険なことをされたり，させられたりする

⑧　パソコンや携帯電話等で，誹謗中傷や嫌なことをされる

⑨　その他

　以上の攻撃行動のうち，「②仲間はずれ，集団による無視をされる」を除く，すべてに犯罪行為と見なされる可能性のあるものが含まれる（例：校内や地域の壁や掲示板に実名を挙げて，「万引きをしていた」，気持ち悪い，うざい，などと悪口を書く＝名誉毀損，侮辱〔刑法第230条，第231条〕；プロレスと称して同級生を押さえつけたり投げたりする＝暴行〔刑法第208条〕）（文部科学省，2013）。学校で生じるものでも犯罪行為が許容されるべきでないのは言うまでもない。「いじめが，いじめを受けた児童等の教育を受ける権利を著しく侵害し，その心身の健全な成長及び人格の形成に重大な影響を与えるのみならず，その生命又は身体に重大な危険を生じさせるおそれがあるものである」（いじめ防止対策推進法第1条）ということを深く認識し，いじめ問題に対して毅然として取り組むことが必要である。

3．いじめの原因

　いじめの発生原因については様々な研究があるが，いじめに特異的な原因が見つかっているとは言えない。ただし，国立教育政策研究所によるいじめの追跡調査によると，いじめの加害行動に影響を与えるものとして，次の3つが挙げられている（国立教育政策研究所，2010）。

①　「友人ストレッサー（勉強のことや，顔やスタイル，自分のしたことで，友だちからからかわれたり，馬鹿にされたりした，など）」

②　「競争的価値観（勉強の成績が悪い，顔やスタイルが良くない，得意なことがないと，みじめに感じる）」

③ 「不機嫌怒りストレス（いらいらする，不機嫌で，怒りをぶつけたい，という状態）」

　つまり，「競争的価値観」を背景に，友人に理解されなかったり，承認されないなど，友人関係で思うようにいかないことがあると，イライラしたり，ムカムカしたりする状態が生じ，いじめの加害行動をとりやすい準備状態ができるということである。この時，「みんなちがって，みんないい」（金子みすゞ）というような自己肯定感や自己有用感を取り戻せなかったり，友人に理解してもらえるように働きかけ，関係を良好なものにするスキルがなかったり，上手なストレス発散ができなければ，いじめは悪いことと認識していても，ほかに手段がないということで，短絡的にいじめの加害行動を選択する過ちを犯す可能性がある。

参考文献・URL

文部科学省初等中等教育局児童生徒課 国立教育政策研究所生徒指導・進路指導研究センター（2012）「平成18年以降のいじめ等に関する主な通知文と関連資料」文部科学省 https://www.mext.go.jp/ijime/detail/1336271.htm（2020年10月1日閲覧）。

文部科学省初等中等教育局児童生徒課（2019）「平成30年度児童生徒の問題行動・不登校等生徒指導上の諸課題に関する調査結果について」文部科学省 https://www.mext.go.jp/b_menu/houdou/31/10/1422020.htm（2020年10月1日閲覧）。

文部科学省（2013）「早期に警察へ相談・通報すべきいじめ事案について（通知）」文部科学省 http://www.mext.go.jp/a_menu/shotou/seitoshidou/1335366.htm（2020年10月1日閲覧）。

国立教育政策研究所（2010）「いじめ追跡調査2007-2009いじめQ&A」文部科学省 http://www.nier.go.jp/shido/centerhp/shienshiryou2/3.pdf（2020年10月1日閲覧）。

（大中　章）

Q2　いじめの被害児童生徒の心理的状態の理解と支援のあり方について述べなさい

1．いじめの被害者の心理

　いじめの被害者は，いじめの加害行動によって，様々な心の傷を負う。それに加えて，助けを求めることが難しく，孤立感を募らせていくことになる。助けを求めることが難しくなる要因としては，①教師への不信感や打ち明けても解決しないという諦(あきら)め，②いじめられていることを知られることの恥ずかしさ，③親には心配かけたくないという気持ち，④報復やいじめが悪化することへのおそれ，そして，⑤仲間関係から切り捨てられ孤立することへのおそれ，などが挙げられる。

2．いじめの四層構造

　いじめの被害者に対して，時に善意で「いじめに負けるな」と叱咤激励することがありうるが，これは被害者の自尊心をさらに傷つけることになる。

　いじめが生じている時，その被害者と加害者の存在だけでなく，周囲の児童生徒や教師を含めた対人関係のパターンが存在することが知られている（森田・清水，1994）。いじめには，その「被害者」と「加害者」のほかに，「観衆」や「傍観者」と呼ばれる存在がある。「観衆」とは，いじめの加害行動を直接はとらないが，いじめをはやし立て，いじめ行動を支持する存在である。観衆の中には，いじめのきっかけを作っておいて，後は直接には手を下さずにおもしろがって見ているだけというタイプも含まれる。「傍観者」とは，見て見ぬふりをして何もせず，いじめ行動を黙認する存在である。観衆のように，いじめを積極的に支持はしないが，止めに入ることもしない。

　この構造に教師も無関係ではない。もし教師がいじめに気付いていなければ，教師は事実上，何もしない（できない）。いじめの被害者から見ると，いじめを黙認している傍観者の1人となり，結果的にいじめを促進している

ことになる。また，もし教師が「いじめられる方にも問題がある」という誤った認識をもっていれば，「問題のある児童生徒」がいじめにあっていても当然と考え，無意識にいじめをあおってしまう観衆の位置に立つ可能性もある。

　以上のいじめの四層構造を，いじめの被害者の立場に立ってみると，加害者に加えて観衆も，そして傍観者までもが，いじめを許容している敵だということになる。加害者が複数のことも多いが，それに加えていじめを許容している圧倒的多数の加害者集団に被害者は1人で対峙することになる。このような状況で，「負けるな」という言葉がどれほど過酷なことを要求することになるかは，想像に難くないだろう。

3．いじめの被害者への支援

　いじめが発見されたとき，一番に取るべき対応は，被害者を守るということである。教師一同，学校として全力で守ることをはっきりと伝えるとともに，安全な場を確保する。休み時間や放課後，登下校時などにも常に教師の目があるように，見守りの体制を作る。次に，事実関係の確認と心のケアに努める。受容と共感の姿勢を大事にしながら，いつどこで，どのような行為をされたか，どのような気持ちになったのか，ていねいに聴く。この共感的にていねいに聴き取ることが，心のケアにもつながる。

　この時，「いじめに負けるな」というような励ましや「いじめられる方にも問題がある」という助言は不適切で，被害者の心の傷を深くする可能性があるので注意する。むしろ，自分自身を悪く考える必要はなく，今まで通りの，ありのままでよいということを伝えるようにすべきである。被害者を守るためには，保護者との連携も必要である。できるだけ家庭訪問をして，事実関係の確認や今後の対応について継続的に話し合うようにする。

参考文献

　森田洋司・清永賢二（1994）『新訂版 いじめ——教室の病い』金子書房。

（大中　章）

Q3　いじめの加害児童生徒の心理的状態の理解と支援のあり方について述べなさい

1．いじめの加害者の心理

　いじめ問題は，いじめの加害行動を誤って選択してしまったという点に問題があると考えるとわかりやすい。行動というものは，ある欲求や願望，意図を満たすという目的のための手段である。ある目的を果たすための手段は，唯一絶対のものが1つしかないということはまれであり，いくつかの選択肢があることが多い。ところが，人間は様々な事情により，ほかに望ましい選択肢があるにもかかわらず，不適切な手段をあえて選択するという過ちを犯すことがある。いじめの加害行動を選ぶということも，このような過ちの1つである。

　過ちを犯さず，適切な行動を選択するための条件としては，①適切な判断を要請する現実環境，②適切さを判断するための価値観，そして，③いくつかの選択肢の中から適切な行動を選ぶスキルが必要となる。これをいじめ問題に当てはめると，次のようになる。

　①適切な判断を要請する現実環境とは，いじめの加害行動を許容せず，さらに適応的な行動を選ぶことが奨励される環境である。いじめ問題に対する認識が甘く，例えば身体的な暴力ではないからと，冷やかしやからかいが見過ごされる環境では，過ちを犯す可能性は高まる。

　②適切さを判断するための価値観とは，いじめに関する正しい理解を意味する。児童生徒の多くは，いじめてはいけないということは知っているだろう。しかし，「いじめてはいない。遊んでいただけだ」とか，「いじっていただけだ」と自分の行動を正当化する場合がある。また，「いじめられる方も悪い。いじめる方の気持ちもわかろうとせず，一方的に悪いとされるのは納得できない」と考えることもよく見られる。これらは，いじめが悪いことは知っているが，正しく理解できているとは言えない。正しい判断基準がなけ

れば，適切な判断は難しくなる。

　そして，③いくつかの選択肢の中から適切な行動を選ぶスキルとは，いじめの加害行動を取りたくなる衝動に耐え，いじめの加害行動を選びたくなる，そのもとにある欲求や願望，意図に気付き，自分も大切にするが，他者をも大切にする手段はないかを考え，それを実行するスキルである。

　「子どもの喧嘩に大人が口を出すべきではない」という考え方がある。これは，喧嘩という望ましくない行動を選ぶことはあるけれども，そのような失敗体験を通して，うまく生きていく術を身に付けていくものであるから，大人がむやみにその学習体験を奪ってはならないということである。しかし，対人関係の希薄化が見られ，多くのことを学べる体験そのものが少なくなってきているという状況もある。いじめがこれだけ，いつでもどこでも誰にでも生じるようになったことを考えると，体験の中から自然に学んでいく機会だけではなく，積極的に学習機会を与えていくことが必要であると考えられる。

2．いじめの加害者への支援

　いじめが発見されたときは，被害者を保護したうえで，加害者の指導に移る。まず，事実関係の確認をする。加害者についても，事実関係の確認として，いつどこで，具体的にどのような行為を行ったのかということと同時に，どのような気持ちからなのかという点もきちんと聴き取ることが大切である。そして，いじめが確認できた場合は，具体的な加害行動をやめさせる。この時，「いじめはしてはならない」という伝え方では伝わりにくい可能性があるので，「いじめ」という言葉は使わないで，「からかったり，プロレスごっこなどをしたりしてはいけない」などと具体的な行動を禁止するとよい。いじめの加害者には「毅然とした指導」が必要である。しかし，「毅然」とするということは，大声で怒鳴りあげることではない。いじめの加害行動を見過ごしたり，状況によって許容したりしないで，いじめの加害行動は一貫して「してはいけない」と禁止するという態度を意味する。被害者は守らなければならないが，だからといって加害者と敵対し攻撃する必要はな

い。

　いじめの加害行動を再び選択することのないようにするためには，いじめの加害行動を選ばせない環境を用意すると同時に，いじめが人間として許されない理由や，いじめの被害者の精神的な苦痛を理解させることが必要である。これによって，心の中に望ましい判断規準を作り上げるということである。そして，このような加害者の加害行動を禁止する対応と同時にすべきなのが，加害者がいじめの加害行動ではない，代わりのより望ましい行動を選択できるようにする支援である。そのためには，教育相談的な態度やカウンセリングの技法なども活用しつつ，児童生徒について深く理解するように努める必要がある。いじめの加害行動を誤って選択してしまった背景はどのようなものか。加害行動を引き起こす原動力となったイライラや怒りに，どのように対処するべきか。また，そのような感情が湧いてきた背景としては，どのような満たされなさがあったのか。そして，本当に求めていることを実現するためには，どのように考えていけばよいのか。これらの問題を児童生徒と一緒に考えていくということが重要である。

　なお，被害者同様，加害者の指導に際しても，保護者との連携が必要である。詳細はQ4で述べる。

3．すべての当事者への支援

　被害者や加害者への支援の次に考えるべきは，被害者や加害者を含むすべての児童生徒と，いじめが再び起きないようにするにはどうすればよいかをともに考えることである。いじめの四層構造を考えるならば，観衆や傍観者も，その役割を担っていたこと自体は，いじめを許容していたという点で過ちを犯していたということを意味する。特に傍観者の中には，悪意があったわけではない者もいるだろう。しかし，適切な行動が選べなかったという点では学ぶべきことがありうる。観衆や傍観者をただ叱るのではなく，どうすればいじめを防げるのか，みんなで考える授業を展開していくことが重要である。

参考文献・URL

国立教育政策研究所生徒指導・進路指導研究センター（2012）「いじめについて，正しく知り，正しく考え，正しく行動する。」文部科学省 http://www.nier.go.jp/shido/centerhp/2507sien/ijime_research_outline.pdf（2020年10月1日閲覧）。

（大中　章）

Q4　いじめ問題が生じた際の保護者への対応に関して，教師が留意すべき点について述べなさい

1．いじめ問題に関する保護者対応の基本姿勢

　いじめ問題が生じた際の対応は，各学校が作成する「いじめ防止基本方針」に沿って学校全体が組織的に取り組むものである。それゆえ，被害児童生徒の保護者への支援や加害児童生徒の保護者への助言に際しても，特定の教師が単独で取り組むのではなく，すべての教師が以下のような姿勢で関わることができるよう心がけておきたい。特にいじめ問題は関わる者の心を強く揺さぶるがゆえに，教師は自身の感情の動きにも留意しておくことが大切である。

①　公平性・中立性：被害者側か加害者側の一方だけに肩入れしない姿勢が大切である。しかし，教師が加害者側と好ましい関係にあると，無意識のうちに加害者側を庇護したり，「お互いさまなので」といった喧嘩両成敗的な対応をしたりして（お互いさまに見える事案もある），被害者側が不信感を抱きやすい。逆に教師自身がいじめに悩んだりした経験があると，被害者側への同一化から加害者側への態度が過度に厳しくなり，いじめの背景も考慮した支援がなされにくくなる。また，いじめの事実関係をめぐって保護者同士が争い，一方が教師を取り込もうとすると，公平で中立的な姿勢が揺らぐこともある。

②　共感性：被害児童生徒の保護者のつらさに対する共感的な言葉は必須である。しかし，加害者側に過度な謝罪やペナルティを要求したり，いじめを防げなかった教師に怒りをぶつけてきたりすると，教師の中に否定的感情が生じ，共感的姿勢が崩れやすい。一方，加害児童生徒の保護者の思いに対する共感も大切である。教師としていじめを許さない毅然とした態度を示しながらも，わが子が他の児童生徒を傷つけたことの保護者の悲しみに共感し，謝罪しようとする意思を支えたい。しかし，保

護者がいじめの事実を否認したり，謝罪について消極的であったりすると，教師の中で批判的感情が強まり，保護者としての責任を問いたくなるなど，共感的姿勢を維持できにくくなる。

２．被害児童生徒の保護者への支援

　被害児童生徒の保護者への支援のあり方については，文部科学省（平成25年）の「いじめ防止等のための基本的な方針」の「学校における『いじめ防止』『早期発見』『いじめに対する措置』のポイント」で示されている。この際，以下のような保護者の様々な心理的な反応に留意した対応が求められる。

（１）保護者の心理的な反応

①　怒り・恨み：加害者側への怒りや恨みはいじめの種類や程度に関係なく，非常に強い場合がある。また，怒りや恨みがいじめを防げなかった教師や他の児童生徒にも向けられると，保護者の人間関係に支障を来すおそれがある。

②　不信感・被害感：いじめに苦しむわが子を不憫に思う保護者の心の傷は深く，教師や他の保護者の何気ない言葉にも傷ついたり，不信感を抱いたりして，被害的に反応しやすい。教師の公平な姿勢でさえ加害者庇護に感じられ，理解されない思いから学校による支援を拒絶し，孤立してしまう場合もある。

③　不安・抑うつ感：いじめによって不登校などの学校不適応が生じると，保護者はわが子の学業や将来に不安を抱く。改善が見られないと抑うつ感や無力感が強まり，被害児童生徒を支える家庭の機能が損なわれることもある。

（２）保護者支援のための留意点

　上述のような状況に加えて，「なぜうちの子がいじめられたのか？」，「誰がどのようないじめを行ったのか？」といった疑問や事実関係に対する学校の説明が不足していたり，調査結果やいじめ認定に納得できなかったりすると保護者の怒りや落胆はより強くなる。しかし，詳細な調査を経ても事実が

不明瞭でいじめ認定が困難になるなど，保護者の意に沿わないこともある。また，個人情報保護のため被害者側にも示せない加害者側の情報があると，保護者は加害者側の保護が優先されているかのような理不尽な思いを抱きやすい。

　しかし，被害児童生徒の心が回復に向かうには，保護者の心の安定が不可欠である。教師は保護者の傷つきの深さを決して大げさな反応と見なすことなく，いたわりの言葉とていねいな対応を重ねていくことが重要である。また，保護者の精神状態が悪化している場合，医療機関につなぐこともあるが，「精神科」に否定的なイメージを抱く保護者もいることに注意が必要である。

3．加害児童生徒の保護者への支援

　加害児童生徒の保護者が子どもの「教育について第一義的責任」（いじめ防止対策推進法第9条）を果たせるよう，教師は保護者の心理的な反応にも留意しながら支援を行う必要がある。

（1）保護者の心理的な反応

①　責任感・罪悪感：わが子の加害の事実にショックを受けつつも，保護者としての責任感からすぐに謝罪に向かう保護者は少なくない。被害が深刻であると許しは得がたく，謝罪の機会さえ与えられない場合もあるが，子とともに謝罪しようとする意思がなくては何も始まらない。一方，保護者が罪悪感に圧倒され謝罪に向かえない場合は，被害者側との溝をさらに深めてしまう。

②　否認・攻撃：わが子の加害の事実を認めず，「うちの子も前にやられた」，「いじめられる方にも問題がある」などと被害者側を攻撃する保護者も見られる。また，いじめの事実は認めても教師に責任転嫁したり，学校の対処を不当に感じたりして問題改善に非協力的な保護者もいれば，子どもに過度な叱責を行う保護者もいる。これではいじめ問題の解決に向かわないばかりか，いじめの再発や虐待といった次なる問題の発生につながるおそれもある。

（2）保護者支援のための留意点

わが子の加害の事実を受けとめ，謝罪に向かう保護者に教師は敬意を表し，被害者側との関係修復の試みを支え続けることが大切である。そうした中で，育児や家庭の悩みを語る保護者もいる。教師は耳を傾け，可能な助言を行うほか，必要に応じてスクールカウンセラーにつなぐことも大きな役割である。

一方，被害者側の傷つきに無関心で謝罪の意思も乏しい保護者に教師は呆れたり，苛立ったりしやすい。こうした未熟な態度は，養育責任を問われることへのおそれや子どもに適切に関われない無力感に対する防衛反応であることも少なくない。そこで，教師は早々に謝罪に触れることなく，穏やかな態度で保護者の思いに耳を傾け，加害児童生徒の支援に協力したい意向を伝える。心のどこかで保護者をいじめの元凶と見なしていないかに注意したい。

4．周囲の保護者への対応

いじめ事案に関する情報が不特定多数の保護者に広がり，うわさになる場合がある。近年ではSNSを介して母親同士（ママ友）で情報が拡散しやすく，誤解や中傷により加害者側だけでなく被害者側までが地域で疎外されることもある。同様に特定の教師が非難されたり，学校不信が広がったりする場合もある。こうした事態を防ぐため，学校はいじめに関する情報拡散のリスクについて保護者全体にも説明し，理解を得ておく必要がある。また，深刻ないじめ問題が生じた際には，学校はすみやかに保護者会を開き，事実関係や学校等の対応について説明し，二次的問題の防止に協力を求めることが重要となる。

5．保護者支援が目指すところ

いじめ防止対策推進法（平成25〔2013〕年）では「保護者同士の争いが起きないための措置」（第23条5）が求められているが，事実関係を巡って保護者間のトラブルが生じ，争訟に発展することもある。教師が目指すとこ

ろは，両方の保護者の支援を通じて児童生徒が関係を修復し，再び充実した学校生活を送ることであるため，保護者間の争いがこれを阻むような事態は悩ましい。また，一応の解決を見てもわだかまりが残る保護者もいる。保護者の心の回復には思いのほか時間がかかることをよく認識し，当該いじめを安易に過去に流すことなく，時々は保護者を気遣う言葉かけを行うことも大切であろう。

参考文献・URL

文部科学省（2013）「いじめ防止等のための基本的な方針」https://www.mext.go.jp/a_menu/shotou/seitoshidou/__icsFiles/afieldfile/2018/01/04/1400142_001.pdf（2020年6月9日閲覧）。

文部科学省（2013）「いじめ防止対策推進法」https://www.mext.go.jp/a_menu/shotou/seitoshidou/1337278.htm（2020年6月16日閲覧）。

（石田　弓）

Q5 いじめ問題の早期発見や未然防止のために教師が取り組むべき課題について述べなさい

1. いじめの早期発見のために

（1）いじめの発見を遅らせる被害児童生徒の要因

いじめ問題は未然防止が最も重要であるが，「いじめはどの子供にも，どの学校でも，起こりうる」（文部科学省，平成28〔2016〕年）との認識に立つ方が現実的であり，深刻化する前に発見しようとする心構えが必要である。しかし，様々な要因でいじめは見えにくく，発見が遅れやすい。特にいじめの悪化を恐れ，被害児童生徒本人が周囲に援助を求めない，知られまいとすることも珍しくない。特に思春期頃から友人関係の悩み（いじめも含む）を教師に相談しなくなる傾向があることを踏まえた対策を検討していきたい。

（2）いじめの早期発見に関する教師の要因

いじめの早期発見は児童生徒と多くの時間を過ごす教師の発見力にも左右されるが，教師も常にいじめの発見のために目を光らせているわけではなく，表面上問題がなければ，いじめは生じていないと判断しがちである。また，「軽微な言動までいじめと言い出したらきりがない」と感じ，その場では指導をしても学校いじめ対策組織には報告しなかったり，軽微なものはいじめと認識しなかったりするかもしれない。しかし，いじめが見えにくいところで深刻化していく傾向に留意し，「いじめの芽」や「いじめの兆候」（文部科学省，2016）も「いじめ」として見逃すまいとする強い意思が求められる。

（3）早期発見のための取り組みに際して

① いじめアンケート調査：これは多くの学校でなされているが，例えば「部活動での試合のミスを部員数名にからかわれ嫌だったが，『お前も悪い』と言われそうで…」という迷いがあっても，とにかく書いてみよう

と思えるような具体的な説明はしているだろうか。また，記名式アンケートでは加害者からの報復をおそれ，援助を求めようとしない心理が働きやすいが，書いても絶対に安全が守られる体制があることを十分に伝えているだろうか。

② 　定期的な個別の教育相談：これも守秘義務の約束の下で，児童生徒が教師に被害を伝える機会になるが，時間は短く，「今回は友達関係の困り事」などと目的を明示しなければ，切り出すきっかけとなりにくい。また，「教師イメージ」がポジティブな中学生は相談行動の意図が高く，ポジティブな結果も予想しやすいことから（小早川・石田，2020），いじめの相談相手とみなされるには，日頃から教師が自身の好ましいイメージ作りを意識しておく必要がある。

③ 　調査体制の機動性：いじめの早期発見では，疑わしい事案があれば，教師はすみやかに情報を記録・報告し，学校いじめ対策組織がすぐに調査に入れる機動性の高さが求められる。しかし，被害・加害児童生徒に対する事実確認にはかなりの時間と労力を要する。それゆえ，１件でも多くのいじめを早く発見しようという動機を高めておくには，急な調査によって過重となる教師の負担を迅速かつ臨機応変に軽減できる勤務体制を構築しておく必要もある。

④ 　教師同士の意思統一：いじめ問題への対応では「チーム学校」を構成する教師同士の連携が不可欠であるが，いじめの認知や対応では教師間にズレが生じることもある。このズレは日頃の教師間の関係性の歪みが微妙に絡み合って顕在化する場合もある。特に関わる者の感情を揺さぶりやすいいじめに関しては，日頃から教師同士が率直に意見を交わし，互いの考えを尊重しながら意思統一を図ることで，発見に遅れが生じない関係性を形成しておきたい。

2．いじめの未然防止のために

そもそも加害者がいなければ，いじめは生じない。よって，未然防止対策は児童生徒に加害リスクのある行動をさせないための取り組みと言えるが，

そのリスクが認識されにくく，何気なくなされる言動にも注意が必要となる。

（1）認知レベルでの未然防止対策

① 定期的ないじめアンケート調査：これは早期発見だけでなく，未然防止にも役立つ。教師や保護者が日頃からいじめの発見や防止に取り組んでいることが伝わり，いじめはよくないことの認識を育むための環境が形成される。

② 詳細な具体例：いじめはよくないことを知っていても，文部科学省（2016）が「いじめの防止等のための基本的な方針」で示す態様以外にも，リスクのある言動は多数あることをよく知る児童生徒ばかりではない。「いじめの芽」レベルの言動や意図せず相手を傷つけてしまう接し方もある。詳細な具体例を挙げて，加害リスクのある言動や接し方を伝えておく必要がある。

③ 適切な認識を共有する機会：「いじめられる方にも問題がある」，「相手は嫌そうでなかった」，「遊びでやった」といった加害児童生徒の言い分について，教師がその誤りを指摘し，正しい考えを教え込むのではなく，そうした言い分の是非について児童生徒たちと一緒に様々な意見をもち寄り，吟味し合い，より適切な認識を共有していく機会を設ける方が有用であると思われる。

④ 法的観点からの吟味：思考力が急速に発達する小学校中学年以降は，いじめについて考える際に法的観点を導入することも可能となる。処罰で脅すのではなく，「いじめは刑事罰にも相当する人権侵害行為であり，被害者が訴訟を起こし，損害賠償責任が生じる場合もある」といった重大さへの気付きは大切である。こうした指導では，弁護士等の法律の専門家の協力も検討したい。

⑤ 家庭の協力：未然防止対策は家庭とも足並みを揃えたいが，いじめに関する保護者の認識が甘いと児童生徒もそちらに流れやすい。保護者の認識を高めるには，学校のいじめ対策の実態を伝え，保護者の疑問や要望は今後の対策に反映させる姿勢も示したい。ただし，周囲の否定的な

反応を懸念する保護者もいるため，安心して意見のできる体制が必要と
なる。また，保護者が実践できる未然防止課題も示したい。協力的な保
護者ばかりではないが，課題に取り組む家庭に育つ児童生徒の加害リス
クは低くなることが期待できる。

（2）行動レベルでの未然防止対策

　悪意はなくても日常の様々な場面で相手を不快にさせる言動をとってしま
うリスクは誰にでもある。これをできるだけ回避するためのスキルを児童生
徒が行動レベルで習得しておくことは大切である。こうした取り組みは尾形
（2018）がまとめており，ここではその実践におけるポイントを述べたい。

① 　ストレス・マネジメント教育：加害行動に影響する要因として，国立教
育政策研究所（2012）は「友人ストレッサー」や「不機嫌怒りストレ
ス」を挙げており，ストレスの軽減方法を教えることはいじめの防止に
も効果的と言える。手軽なリラクセーション法として「呼吸法」がある
が，気分の落ち着きを実感できるには練習が不可欠である。教示だけで
指導を終え，後は児童生徒に任せるようでは効果が薄い。児童生徒がそ
の効果を実感し，日常でも活用する動機を高めていくには，学校の様々
な場面で用いる機会を設けたい。

② 　社会的スキル訓練（Social Skills Training：SST）：悪気はなくてもふざ
けてやり過ぎたり，疲れていてついきつい言い方になったり，勝ち気な
性格のため攻撃的な言動が多いなど，「いじめの芽」は至るところに存
在する。そこで，自分がどのような状況で人を傷つけたり，嫌な思いに
させたりしているかを想像し，これを回避して好ましい言動をとるため
のスキルを習得するには，SSTが有用である。児童生徒が主体的にリス
クのある言動を想起し，これを回避できる言動をターゲットスキルとす
ることで，いじめ防止に特化した訓練ができる。なお，好ましい言動が
児童生徒の日常に汎化していくには教師のフォローアップが重要である
が，全員への対応が難しい状況では，日頃から加害リスクを感じさせる
児童生徒の好ましい言動を特に評価したい。

③ 　構成的グループエンカウンター：国立教育政策研究所（2012）が提案

する「居場所づくり」や「絆づくり」は，安心や安全が感じられる環境
で，児童生徒が互いを認め合い，個々の自己有用感を育むために有用で
ある。また，いじめは被害者と加害者の間だけでなく，「観衆」や「傍
観者」の加担も大きいため，未然防止には学級集団の力も必要となる。
学級経営の力量は教師の経験年数などにも左右されるが，構成的グルー
プエンカウンターは，その目的や方法がこうした取り組みに適っている
ため，若手教師にも役立つ。

参考文献・URL

小早川茄捺・石田　弓（2020）「中学生の教師に対する相談行動――九分割
　　　統合絵画における教師イメージとの関連」『広島大学心理学研究』
　　　19，pp.153-165。

国立教育政策研究所（2012）「いじめについて，正しく知り，正しく考え，
　　　正しく行動する。」https://www.nier.go.jp/shido/centerhp/2507sien/
　　　ijime_research_outline.pdf（2020年6月20日閲覧）。

文部科学省（2016）「いじめの認知について」https://www.mext.go.jp/a_
　　　menu/shotou/seitoshidou/__icsFiles/afieldfile/2018/07/23/
　　　1400170_001.pdf（2020年7月6日閲覧）。

尾形明子（2018）「開発的教育相談」石田　弓編著『教師教育講座 第11
　　　巻 教育相談 改訂版』協同出版。

（石田　弓）

Q6　いじめの重大事態発生時（特に自殺等重大事態）における学校・教師の対応と自死防止の取り組みについて述べなさい

１．いじめの重大事態とは

（1）２つの「重大事態」とそれへの対処の基本

「いじめ防止対策推進法」（第28条１項）では，いじめの重大事態として以下の２つが定義されている。

① 自殺等重大事態：いじめにより当該学校に在籍する児童等の生命，心身又は財産に重大な被害が生じた疑いがあると認めるとき。

② 不登校重大事態：いじめにより当該学校に在籍する児童等が相当の期間学校を欠席することを余儀なくされている疑いがあると認めるとき。

①の「生命，心身又は財産に重大な被害」とは「児童生徒が自殺を企図した場合」，「身体に重大な傷害を負った場合」，「金品等に重大な被害を被った場合」，「精神性の疾患を発症した場合」を指している。学校の設置者（公立学校では教育委員会）や学校はこれらの事態に対処し，同種の事態の再発を防止するため，すみやかに組織を設け，アンケートや個別の面接などの調査により事実関係を明確にしなければならない。また，こうした重大事態の調査は，その「疑い」が生じた段階で開始しなければならず，また被害児童生徒やその保護者からいじめにより重大事態に至ったことの訴えがあれば，これが発生したものとして報告・調査に当たらなければならない。なお，以下では自殺等重大事態を取り上げるが，不登校重大事態もいじめによって児童生徒の学ぶ権利が著しく侵害される深刻な事態であることに違いはない。

（2）自殺等重大事態の調査における教師の対応と留意点

自殺等重大事態（以下，重大事態）における調査は，学校や第三者調査委員会が組織的に行うが，個々の教師も以下のような役割を担うことがある。

① 被害者側への説明：調査に先立ち，被害者側には調査の目的（いじめ

の事実の全容解明と再発防止）や方法（アンケートや個別の面接），時期・期間，対象（学級や部活動等の児童生徒，教職員等），結果の報告方法についてていねいに説明する。被害者側の意向を尊重し，要望は可能な限り調査に反映させたり，調査結果を公表する際の方法や内容を確認できることを伝えたりする。

② 面接調査：被害者側への調査では，つらさに共感しつつも被害事実を疑うかのような質問をする場合もある。学校不信につながらないよう，質問の意図も説明しておきたい。また，自死の場合，遺族の傷つきやすさに細心の配慮が必要となる。一方，加害者側への調査では，児童生徒が厳罰をおそれ事実に関する情報を歪曲・隠蔽するおそれがあるため，事実確認が威圧的な取り調べのようにならないよう気をつけたい。また，保護者との面接でも責任を追求するような態度とならないよう注意する。さらに，学級等の児童生徒への調査では，事態の重大さから正直に答えることに不安を感じる児童生徒もいるため，いかなる情報を提供しても安全であることを保障しておきたい。

③ 第三者調査委員会への協力：被害・加害児童生徒と関わりの多い教師に対して弁護士や精神科医，臨床心理士等からなる第三者調査委員会からの聴き取りがなされることがある。教師も重大事態を防げなかった責任追及に対する不安が生じやすい。しかし，事実に向き合うことの重要性を認識し，学校や自身にとって不都合な事情があっても，真摯に報告する姿勢が大切である。

2．いじめによる児童生徒の自死が生じた際の支援

（1）児童生徒への支援

　加害児童生徒は，自分が他の児童生徒を自死に追いやったことの罪悪感や処罰への恐れが強くなるだけでなく，遺族の怒り，他の児童生徒や保護者の視線にも圧倒されやすい。また，学校や調査委員会だけでなく，警察や児童相談所などでも面接があり，心理的負担が大きくなる。そうした中でも自らの過ちを認め，亡くなった児童生徒や遺族に心から謝罪し，立ち直っていく

には，身近な教師による心の支えが必要となる。一方，他の児童生徒が受ける衝撃も大きく，親しい友人だけでなく，直接つながりのない児童生徒にもストレス反応（体調不良，不安，恐怖感，抑うつ気分など）が生じやすい。後追い自死（群発自殺）のおそれもあり，教師はスクールカウンセラーなどの協力を得ながら，すべての児童生徒の様子に注意を払いたい。

（2）保護者への支援

　いじめによる自死でわが子を喪った保護者の心のダメージは計り知れない。そうした中でも事実を知るため，学校に詳しい説明を求める保護者の思いには，最大限の配慮をもって応じなければならない。しかし，調査結果やいじめ認定を巡って学校への不信感が生じる場合には，その後の長期的な支援の基盤となる信頼関係が崩れやすい。激しい怒りを向けられ，教師の心が揺さぶられるかもしれない。しかし，こうした状況でも教師は言葉を尽くして保護者の心の痛みを受けとめ，つながりを維持することに努める必要がある。

　一方，加害児童生徒の保護者が受ける衝撃も大きく，子の取り返しのつかない過ちに対する罪悪感から途方に暮れる保護者もいれば，いじめの事実を否認する保護者もいる。しかし，遺族が求めるものは加害児童生徒の心からの謝罪であり，これには保護者の同伴も不可欠となる。教師は保護者の苦悩に共感しながらも，保護者が子とともに謝罪に向かう過程を支え続けたい。

（3）教師同士の支え合い

　児童生徒の自死によって教師も強いショックを受け，守れなかった命に対する自責の念から，教師としての自信を喪失したり，心身の不調を来したりすることもあるため，教師同士の支え合いが重要となる。一方，教師にいじめに関する重大な過失等が認められる場合は，懲戒処分となることもある。これは極めてストレスフルな体験であり，その後の教育活動や教師生命に影響を与えかねない。しかし，重大事態発生の責任は，学校全体で抱えていくべきものであり，教師同士が非難し合うような事態は避けなければならない。

（4）地域住民への支援

　いじめによる児童生徒の自死は，その地域で暮らす多くの人々にも大きな

影響を与える。加害者側や特定の教師だけでなく，遺族に対する非難や中傷，事実と異なるうわさが広がるおそれもある。また，報道機関が関係者へインタビューを行ったり，断片的な情報を報道したりして，こうした事態がエスカレートし，加害者側だけでなく，遺族までがその地域で暮らせなくなる場合もある。学校やその設置者は時機を見て地域住民にも適切な説明を行い，二次的な問題を防ぐための協力を求める必要がある。ただし，そうした際の関係者のプライバシーの保護には気をつけたい。

3．児童生徒の自死防止の取り組み

（1）児童生徒の自死の要因や兆候

① 自死の要因：子どもの自死ではいじめが疑われやすいが，警察庁等の統計では，いじめを原因とする自死は多くない。自死には様々な要因が複合的に関与していることが知られており，いじめの調査でも児童生徒の性格や親子関係が間接的な要因と推定される場合がある。しかし，いじめが関与する自死では，他の要因がいじめ以上に大きな要因であったと言うべきではない。

② 自死の兆候：突然に見える児童生徒の自死も，そこに至る過程で何らかの兆候が見られるという。うつ病も自死と関連が強く，教師はその症状（第6章Q1参照）についてよく理解し，気になる児童生徒がいれば教師間で情報を共有し，見守る目を増やして早期の対応を検討したい。また，自死の兆候は家庭で示されることも多いため，日頃の保護者との情報交換は重要となる。

（2）児童生徒の自死防止対策について

児童生徒の自死防止は，学校の教育相談活動の一環として組織的に行われるものであるが，実施するのは個々の教師であるため，その目的や方法に熟知しておきたい。「東京都多摩小平保健所学校保健と地域保健との連携会議分科会」（2013）の教職員向けの自殺予防小冊子（解説書）などが参考となる。

① 事前準備：自死防止対策の目的や実施後の反応について，児童生徒に事前の説明が必要である。また，「自死の話をすると寝た子を起こすこ

とにならないか」といった懸念もあるため，保護者にも十分な説明をしておきたい。

② 実施：上記のような解説書を参考に，各校の実情に合わせた自死防止対策を実施していく。対象は自死リスクが高まり始める小学5〜6年生や中学生以降が考えられる。児童生徒が理解を深めるポイントは，「つらい時に自死を考えることは誰でもある。多くは実行されないが，衝動的にリスクの高い行動をとる場合もあること」や「児童生徒の自死が起こると後追い自死など他の児童生徒も強い影響を受けること」，「死にたい衝動が強くなった際に支援を求める方法を知っておくこと」である。特に「死にたい」は「もっと生きていたい！」と表裏をなしていることを知ることは，自ら支援を求めるうえで重要である。また，自死とうつ病との関連についても適切な情報を伝えたい。

③ 事後対応：実施後はすべての児童生徒の反応に注意が必要である。適切な理解は自死防止につながるが，感じ方には個人差もあり，日頃から自死や死について考えることの少ない児童生徒は不安や動揺が強まるおそれがある。こうした反応は家庭でも見られやすいため，当面は保護者と連携し，不穏な様子が報告された場合は，スクールカウンセラーなどの支援も検討したい。

参考文献・URL

文部科学省（2017）「いじめの重大事態の調査に関するガイドライン」https://www.mext.go.jp/component/a_menu/education/detail/__icsFiles/afieldfile/2019/06/26/1400030_009.pdf（2020年6月9日閲覧）。

東京都多摩小平保健所　学校保健と地域保健との連携会議分科会（2013）「一人でなやんでいるあなたへ〜 SOS を出していいんだよ！」https://www.mext.go.jp/a_menu/shotou/seitoshidou/__icsFiles/afieldfile/2018/10/24/1410401_002.pdf（2020年6月11日閲覧）。

（石田　弓）

第5章

非行・反社会的行動の理解と対応

Q1 児童生徒の非行や反社会的行動（違反行為も含む）の要因について述べなさい

1. 様々な要因が複雑に関与するので，多様な視点が必要であること

「非行・反社会的行動の原因は○○である」と一刀両断することができれば，話は簡単である。対応に悩むこともないだろう。しかしながら，そうはいかないからこそ，この問題は私たちを苦しめ悩ませてきた。

その中でも，万引きや自転車・バイク盗などの初発型非行は，いつの時代にも最も多く見られる非行・反社会的行動である。そこで，万引きを例に考えてみよう。

ひょっとしたら知的障害があって善悪の判断がつかず，見つかったらどうなるかも想像できず，ただ欲しいからとポケットにしまいこんだのかもしれない。精神障害の1つである窃盗症（クレプトマニア）で，万引きの時の緊張感やそれが成功した時の満足感のために，盗みを重ねているのかもしれない。あるいは，養育者が自分に無関心なため，愛情の代理物として商品を盗み，さらに万引きが発覚することで養育者の関心を引くことを密かに望んでいたのかもしれない。友達にそそのかされたのかもしれない。そもそも家庭の貧困ゆえに，盗むしかなかったのかもしれない。

このように，万引き1つとっても様々な可能性，多様な要因の影響が推察

される。非行・反社会的行動に至る過程やそこに影響しうる多様な要因に目を向け，理解と対応を検討することが求められる。

2．生物―心理―社会モデルから見た非行・反社会的行動

　1970年代以降，精神疾患が多様な要因からなるものと考える生物・心理・社会モデルが唱えられるようになった。今では精神疾患にとどまらず，広く人間を理解するときに有用なモデルとなっている。

　私たち人間は，生理的基盤である身体をもった生物的存在である。そして，一人ひとりが異なる心の世界を有する，心理的存在でもある。また，人間は社会的動物であると言われるように，そうした個人が集まって，家族や社会を形成し，その中でそれぞれに影響を与えたり与えられたりしながら暮らしている。すなわち，社会的存在でもある。

　こうして，生物―心理―社会的要因が様々に絡み合い影響を及ぼし合いながら，私たち人間は存在している。非行・反社会的行動も，きわめて人間的な現象であり，当然ながらそこには，多様な要因の影響が想定される。ここでは，生物，心理，社会の3つの視点から概観してみよう。

（1）生物的要因

　身体，特に脳に疾病や障害があるために，結果として非行・反社会的行動が生じてしまうタイプの一群がある。前述の知的障害や窃盗症のほかに，行為障害（人や動物に対する攻撃性，嘘や窃盗，重大な規則違反を犯すといった，子どもに見られる精神障害）の可能性などが例として挙げられよう。

　また，近年，非行・反社会的行動との関連が注目されているものとして発達障害が挙げられる。発達障害には，大別すると限局性学習障害，注意欠如・多動性障害，自閉症スペクトラム障害の3つがある。

　注意欠如・多動性障害であることに気付かれなかったり，その特性に周囲から十分な配慮が得られなかったりすると，保護者や教師から注意・叱責を繰り返される中で，二次障害として反抗的となっていき，さらに反抗的態度自体を叱られて，ますます反抗的になるという悪循環をたどることがある。これを「破壊的行動障害（DBD：Disruptive Behavior Disorders）のマーチ」と呼ぶ。

動機が不可解で，被害の重大性が高く，奇妙な事件を起こす児童生徒については，自閉症スペクトラム障害の影響を検討する必要がある。非行に表われる特徴として，以下のようなことが挙げられる。

　①　犯したことの社会的な意味が理解できないので，反省できない。

　②　言語的・非言語的コミュニケーションが不適切で，事件後の態度や表情，言語表現などに違和感がある。

　③　他人の気持ちを理解できないので，相手の立場に立って考えることができない。一方，自分の知識や経験には，がんこなこだわりを有する。

　生物的要因で気になる点のある児童生徒の場合，スクールカウンセラーや児童精神科医など，専門家に相談することが不可欠である。

（2）心理的要因

　目の前の児童生徒は，どのような性格，個性，特性を有しているのだろうか。今，どのような心の世界を生きているのだろうか。このような心理的要因へのアプローチは不可欠である。さらに，人格形成に大きく影響すると考えられる生育史，保護者の性格や養育態度，両親の離婚など様々な家庭環境の変化，家族や友達，教師との人間関係をていねいに聴き取ることが求められる。

　生育史の中でも虐待は，非行・反社会的行動のリスクファクターと考えられている。親から虐待を受けた子どもは，虐待そのものや虐待への不安，恐怖を避けるために，家出や盗み，無免許運転，暴走行為など虐待回避型非行に移行していく。非行が反復された場合には，暴力粗暴型非行や性的逸脱型非行，薬物依存型非行といった別のタイプの非行に発展すると言う。

　なお，青年期以前の児童生徒や障害の性質によっては，自分の内面を言葉にする能力が十分に育っていない場合がある。そのため，本人だけでなく，保護者や友達などからの情報が重要な意味をもつ。専門的な心理カウンセリングにおいても，親子並行面接といって，子どもの面接と保護者の面接をそれぞれ別の担当者を決めて，並行して行うのが普通である。

（3）社会的要因

　児童生徒が生活する家庭の風土，地域文化などは，非行・反社会的行動に

大きく影響を及ぼしている。とりわけ年齢が低いほど，保護者を中心とした家庭の影響が大きい。

　ところが教師には，家庭の事情に踏み込んで行きづらい風潮が見られるようである。学校によっては，保護者の職業すら尋ねないことにしているという。児童生徒をよりよく理解するために不可欠の情報については，その必要性を保護者に説明の上，話せる範囲で協力してもらうことが望ましい。

　成長に伴い，家族よりも友達や仲間の存在が相対的に大きくなっていく。例えば，小学校高学年になると，同性同年齢のギャンググループを形成するようになる。その中で集団内の規律の遵守や協力関係といった社会性を獲得していく反面，大人の目が届かないため，間違った方向に同調意識が働くと，集団での窃盗事件などにつながることもある。さらに，学校や地域によっては「若いうちの多少の悪さは当たり前」といった，非行文化とも呼べるような，非行・反社会的行動を助長する土壌が存在する場合もある。

　また，女子児童生徒の「援助交際」や「パパ活」など，性非行のカジュアル化とでも言うべき現象には，日本社会の縮図という面もあろう。「お金がなければ遊べないしモノも買えない。だったら自らの性を売ってお金に換えて何が悪い」という，少女たちの開き直りともとれる言葉の背後に透けて見えてくるのは，わが国の消費文化や拝金主義，そして貧困問題である。はたして私たちにこのような児童生徒を責める資格があるのだろうか。

参考文献

藤川洋子（2008）『発達障害と少年非行』金剛出版。

藤岡淳子（2007）『犯罪・非行の心理学』有斐閣。

橋本和明（2004）『虐待と非行臨床』創元社。

松田美智子（2005）「虐待と非行——少年院在院者の場合」生島浩編『非行臨床の課題』至文堂。

宮口幸治（2019）『ケーキの切れない非行少年たち』新潮社。

（林　智一）

Q2 非行や反社会的行動が見られる児童生徒に向き合う際に留意すべき点について述べなさい

1. 児童生徒を1人の人間として尊重し，敬意をはらうこと

（1）基本的な人間観

　非行・反社会的行動は，きわめて人間的なものである。したがって，目の前の1人の人間としての児童生徒を理解することなしに対応することはできない。そのためには，何よりも児童生徒を1人の人間として尊重し，敬意をはらうことが求められる。

　その逆を考えてみれば，このことの重要性は論を待たない。自分を人間として尊重してくれない，敬意をはらってくれない相手に対して，誰が心の内を語るだろうか。そのような相手の言葉に耳を傾けるだろうか。

　加えて，非行・反社会的行動が見られる児童生徒の場合，背景に虐待などの様々な傷つきや自尊心，自己肯定感の低さが潜在する場合も少なくない。大人への不信感や反抗心を募らせている児童生徒もいる。したがって"自分は大切に思われている"という感覚を得てもらうことが，彼ら・彼女らにとっての何よりのケアともなる。

（2）教育相談における教師のパラドクスを自覚すること

　ともすれば教師という立場は，他者を指導したり評価したりする役割を担うことで，自らを特権的な存在ででもあるかのように誤解しかねないあやうさを有している。年長者として，指導者として，児童生徒を"上から目線"で見おろしがちなのである。ましてや非行・反社会的行動が見られる児童生徒を前にすると，私たちはついつい相手を断罪したくなってしまう。

　さらに教師の多くは，学校において適応的に生きてきた，いわば"学校エリート"である。それは，非行・反社会的行動がみられる児童生徒と対極の存在ではないのか。

　児童生徒の最も近くにいて，非行・反社会的行動を理解し対応しようとす

る教師が，実は児童生徒から最も遠いところにいる。ただし，本当は教師自身もまた，一人の生身の人間として，悪を内包する存在であるのだが。さて，読者であるあなたは，このようなパラドクスを抱えながら，児童生徒とどのように関わっていこうと考えるだろうか。

2．非行・反社会的行動が見られる児童生徒への対応の具体的留意点

（1）心理臨床的アプローチについて知ること

　非行・反社会的行動が見られる児童生徒を理解し，対応を考える際の枠組みを提供してくれるものの1つとして，カウンセリングや心理療法の理論がある。これらを身に付けておくことは，広く教育相談の大きな支えとなる。

① 　来談者中心療法

　カール・ロジャースによって提唱されたカウンセリング理論で，問題の本質やその解決策を本当に知っているのはクライエント（困ったり悩んだりして相談に来た人）であると考える。カウンセラーが自己一致，受容，共感的理解などを心がけながら傾聴することで，児童生徒自身が自分の問題に気付き，自分の力で解決に向かって進み出していくというモデルである。

② 　精神分析・精神分析的心理療法

　ジグムント・フロイトによって提唱された心理療法である。心は本能的，無意識的，衝動的部分であるイド，親のしつけや社会規範が取り入れられた超自我，外界の現実を踏まえてイドと超自我の理性的，現実的な調整役となる自我の3つからなると考える。非行・反社会的行動には無意識が影響し，自我を守るための症状として問題が生じているというモデルである。

③ 　家族療法

　問題を個人のものと考えず，家族のもっている問題が児童生徒の非行・反社会的行動となって表われているとする立場である。そのため，家族療法ではクライエントという言葉を使わず，家族の問題を代表して病気になった人という意味をこめてIP（患者とみなされた人）と呼ぶ。家族全員に面接に来てもらって，家族システム全体に働きかけるようなアプローチを行う。

④　認知行動療法

　学習理論に基づいて問題解決を目指す心理療法である。児童生徒の歪んだ認知（考え方・捉え方）を修正する認知的側面と，不適切な行動を修正する行動的側面の両面を有している。性犯罪や暴力，発達障害による非行などへの適用が注目されている。アメリカにおける非行・反社会的行動の再発防止プログラムでは，この考え方をベースとしていることが多い。

⑤　遊戯療法

　言語によって自分の気持ちを表現することが難しい児童生徒に対して，遊びを通じて心の世界を表現させようとする心理療法を遊戯療法と言う。来談者中心療法的な立場と精神分析的な立場に大別される。

（2）PDCAサイクルを意識すること

　生物・心理・社会モデルをもとに，もつれた糸のように絡まりあった複雑で多様な要因を解きほぐしていくことが，非行・反社会的行動への理解と対応の第一歩であろう。そのためには，児童生徒の中で何が起きているのかという内的世界を共感的，情緒的に見る視点と，外的現実を客観的，論理的に見る視点を行き来するような視点，さらに内的世界と外的現実の相互作用を捉えようとする視点が求められる。

　具体的には，児童生徒の様子をしっかりと観察し，相手を侵襲しすぎない，ほどよいコミュニケーションによって情報を収集し，理解を深め，その理解に応じた対応を考えては実行し，その結果を観察し…というサイクルを繰り返していくことになる。これは，生産管理などで用いられるPDCAサイクルをイメージするとわかりやすいだろう。Plan（計画）→Do（実行）→Check（評価）→Action（改善）のサイクルを繰り返すことで，適切な対応を模索し，さらに改善していこうというアイデアである。

　ただし，教育は生産管理とは異なる。改善が見込めないから，効率性や生産性に乏しいからといって，児童生徒を見捨てるわけにはいかない。

　「悪いことはもうしない」と保護者や教師に固く誓っても，反社会的行動が繰り返されることは，現実には少なくない。「こんな悪い自分でも，本当にあなたは信じて受け入れてくれるのか」と，あたかも子どもから大人たち

が試されているかのようである。たとえ裏切られたような思いを抱いたとしても，それでも科学的根拠を有する方法に依拠しつつ，かつ根底では児童生徒の成長や発達を信じて，教師として果たすべき役割を果たしながら，たゆまず誠実に関わり続けることが肝要である。

（3）チームで関わること

　児童生徒が抱えるニーズは多様で複雑である。しかも1人の教師にできることにはおのずと限界がある。得手不得手もあれば，児童生徒との相性もあろう。その場合，自分にできないこと，苦手なことは，学内・学外を問わずそれができる人，得意な人に手伝ってもらえばよい。そして，チーム全体として，児童生徒のニーズに応えていければよい。このようなチームアプローチの発想が今，学校現場には求められている。

　担任だから，教育相談担当だから，と1人で抱え込まず，チームで関わることが重要である。それによって視点が多角化し，理解が深まり，よりよい対応も生まれてくるかもしれない。学校の内外に多職種によるネットワークができれば，それは文字通りのセイフティネットとして，児童生徒をやわらかに，安全に受け止めるものとなろう。

参考文献

藤岡淳子（2001）『非行少年の加害と被害——非行心理臨床の現場から』誠信書房。

石田　弓編著（2018）『教師教育講座 第11巻　教育相談　改訂版』協同出版。

河合隼雄（1997）『子どもと悪』岩波書店。

大川一郎・濱口佳和・安藤智子編（2015）『生涯発達の中のカウンセリングI——子どもと親と高齢者を支えるカウンセリング』サイエンス社。

（林　智一）

Q3 児童生徒の非行や反社会的行動の未然防止のために教師にできる対策について述べなさい

1．カプランの予防モデルをもとにした対策

　予防精神医学では，予防を以下の３つに分けて考えている。これは，非行・反社会的行動の未然防止にも有用な観点である。

（1）一次予防

　問題の発生自体を防ぐために，非行・反社会的行動やその防止に関する知識を，広く一般市民に向けて広報・啓発することを言う。例えば，各地域の少年サポートセンターでは，薬物乱用防止教室や非行防止教室を学校，地域と連携して実施している。さらに内閣府は，毎年７月を「青少年の非行問題に取り組む全国強調月間」と定めている。これらを非行防止のための啓発の契機として利用するのも一案である。

（2）二次予防

　非行・反社会的行動を起こしやすいハイリスクの児童生徒に対して，問題が重篤化・深刻化しないように早期発見，早期対応することを言う。非行を犯した少年への意識調査では，規則や注意の軽視，遊び中心で生活が乱れていた，我慢が足りない，非行や犯罪をする友達・知人がいた，退屈してぶらぶら過ごしていたなどが自分に当てはまるものとして挙げられていた。これらが複数見られるようであれば，ハイリスク群と考えてよいかもしれない。

（3）三次予防

　非行・反社会的行動の見られた児童生徒に対して，再発防止に向けた介入を行う段階である。例えば，保護処分を経て学校に戻ってきた児童生徒などが対象となる。"非行少年"というレッテルを貼られることで周囲から白眼視されたり，あるいはそのような目で見られていると被害的に感じて，さらに荒れていくといったりすることがないよう，慎重な対応が求められる。周囲の人々の理解や協力など，環境整備も不可欠である。

2．ナナメの関係の意義とチームアプローチの活用

　いくら家族でも，子どもは保護者に対して本音で語りにくいこともある。児童生徒と担任教師も同様，どうしても上下のある，タテの関係となってしまう。しかしながら，家族・親戚ではおじやおば，地域では近隣住民，学校では担任ではない教師，養護教諭，事務員，スクールカウンセラーなどはどうだろうか。タテの関係でもなく，友達のようにヨコの関係でもない，言わばナナメの関係の存在であることが理解されよう。

　このようなナナメの関係の大人は，子どもにとって警戒心を解きやすく，本音を語りやすい。大人にとってもほどよい距離が取れ，しつけや指導的・評価的態度を自然とひかえて，子どもの内心の声に耳を傾けやすくなる。

　ナナメの関係にある人々が子どもをめぐるチームに加わることで，地域社会全体で子どもを育て見守る環境が充実していく。学内に限らず，どこかに自分の居場所を見つけることができれば，それが子どもにとっての心の拠り所となる。それ自体が非行・反社会的行動の未然予防である。さらに，チームのネットワークを通じて子どものわずかな異変も教師が感知でき，非行・反社会的行動の早期発見，早期対応が可能となる。Q2の「教育相談における教師のパラドクス」解決の鍵は，ここにあるように思われる。

参考文献・URL

カプラン，G.（新福尚武訳）（1970）『予防精神医学』朝倉書店。

法務省法務総合研究所（2012）研究部報告46「青少年の生活意識と価値観に関する研究」。http://www.moj.go.jp/housouken/housouken03_00060.html（2020年6月8日閲覧）。

文部科学省　子どもを守り育てるための体制づくりのための有識者会議（2007）「いじめを早期に発見し，適切に対応できる体制づくり」——ぬくもりのある学校・地域社会をめざして——子どもを守り育てる体制づくりのための有識者会議まとめ（第1次）。https://www.mext.go.jp/b_menu/shingi/chousa/shotou/040/toushin/07030123/002.htm#top（2020年6月8日閲覧）。　　　　　　　　（林　智一）

Q4 非行や反社会的行動（違反行為も含む）が見られる児童生徒の保護者と連携し，支援していく際に留意すべき点について述べなさい

1．保護者との連携における基本的な認識

（1）児童生徒の問題行動が保護者の心理に及ぼす影響

　非行や反社会的行動の多くは保護者の目の届かないところで行われるため，保護者は学校や警察など外部からの連絡によってわが子の問題行動を知ることになる。まずは，驚きとともに怒りや悲しみといった感情をもって受けとめられることが多いだろう。問題行動の背景にある心の動きが理解しきれず，どのように向き合えばよいか戸惑ったり，今後のエスカレートを不安がったりする保護者もいると思われる。子どもが言うことを聞かなくなった，会話自体が少なくなったなど，親子関係の行き詰まりをすでに感じていたとすれば，ある種の予期の感覚とともに落胆する保護者もいるかもしれない。

　保護者は，自己評価が傷ついたと体験する一方で，わが子を信じたいがゆえに，教師や学校に対して怒りや不信感を向けることも多い。問題行動が繰り返され長期化すると，保護者も次第に孤立し，周囲の助言やサポートを受け入れることも難しくなっていく。

（2）行為と人格の分離：罪を憎んで人を憎まず

　以上のような前提に立つと，児童生徒の非行や反社会的行動の問題に教師や学校が取り組む際は，まず当該の行為と本人の人格を切り離すことが重要である。すなわち，問題視すべきは本人の行為であって，人格を否定したり迷惑がったり，保護者や家庭を問題視しているわけではないという立場をとることである。現実には両者を混同した指摘や指導が行われ，保護者の自責感（およびその裏返しである怒りや不信感）をいたずらに刺激してしまうことも少なくない。本人の問題行動の改善や解決を目指す点では，教師や学校

と保護者双方が一致できるのであるから，その実現のためにそれぞれが協力し合うという関係を指向したい。

2．保護者との連携における留意点

（1）問題行動の背景や児童生徒の思いを理解し，保護者と共有する

　児童生徒が問題行動をとる背景には様々なものが考えられる。悪意の有無という点では，悪いことと自覚しつつわざとやる児童生徒がいる一方で，生来の衝動性・多動性の高さから結果的にルールを破ってしまう児童生徒もいる。発達的な観点では，大人に構ってほしくて問題行動をアピールの手段にする児童生徒がいる一方で，思春期には保護者のコントロールから脱しようと企てられることもある。学力や運動能力の差に劣等感をもっていたり，人間関係のスキルの未熟さがトラブルの背景となっていたりする場合もある。人間関係の観点では，クラス集団や家庭に自らの居場所を見いだせず，不良集団との親和性を高めていく児童生徒もいる。このほか，虐待やいじめなどの被害経験，あるいは何らかの精神疾患を疑わせる病的体験が，攻撃的な言動の背景となっている場合もある。強く叱責されたことから反抗的・挑戦的な言動をエスカレートさせるというように，保護者や教師の不適切な対応が背景と考えられるものもある（本章Q1を参照）。

　一人ひとりの問題行動の背景はそれぞれに異なるが，これをできる限り個別的に理解しようとする姿勢が支援策の検討には欠かせない前提となる。この作業を教師と保護者が協力して行うことにより，学校と家庭のそれぞれで取りうる選択肢を検討することが可能となる。児童生徒本人へのていねいな聴き取りと合わせて，保護者に対してもわが子の言動をどのように受けとめているかに耳を傾け，このような問題行動をとるに至った背景を保護者とともに考え，共有する過程を踏むことが望ましい。保護者がこれまでに行ってきた対処や工夫をねぎらう姿勢もあるとよいだろう。児童生徒間の暴力等の場合は，校内の被害者やその保護者への配慮も必要となるが，これが加害側の児童生徒を教室や学校から排除しようとする姿勢として受けとられることのないよう留意しなければならない。

（2）児童生徒の支え手としての保護者の力量をアセスメントする

（1）の作業と並行して，保護者のアセスメントを行っておくと，保護者に対する支援がどの程度必要なのか，どのような支援が有効かを検討する際に役立つ。児童生徒本人の背景については先に述べたが，保護者自身の心理的な不安定さや反社会的な傾向，コミュニケーションの不器用さといった心理的な課題に，貧困やひとり親，居住環境といった家庭や地域の抱える経済的・社会的な課題が重なると，子どもとしっかり向きあい，子どもの直面している課題を適切に理解し，立ち直りを助ける保護者としての役割を積極的に果たすことは難しくなる。このような場合は，教師や学校が現実的な対処のモデルを具体的に示してみせることも有益であろう。例えば，被害者への謝罪や，警察や児童相談所など校外の機関とのやりとりといった事後処理が保護者には求められるが，こうした一連の過程を教師や学校が支援することは，子どもを抱える力が弱い保護者にとって意義があると思われる。手間のかかることも少なくないが，謝罪の文例や相談の仕方を具体的に情報提供したり，実際に付き添うなどのサポートができるとよい（このことは，学校と他機関との連携を密にする機会となる点でも望ましい）。

（3）支援の具体策を検討し，その試行錯誤の過程を保護者と共有する

自己肯定感の低さや居場所の感覚の乏しさが問題行動の背景にあるならば，それを補うような体験をさせ，学習や人間関係スキルの課題が背景にあれば，それを伸ばしていく関わりを具体的に検討することになる。学校では，授業や課外活動，行事などの場面を活用することがその機会になりうるし，問題行動に対する叱責以外の対処や，発達上の特性に合わせた関わり方を教師たちが身に付けていくことも有用であろう。同様のことは保護者が家庭において取り組むことも考えられるが，保護者の力量や教師と保護者の関係によって，どのように進めていくかが異なってくると思われる。例えば，子どもを抱える力の弱い保護者に対しては，学校での取り組みを先行させ，本人の成功体験を土台にして家庭での取り組みを勧めることが考えられる。この際，言葉かけや段取りなどを具体的に提案することもあるが，保護者にただ方法のみをなぞってもらうのではなく，その意味や意図（どのような体

験を子どもにさせたいか）を保護者とも共有しておくことが重要である。また，提案を実行した際の児童生徒の反応を観察してもらい，事後の話し合いで必要に応じて軌道修正を行うような柔軟さも求められる。

このような取り組みを通して，問題行動のみを叱責や制裁で抑えようとするのではなく，学校や社会の中でルールを守り，周りと適度に関わり合う中で，居場所の感覚を味わわせたり楽しみを見つけてもらったりすることによって，問題行動自体を起こす必要性が低下していくことが望まれる。

支援の目標は問題行動の消失や改善にあると言えるが，あくまでそれはこうした試行錯誤によって，子どもと保護者の関係や児童生徒と学校・教師との関係が改善されることの結果であると考えたい。子どもにとっては，自分に本気で向き合ってくれる大人たちとの出会いという体験が立ち直りに欠かせないのではないだろうか。

3. 校内・校外の資源との連携

非行や反社会的行動の問題を抱えた児童生徒の指導は容易でなく，特に暴力を伴うケースは教師自身の安全も脅かされることがあるため，誰もが敬遠しやすく，特定の教師（その多くは担任であろう）が一手に責任を引き受けるという構図ができやすい。困難なケースほど，より多くの資源を活用して支援していくという考えをもちたい。

校内の資源には，学年主任や生活指導担当教諭，養護教諭，管理職といった教師集団だけでなく，スクールカウンセラーやスクールソーシャルワーカーといった専門職も挙げることができる。これらの専門職は，特に保護者や家庭の支援において大きな役割を果たすと思われる。学年団や職員会議などのフォーマルな場に加え，インフォーマルな場でも情報交換を行うことは，児童生徒および保護者の理解や，具体的な対応のノウハウを共有するだけでなく，児童生徒や保護者と向き合う労力を相互にねぎらい，心理的な負担感を軽減することにも役立つ。教師自身が上手に支えてもらっているほど，余裕をもって児童生徒や保護者に向き合えるだろう（校外の専門機関との連携については，本章のＱ5を参照）。

参考文献

小林正幸・有村久春・青山洋子（2004）『教師の悩みに答えます──保護者
　　との関係に困った教師のために』ぎょうせい。
小栗正幸監修（2011）『行為障害と非行のことがわかる本』講談社。
富田　拓（2017）『非行と反抗がおさえられない子どもたち』合同出版。

（福田雄一）

Q 5　非行や反社会的行動が見られる児童生徒に対する校外の専門機関の役割および教師の連携のあり方について述べなさい

　校外の専門機関との連携を検討するのは，児童生徒の非行や反社会的行動が進んでいる，あるいは保護者に児童生徒を支える余裕がないなど，校内の資源のみで対処するには限界があると考えられる状況が想定される。児童生徒や保護者に対して効果的な支援を行うにあたり，それぞれの専門機関が果たす具体的な役割や，学校および教師との接点について整理してみよう。

1．司法・矯正領域の機関

（1）警察，少年サポートセンター

　警察は防犯活動や事件の捜査など，非行少年に対する初期介入を主に担っている。少年サポートセンターでは，友達関係や非行に関する児童生徒や保護者の相談に応じているほか，地域における非行防止活動として，非行少年の居場所づくりや大学生ボランティアを介した学習支援，街頭補導，学校へのサポーター派遣などを行っている。このため，自治体によっては学校や教育委員会，児童相談所などと警察が組織的な連携をとっている例も見られるようになってきた。

（2）少年鑑別所，法務少年支援センター

　少年鑑別所では，家庭裁判所の観護措置決定により収容した非行少年のアセスメントを医学・心理学等の専門的見地から行い，その結果や処遇方針を家庭裁判所に報告する。教師は保護者や弁護士等に準じて，観護措置中の少年との面会や手紙のやりとりも可能である。これは当該少年の学校への復帰やその後の支援において，教師が重要な役割を果たすと考えられるからである。また，少年鑑別所の相談窓口である法務少年支援センターでは，事件の有無にかかわらず，鑑別技官や法務教官といった専門職員が少年本人や保護者，教師等の相談に応じているほか，学校内で非行防止教室を開催することもある。

（3）家庭裁判所

14歳以上20歳未満の少年の場合，原則として家庭裁判所が事件を担当する。非行少年に対する審判は本人の立ち直りを目的として行われ，非行の態様や要保護性を考慮して保護処分が下される（被害者が死亡するなどの重大事件では，成人と同様の裁判手続きに移行することもある）。保護処分の検討にあたり，心理学・教育学・社会学等の専門職である家庭裁判所調査官が事件の調査を行う一環として，学校生活や家庭の状況を照会することがある。審判には，教師が付添人として立ち会うこともできる。

（4）保護観察所

家庭裁判所で保護観察処分となった少年の支援は，専門職の保護観察官や非常勤の国家公務員である保護司（退職教員や宗教者など，地域の篤志家が務めることが多い）が主たる担い手となっている。保護観察官や保護司は，生活の立て直しや再非行の防止を目的として定期的に（学校生活に支障のない日時が設定される）少年本人と面接を行うこととされており，本人の生活状況を保護者や教師とは異なった視点から理解しうる立場にある。このため，保護観察官や保護司が学校や教師と情報交換を行うことは，本人の学校への再適応を円滑にすすめる助けとなるだろう。

（5）少年院

家庭裁判所で少年院送致処分となった少年の支援は，少年院の法務教官や心理技官が担っている。支援の重点は事例によって異なるが，生活指導や教科指導，職業指導などが行われる。このうち，特に義務教育段階の教科指導については，院内でも一定の取り組みがなされれば原籍校の出席扱いとなり，収容中に定期考査や高校入試の受験，卒業証書の授与も可能となっている。これらの取り組みは，2016（平成28）年に成立した「再犯の防止等の推進に関する法律」に基づいて策定された「再犯防止推進計画」において，「学校等と連携した修学支援の実施等」が重点課題に掲げられたことを背景としているが，いずれも事前に学校側との綿密な連絡調整が必要とされる。

（6）学校との連携における留意点

警察における補導，家庭裁判所における審判，保護観察における指導な

ど，少年保護手続に関する知識をもつことが教師としては望ましいが，それらをあらかじめ網羅することは現実的でないだろう。それよりも，校内で児童生徒や保護者を対象とした非行防止教室を開催する，あるいは地域で生徒指導担当教員と所轄警察署の少年担当官や保護司が協同して街頭指導を行うといったように，日常的に接触の機会をもつ中で，当該の地域における非行や犯罪の傾向，立ち直りに有用となる社会資源の情報を交換するなどして，いざという時に連携するための下地を作っておくとよい。

2．児童福祉領域の機関

（1）児童相談所

14歳未満の少年非行は，触法少年・ぐ犯少年いずれであっても，原則として児童相談所が介入する。児童福祉司等の専門職員が，これまでの経緯や児童生徒本人の学校生活の状況，保護者や家庭の状況を調査する。これを踏まえ，在宅での指導のほか，児童福祉施設や家庭裁判所への送致などの措置がとられる。

児童相談所や自治体の児童福祉担当部署が中核となって「要保護児童対策地域協議会（要対協）」が組織されている場合は，教育委員会や学校も以下に述べる諸機関とともにその構成員となり，当該要保護児童（被虐待児童が主に想定されているが，非行少年も含まれることがある）の学校生活の状況や保護者との連絡に関する情報を共有し，支援に役立てることが期待される。

（2）児童養護施設，児童心理治療施設，児童自立支援施設

虐待等の不適切な養育環境が問題の背景にあると考えられる場合は，一時保護を経て児童養護施設等に措置されるほか，被虐待経験や発達障害等のように心身の医療的なケアが必要と判断されれば，児童心理治療施設が選択されることもある。非行少年として事件化した児童生徒の場合は，保護処分として児童自立支援施設への入所を家庭裁判所が措置することがある。

学校教育の機会は，施設の所在する地域の学校へ通学するほか，特に義務教育段階では，施設内に設置された分校ないし分級に通うことにより保証さ

れる。これらの施設を利用する子どもたちは，学力上のつまずきや学習に向かうための姿勢以前に，基本的な生活習慣や社会性に課題をもつことも少なくない。したがって，教師は施設職員と連携することにより，教科学習の機会だけでなく養育的な生活環境を提供し，成長の糧となる体験を与え直す意義がある。

3．その他の専門機関

精神科医療機関は，非行や反社会的行動の背景に知的発達の問題や精神疾患，発達障害などが想定される場合の連携相手として考えられる。実際には，初手から精神科医療機関を紹介することには保護者や児童生徒の抵抗感が予想されるほか，地域によっては児童生徒に対応可能な精神科医療機関が限られることもある。そのため，まずは小児科等かかりつけの医療機関や，教育委員会の設置する教育相談機関，大学等が設置する心理相談室など，別の専門機関にいったん紹介し，そこから橋渡ししてもらう方法も考えられる。相談や受診につながった後は，学校生活において必要な配慮を検討する際，保護者を通じて学校での児童生徒の様子を伝えつつ，相談担当者や主治医に助言を求めてもよいだろう。

4．校外の専門機関との連携における留意点

非行や反社会的行動は，児童生徒の心身の状況だけでなく，家庭環境，学習や学校生活の状況など，いくつもの要因が重なり合って生じていると理解すべきである。このため，特定の機関や専門職のみに児童生徒や保護者の支援を任せきりにすることがないようにしたい。校外の専門機関からの助言・支援を参考にしながらも，教師としてとりうる役割を模索し続けることが望ましい。そのような姿勢は，当該の児童生徒や保護者が学校や教師を「帰ることのできる場」あるいは「信頼できる大人」と認識するうえで大きな助けとなるだろう。

また，それぞれの専門機関には拠り所とする支援のモデルがあり（医療機関における医療モデル，福祉施設における生活モデル，矯正機関における司

法モデルなど），これらは学校教育のモデルと必ずしも一致するとは限らない。日々の申し送りや定期ないし臨時のカンファレンス等の機会に細やかな情報交換を行うなどして，児童生徒および保護者への支援の方針や，具体的な対応に齟齬が生じないようにすることが求められる。

　最後に，個人情報の取り扱いについて触れておきたい。校内外の連携にあたり，児童生徒や保護者の情報を校内の組織や校外の専門機関に提供することが想定されるが，その際には当該児童生徒や保護者に対して情報共有の目的や範囲を明確にし，あらかじめ同意を得ておくことが望ましい。同意が得られない状況では連携にも制約が生じることがあるため，保護者との協力的な関係を平素から築いておくように努めたい。

参考文献・URL

青山さくら・川松　亮（2020）『ジソウのお仕事50の物語（ショートストーリー）で考える子ども虐待と児童相談所』フェミックス。

文部科学省初等中等教育局（2019）「『再犯防止推進計画』を受けた児童生徒に係る取組の充実について（通知）」https://www.mext.go.jp/a_menu/shotou/shugaku/detail/1418962.htm（2020年7月31日閲覧）。

村尾泰弘（2020）『新版 Q&A 少年非行を知るための基礎知識——親・教師・公認心理師のためのガイドブック』明石書店。

（福田雄一）

第**6**章
児童生徒の精神障害や
習癖異常の理解と対応

▌Q 1　児童生徒に見られやすい精神障害の種類や特
　　徴，および原因について述べなさい

　児童生徒に見られやすい代表的な精神障害としては，発達障害，知的障害，不安障害，強迫性障害，摂食障害，抑うつ，統合失調症などが挙げられる。これら精神障害の理解には生物・心理・社会モデルによる多元的理解が近年主流になってきているが，多元的理解は熟練が必要であるため，初学者は外因，内因，心因の順に障害を見極める古典的方法による理解から学習を始めるとよい。ここでの外因性とは脳に何らかの器質的な変化，例えば交通事故など頭部打撲による脳挫傷や脳炎の後遺症などで人格変化や知的障害，妄想などの精神症状が現れる場合を指す。内因性とは，もともとその疾患の素因のある場合に発症する場合であり，具体的には，統合失調症，双極性障害などを指す。内因性精神疾患において，発症の前に学業や対人関係におけるストレスが見られることが多々あるが，これらは引き金であり，疾患の原因そのものではない。心因性とは本人が抱える悩みや，環境要因などが背景となり生じた場合を指す。なお，心因性の問題は，発達的特徴とともに表れ方が変わりやすい。例えば，学童期では，自身の抱える心理的問題を意識化したり，言語化したりすることが困難であるため，ストレスを無意識的に身体症状に置き換える転換性障害などの行動面に表れる症状が多い。一方，思春期では，認知発達や第二次性徴に伴い自己意識の高まりが見られ，摂食障害などの発症が多くなる。

　児童生徒に見られやすい代表的な精神障害の特徴や原因について，以下に説明する（強迫性障害は本章Q3，Q4，発達障害は第7章参照）。

1．不安障害

　過剰で制御しがたい不安を主症状とする疾患群をまとめた概念である。かつては心因とされてきたが，近年では複数の遺伝的要因（内因）が病気のなりやすさに関与し，そこに心因が加わって発症すると考えられている。

　不安自体は誰でも経験する感情であるが，はっきりした理由がなく，あるいは理由がわかってもそれと不釣り合いに強く，または繰り返し起きたり，いつまでも続いたりするのが病的な不安である。不安障害の下位分類には，分離不安障害，場面緘黙（選択性緘黙），パニック症，社交不安障害，限局性恐怖症，広場恐怖症，全般性不安障害などがあり，それぞれ不安の表れ方が異なる。例えば，限局性恐怖症であれば高所恐怖，閉所恐怖など特定の対象に起こる恐怖を主症状とするが，全般的不安障害であれば特定の対象に限らず，ほとんどあらゆることに不安を抱くようになる。

　分離不安障害や場面緘黙は小児期以降に，パニック障害は思春期以降に多いなどの特徴があるが，いずれも症状そのものが引き起こす苦痛だけでなく，生活に与える影響も大きく，学業や友達関係，家庭生活にも支障をきたす。早期発見や早期治療が罹病期間を短くすると言われており，また，場面緘黙をはじめ不安障害には，認知行動療法の有効性が指摘されている。不安症状から不登校につながるケースも少なくなく，早期対応が望ましい。

2．摂食障害

　思春期に好発する精神疾患の1つであり，心因性の疾患である。摂食障害は，ストレスや不安に正面から向かい合い，悩みを解決する代わりに，拒食や過食，嘔吐によりストレスを発散する疾患である。摂食障害は，拒食症（神経性やせ症，神経性無食欲症）と過食症（神経性過食症）に大別されるが，両者とも体重に対する過度のこだわりがあることと自己評価への体重・体型の過剰な影響が存在するという特徴をもつことなどから，表れ方が異な

る近しい病態であると理解されている。摂食障害は死亡率の高い（約10％）思春期の心身症であり、低身長、第二次性徴の遅れ、脳萎縮、骨粗鬆症のほか、他の精神疾患、不妊症を合併するリスクがあり、予防、早期発見、治療が肝要である。

3．抑うつ

　抑うつ障害は、日常の役割を果たすのに支障をきたすほどの抑うつ気分や意欲の低下、興味や喜びの低下、活動性の減少が認められる状態である。子どもの抑うつ障害は今まで見過ごされてきたが、最近では一般に認識されているよりもはるかに多くの子どもに抑うつ障害が認められることが明らかとなっている。大人が抑うつ障害になると一般的には「悲しい」、「つらい」と感じることが多いが、子どもの抑うつ障害は「悲しい」というよりも「イライラ（焦燥感）」を感じることが少なくない。また、身体症状として、眠れない、頭が痛い、お腹が痛い、めまいがする、食欲がない（もしくは食べ過ぎる）などの症状を訴えることもある。行動に表れる症状としては、集中力の低下、落ち着きなく動きまわる、面倒くさがる、次の行動を考えることができない、話さなくなるといった症状が挙げられる。

　内因性精神疾患に区分されるが、最近では新しいタイプのうつ病（未熟型うつ病など）も話題になっており、典型的な内因性うつ病以外では、原因ははっきりしていないと考えた方がよい。時間とともに治る一時的なものと考えるのは危険であり、学校生活に支障が生じている場合はすみやかに治療を開始することが重要である。

4．統合失調症

　統合失調症は現実と非現実の識別が困難になる疾患であり、思考障害や感情障害、自我障害など広範な症状を示す精神疾患である。妄想（スパイが私を殺しに来るなど、事実ではないことを信じ込むこと）や幻覚（存在しない人の声が聞こえるなど実際にはないものを知覚すること）、感情鈍麻・平板化（感情の表現が乏しくなること）、意欲の減退などがあり、社会生活の機能が

低下している場合に診断される。なお，11〜12歳以下では，妄想や幻覚も，怪物などの空想のものが自己の中に存在していて，命令や話しかけてくるという形を取ることがある。

　内因性精神疾患であり，病気へのなりやすさやと社会生活の中で生まれてくるストレスとの相互作用によって発症するものと考えられている。自然治癒は期待しにくいが，早期に治療を開始することで症状は改善する可能性が高い。特に妄想や幻覚といった症状は治療によって比較的容易にコントロールすることができる。一方，感情鈍麻・平板化，意欲の減退などは目立ちにくい症状であるが改善しにくく，学校や社会に再適応するうえで問題となりやすい。

参考文献

青木省三（2009）『思春期のこころの病』NHK厚生文化事業団。

荒井佐和子（2018）「子どもの心の問題に関する精神医学的知識」石田　弓編著『教師教育講座 第11巻 教育相談 改訂版』協同出版。

渡辺久子（2002）「摂食障害」平成14年度厚生労働省科学研究費補助金（子ども家庭総合研究事業）小児心身症対策の推進に関する研究班編『子どもの心の健康問題ハンドブック』。

（荒井佐和子）

Q2 児童生徒の精神障害に対して教師ができる支援について述べなさい

　学校現場では児童生徒をよく観察し，得られた情報をもとに教育を展開するが，行動上の問題の背景に精神障害を考える視点はいまだ弱い。精神障害のある児童生徒の多くは小・中学校，高等学校等の通常の学級や特別支援学級に在籍していると推計している報告もあり，まず，教師自身が児童生徒の問題行動をメンタルヘルスの問題という視点で生徒を見る習慣を身に付けることが重要であろう。

　そのうえで教師ができる支援としては，早期発見，連携，教育活動を通した支援が挙げられるであろう。校内連携や他機関との連携については，第8章，第9章に譲り，本稿では早期発見と教育活動を通した支援について詳述する。

　なお，全国病弱虚弱教育研究連盟の心身症等教育研究委員会が「精神疾患等のこころの病気のある児童生徒の指導と支援の事例集Ⅱ」を作成している。具体的な支援方法について適宜参考にしてほしい。

1．早期発見

　病気は「早期発見，早期治療」が大切である，これが多くの人が共有している認識であろう。精神的不調や障害においても同様であり，日常的に児童生徒と接することの多い教師ができる支援の1つは，早期に症状に気付き，適切な治療・支援開始へと導くことで重症化や慢性化，二次障害を防ぐことが挙げられる。また，精神疾患に罹患した成人の約半数は14歳までに発症しているという報告もあり（Kesser，2005），児童生徒は精神障害のある可能性の高いハイリスク群であることも認識しておきたい。

　早期発見のために教師は，精神障害では種類にかかわらず，眠れない，食欲がない，だるい，不安になるといった症状が生じやすい，といった基本的な精神医学的知識をもち合わせておくことは必要である。また，学校場面で

は，頭痛や腹痛の訴えが続く，表情が硬い，イライラしやすい，口数が著しく減った，成績が下がってきた，ぼーっとしている，忘れ物が多い，急に痩せたあるいは太った，教室に1人でいることが多い，遅刻や早退，欠席が増えたといった表れ方をする可能性がある。日常的に児童生徒と接することの多い学級担任は，これらの兆候に気付いた際に，怠けと決めつけず，何が起こっているのだろうかと児童生徒を理解する姿勢で関わることが望ましい。そして，本人が感じている苦痛が強かったり，学校生活に著しく支障をきたしたりしている場合には，連携による支援へと進めていくことが求められる。

　なお，精神障害の中でも知的障害や発達障害は，多くが幼少期から兆候が認められるが，軽度の場合，発達段階が大きく変化する小学校3〜4年生に学習や心理社会的発達課題をクリアできずに二次障害という形で障害が顕在化することがあることも留意しておく必要がある。

2．教育活動を通した支援

　障害者権利条約の第24条「教育」においてインクルーシブ教育の原則が定められた。インクルーシブ教育システムの構築に向けて，障害のある児童生徒の状態や教育的ニーズに応じた合理的配慮の充実が望まれている。児童・思春期は精神障害がある可能性が高い時期であると同時に，その後の人生で重要となる学力や対人関係能力，生活技能を身に付ける重要な時期である。医療へとつなげば後は医師に任せればよい，というものではなく，精神障害を抱えつつ，本人が学び，成長するための環境を整えることも教師に求められている。以前，筆者が担当した場面緘黙のある児童は，家庭で暗唱の宿題をしても教室で教師の前で言えないため評価されなかったが，暗唱の宿題を録音したICレコーダーにて提出したところ担任が認め，さらに本児と2人の場面で褒めてくれた。担任との関係が深まり，誰もいない教室で会話する時間を設けたところ担任との会話が可能になり，最終的に教室での発表まで可能となった。宿題に取り組んでも認めてもらえないという問題への対処からスタートして症状の改善までつながった事例であり，その背景には，

本人の状態に応じた合理的配慮と段階的な支援，何より本人と担任との良好な関係があった。子どもの精神医学的症状は流動的で変化しやすい。児童生徒が1日の大半を過ごす学校において，教師をはじめとする周囲の適切かつ温かな関わりは，児童生徒自身が症状を乗り越えるための力になることも本事例は示唆している。

　また，諸外国に比べて日本では精神障害に関する教育が少ないのが現状である。早期発見の重要性はすでに述べた通りであるが，眠れない，食欲がない，不安になる，といった症状は，程度の差はあれ誰にでも経験する症状であるため，精神障害に関する知識がないと見逃されやすい。いまだ精神科疾患への偏見は高く，また児童生徒ならず保護者も知識が不足しており，早期に気付くことが難しい。近年では精神疾患の基礎知識に関する授業プログラムも開発されている。精神障害に関する教育を実践することも，教師ができる支援の1つであると言えるだろう。

参考文献・URL

土屋忠之（2019）「精神疾患及び心身症のある児童生徒の教育的支援・配慮に関する研究（平成29〜30年度）研究成果報告書」独立行政法人国立特別支援教育総合研究所。

Kessler, R. C., Berglund, P., Demler, O., Jin, R., Merikangas, K. R., & Walters, E. E.（2005）. Lifetime prevalence and age-of-onset distribution of DSM-4 disorders in the National Comorbidity Survey Replication. *Archives of General Psychiatry* 62: 593-602. https://doi.org/10.1001/archpsyc.62.6.593（2020年9月7日閲覧）。

全国病弱虚弱教育研究連盟心身症等教育研究委員会（2015）「精神疾患等のこころの病気のある児童生徒の指導と支援の事例集Ⅱ」http://www.nise.go.jp/nc/wysiwyg/file/download/1/240（2020年9月7日閲覧）。

（荒井佐和子）

Q3　児童生徒に見られやすい習癖異常の種類や特徴，および原因について述べなさい

1．習癖異常の定義と種類

　習癖異常という診断分類はなく定義は曖昧であるが，総括すると習慣的に一定の動作や行為を繰り返すことと言える。その種類を表6-3-1にまとめた。本項ではこのうち児童生徒に見られやすいチック，トゥレット症，強迫性障害，自傷行為，吃音について説明する（場面緘黙〔選択性緘黙〕や摂食障害も児童生徒にみられやすい状態，障害であるため本章Q1，Q2も参照）。

表6-3-1　習癖異常の種類

・習慣的に身体各部をいじる行為：指しゃぶり，爪かみ，抜毛など
・身体の動きを伴うもの：チック，トゥレット症，強迫行為，自傷行為など
・言語に関するもの：吃音，場面緘黙（選択性緘黙）など
・食事に関するもの：異食，反芻，拒食など
・排泄に関するもの：遺尿，遺糞など
・睡眠に関するもの：悪夢，夜驚，夢遊病など

2．チックとトゥレット症の特徴と原因

　チックとは，意識せずに突発的な音声や運動が繰り返される状態である。症状そのものは本人が意図せずに出現する不随意性であるが，短期的にコントロールできる時もある。1つから2つの動きが繰り返される単純性と，複数の動きが同時に起こる複雑性がある。複雑性チックは，声を出しながらものに触るなど目的がありそうに見えるため，チックとわかりづらい場合がある。いずれも1年以上続くと慢性のチック障害と捉えられ，中でもより重症なものをトゥレット症と呼ぶ。

　脳内回路や神経伝達物質の異常が原因と考えられている。ストレスが原因

になることはないが，ストレスによって症状が増強することはある。リラックスしている時に症状が強くなることもあれば，緊張すると症状が強くなることもある。以前は厳しい育児によるものと考えられていたが，現在では否定されている。おそらく，子どものチックを保護者が気にして度々注意し，それによってチックが増強するという悪循環が生じていたと考えらえる。

　発症年齢は2〜13歳が大半で，中学生から高校生にかけて症状が激しくなる。1度でもチックを発症したことがある子どもは10〜24％と言われているが，チックの多くは特に治療しないまま消滅する。トゥレット症であっても思春期を超えるとチックが軽快することが多い。症状を本人が気にしたり，二次障害を防ぐために症状を緩和する治療を受けたりすることもある。少数であるが成人後もチックや併発する問題のために就労等で苦労をする場合がある。

3．強迫性障害（醜形恐怖症，ためこみ症，抜毛症，皮膚むしり症を含む）の特徴と原因

　強迫性障害とは，手を何時間も洗い続けたり，何回も施錠を確認したりする行為を，自分でもおかしいと思っているのにやめられない病気である。繰り返し浮かぶ特定の考えやイメージである強迫観念（手が汚れている，洗い残している，施錠し忘れたかもしれない）と，強迫観念によって生じた不安を打ち消すための行動である強迫行為（何時間も手を洗う，何度も施錠を確認しに帰る）の悪循環によって成り立っている。強迫行為によって不安は一

表6-3-2　強迫性障害以外の強迫症

醜形恐怖症：自分の外見上の欠点にとらわれ，醜いと信じる。10代に発症する傾向があり，18歳以前に発症した場合に自殺のリスクが高くなる。
ためこみ症：明らかに不要なものでも捨てられないなど所有物に対する愛着や捨てるときに感じる苦痛から整理することができない病気である。子どもの頃に発症し，大人になって症状が顕著になるケースが多い。
抜毛症，皮膚むしり症：美容目的ではなく髪の毛や眉毛を抜く病気であり，本人がやめたくてもやめられない。有病率は1〜2％以上と言われている。

時的に下がるが，しばらくするとまた強迫観念が生じる。強迫観念を伴うために習癖異常とは異なるが，繰り返される言動という行動が類似しているため，この項目で説明する。

　脳の神経回路や神経伝達物質の機能低下，体質，ストレス，生活習慣，他の精神科の病気や感染症など様々な要因による。有病率は約2％でありその半数は19歳までに発症する。治療によって6〜7割の人は症状が軽減する。強迫性障害と同じように1つの考えにとらわれて行為を繰り返す病気はほかにもあり（表6-3-2），いずれも治療が必要である。

4．自傷行為（リストカットなど）の特徴と原因

　自傷行為とは自分で自分の身体を傷つける行為である。手首を切るリストカットなど皮膚を切る行為のほかにも，コンパスで太ももを刺す，壁に頭を打ちつけるなどの自分を傷つける行為は自傷行為に含まれる。

　多くの場合，イライラしたり死にたくなったりした時に，自傷行為による痛みがつらい気持ちに置きかえられるように感じるために行われる。しかし，そのようなプラスの効果は一時的であり，その後，自己嫌悪や葛藤が生じ，その気持ちから逃げるために再び自傷行為をするという悪循環が生じる。周囲の気を引くために行うと思われることもあるが，それはあくまでも結果であり，自傷行為をしている本人にそのような意図はない。学校ではいじめや受験などのプレッシャーがあるため自傷行為が広がることがある。また，同じ行為をすることで仲間意識を強めたり，身近な人や有名人がリストカットをしていることをきっかけに自傷行為を始めたりすることもある。

　原因は生まれもった性質と育った環境の両方が関係していると考えられている。また，うつ病，双極性障害，薬物やアルコールなどの乱用・依存，パーソナリティ障害，統合失調症，摂食障害などの精神疾患を伴っている場合があり，精神疾患を発症していると自殺のリスクが上がる。

5．吃音の特徴と原因

　1つの音や単語を頻繁に繰り返したり，長くのばしたりするといった話し

方であり，いわゆる「どもる」状態である。顔面や身体の動きを伴うことも
ある。症状は日常生活にあまり影響しない軽度なものも多く，軽度ならば話
し方の特徴としては児童期から成人期においても普通に見られる。

　器質的な要因が症状の発現にかなり影響を与えていることが明らかになっ
ている。原因は器質であるが，吃音（きつおん）のために話すことに緊張し，緊張するこ
とによって吃音が出るという悪循環が生じることが多い。以前は親の態度や
育て方によると言われていたが，現在では否定されている。幼児期に始まる
ことが多く，吃音が見られてから2～3年ほどで自然に消失することもあ
る。この期間を過ぎても吃音が見られる場合には，医療機関で治療を受ける
ことも推奨される。

参考文献

飯田順三編（2006）「特別企画 習癖異常 子どもの困ったくせ」『こころの
　　科学』130，pp.14-79。

松田慶子（2017）（上島国利監修）『本人も家族もラクになる 強迫症がわ
　　かる本』翔泳社。

小泉令三編著（2010）『やわらかアカデミズム・〈わかる〉シリーズ　よくわ
　　かる生徒指導・キャリア教育』ミネルヴァ書房。

林　　直樹監修（2008）『リストカット・自傷行為のことがよくわかる本』講
　　談社。

星加明徳監修（2010）『チックとトゥレット症候群がよくわかる本』講談
　　社。

（深瀬裕子）

Q4　児童生徒の習癖異常に対して教師ができる支援について述べなさい

1．習癖異常に対する教師の支援

　習癖異常の中には器質によるものも多いが，学校場面ではその癖のためにからかいの対象になりやすい。傷つきや自尊心の低下など，本来抱えている困難さとは別の二次障害が生じることがある。具体的な支援のほかに，その児童生徒への教師の正しい接し方は他の児童生徒のよいモデルになり，二次障害を防ぐことにつながる。

2．チックとトゥレット症に対して教師ができる支援

　チックの多くは自然におさまっていく。気をつけることは，症状の種類や症状が出現している期間ではなく，その症状のために本人が困っていたり，他の児童生徒のからかいの対象になっていたりしないかということである。具体的な支援として次の4点が挙げられる。

①　チックを見て見ぬふりをして本児に対して普通に接すること

　児童生徒がチックに困っておらず，他の児童生徒にも影響がなければチック症を見て見ぬふりをする。チックをやめさせるように働きかける必要はない。学校行事などによってチックの増強はあるが気にしなくてよい。

②　本児が気にするときには避難場所を作る

　症状が激しくなり児童生徒がそれを気にしたときには，教室以外に避難できる場所（保健室や空き教室など）を用意しておくとよい。症状は少しすればおさまることが多い。また，症状を抑える薬を服用している場合にはその作用で眠気が増す場合もあるため，一時的に休養してよいことにしておけば安心して服薬できる。症状が激しく，学校へ行きたがらなかったり試験で他の児童生徒に影響があったりする場合には，オンライン受講，補助教材の利用，別室での受験も検討する。

③ 家族がチックを気にする場合

　家庭でリラックスするとチックが激しくなることがある。そのため家族は学校でもこのような症状が出ているのではないかと心配したり，本児を注意したりすることがある。学校で症状が見られても問題にならない場合には，家族にそのように伝えると，家族は安心できる。

④ 必要ならば他の児童生徒に説明を

　他の児童生徒の理解が必要な場合には，チックのある児童生徒と家族と相談の上，他の児童生徒にチックについて説明することも考える。

　トゥレット症に対しても，チックへの対応と基本的には同じであるが，症状が重症化しているために本児が症状を抑えようと努力して疲弊したり，他の児童生徒のからかいの対象になりやすい。そのため，本児には，症状を我慢しなくて良いことや元気に過ごして欲しいことを積極的に伝えたり，他の児童生徒に，本児の症状について丁寧に説明することも必要となる。また，症状が長期化すると試験・受験で困難が生じることも想定されるため，合理的配慮（不公平を改善するために，困難のある児童生徒に対して必要な環境調整等を行うこと）についても視野に入れると良い。

3．強迫性障害に対する教師の支援

　児童生徒の強迫性障害は医療機関での治療が重要である。日常生活に目を向けることで強迫観念と強迫行為の悪循環を断つことは強迫性障害の治療の１つであるため，通学できているのであればその生活を続け，生活の幅を狭めないことが治療に役立つ場合がある。そのため，強迫行為のために遅刻することを認めるなどの対応が必要である。また，強迫症状は周囲から奇妙に見えるためからかわれたり，批判的な接し方をされたりして不登校につながることがある。二次障害を防ぐためにも教師の支援や配慮が果たす役割は大きい。

4．自傷行為（リストカットなど）に対する教師の支援

　自傷行為のみへの注目ではなく，その背後にある児童生徒本人の気持ちに

Tell	話す	見て見ぬふりをせずに話し合う
Ask	尋ねる	困っていないか，どんな思いでいるのか率直に聞いてみる
Listen	聞く	つらい気持ちを受け止め，聞き役にまわる
Keep Safe	守る	支え手を増やし，本人が安全に過ごせるように働きかける

図6-4-1　TALKの原則～自殺の危険性がある人への接し方～

次の項目に１つでもあてはまるなら受診するよう促す
□ リストカット以外にも自分を傷つける行動が増えている 拒食・過食嘔吐，薬物乱用，危険な性行動の繰り返し等
□ 次の３つのうち２つ以上にあてはまる 　１．自分で助けを求めようとしない 　２．自傷の頻度があがり，複数の部位を自傷したり，自傷の手段が切る以外に，刺す，焼くなど複数化した 　３．傷が深くなったり，目立つ場所を傷つけるようになったり，人前で自傷行為をするなど，傷が隠せなくなってきた
□ 自傷をしたときの記憶がない 解離性障害の可能性がある。解離性障害は医療機関での治療が必要である
□ 自殺未遂をした 飛び降りなど致死性の高い手段を試みたり過量服薬をする等

図6-4-2　医療につなぐ目安

注目する方がよい。特に担任や友達など児童生徒本人が信用できると思った人には自傷行為を告白することがある。その際にはTALKの原則が役に立つ（図6-4-1）。ただし，教師という立場を超えて治そうとすると共依存などの悪循環を生む。自傷行為の背景にある問題に目を向ける必要はあるが，その分析は治療チームの役割である（図6-4-2）。

　教師と保護者との連携も重要であり，友達と一緒にいるときや，学校での過ごし方などを家族に情報提供することが対応のヒントになる場合がある。また，学校で自傷行為が見つかり，家族は学校からの連絡で自傷行為を知ることも多い。

なお，教育現場では命を大切にする心の育成を目指した道徳教育が推進されているが，自傷行為をする児童生徒は自分の価値を感じられないために道徳教育の内容を受け止められず，むしろ，本当の気持ちは誰にも言えないなどと思う場合もある。

5．吃音に対する教師の支援

　吃音のために会話や発言を避けることがあるため，精神的にゆったりとしていられるような環境を作ることが有効である。同級生にからかわれることなどから対人関係に慢性的な恐怖を抱き，行動や情緒的な問題につながる場合には，吃音に対応できる治療機関を受診したり，訓練方法を検討したりするなど，積極的に治療の方向を探す。

参考文献

相澤雅文（2017）「チック・トゥレットと学校教育」『こころの科学』194,
　　　　pp.30-36。

原田誠一監修（2008）『強迫性障害のすべてがわかる本』講談社。

深瀬裕子（2018）「習癖異常の理解と対応」石田　弓編著『教師教育講座
　　　　第11巻　教育相談　改訂版』協同出版。

松本俊彦監修（2018）『自傷・自殺のことがわかる本——自分を傷つけない
　　　　生き方のレッスン』講談社。

（深瀬裕子）

Q 5　精神障害や習癖異常が見られる児童生徒の保護者に専門機関を勧める際に留意すべき点について述べなさい

　児童思春期は，体の成長とともに心も発達していく時期であり，その過程で様々な悩みが生じる。入学や進学，定期試験や発表会，体育祭などの学校行事の前後や，対人関係などで児童生徒にはストレスがかかり，不眠や食欲不振，チックなどの一過性の反応が見られる場合もある。そのようなストレス因から解放され 1 ， 2 週間様子を見ても症状が持続し，学校生活で支障が出始めた場合は，保護者に専門機関への相談を勧めるとよいだろう。

　ここでは，精神障害や習癖異常を広義の「心の問題」とし，心の問題が見られる児童生徒の保護者に専門機関を勧める際に留意する点について具体的に考えていきたい。

1．保護者の心情の理解

　保護者を理解し援助することは，児童生徒の理解を深め，児童生徒の成長を支えることにつながる。特に保護者がわが子の心の問題をどう捉え，どう受け止めているかを理解することは，支援するうえで欠かせない。小児期からわかる脳機能障害を背景にした心の問題と，思春期頃より増えてくる不安障害などの心の問題では保護者の受け止め方も異なる場合が多い。

（1）小児期頃までに顕在化しやすい心の問題の場合

　例えば発達障害の程度が中等度から重度になると，幼児期に指摘され，何らかの支援を受けている場合が多いが，軽度の場合は就学後に判明することもある。わが子に障害があると言われたり，他児との違いを目の当たりにすると，驚きの後に衝撃・ショックが保護者を襲い，現実を否認したり，わが子への不憫さを感じたりし，医療機関や療育機関を渡り歩き障害を治そうとする保護者も少なくない。運動会，卒業式，授業参観など，節目節目にこういった心の揺らぎを経験しながら，保護者は障害を障害として受け止めてい

く。時間をかけ少しずつ受け入れていくこの過程のどの段階に保護者がいるのかによっても，支援は異なる。まずは，児童生徒に対する保護者のこれまでの関わりや育てるうえでの苦労，期待といった保護者の思いや取り組みについてうかがい，保護者の児童生徒に対する理解や認識について教師は知る必要があるだろう。そして，保護者の準備状態と，児童生徒が呈した問題の緊急性や重大性，さらに校内の協力体制をもとに，専門機関を勧めるなど具体的な対応の相談を行うべきか，保護者の悩みに答える姿勢を示し時間をかけて対応すべきか見極める必要がある。

（2）思春期頃より増えてくる心の問題の場合

　それまで順調に育ってきた子どもも，成長に伴い家庭外での世界が増えてゆき，保護者がわが子のすべてを理解することも難しくなっていく。その過程で生じる内因性や心因性の精神障害は，発達の一段階なのか病気なのか判別がつきにくく，病気だろうか，年頃だろうか，それとも自分の育て方が悪かったのか，と子どもや自身の養育態度に対する心配で揺れ動き，対応に戸惑う保護者は多い。また，精神障害に対する誤解や偏見はまだ根強く残っており，うちの家系に精神障害の人はいないから無関係だと考えたり，わが子が精神障害のある可能性がある人として扱われるのがかわいそうだ，耐えきれないという思いから，受診に結びつかなかったりするケースもある。明確な精神症状があり病院受診に至った保護者でも，「思春期によくあることですよ」という医師の言葉をどこかで期待していることもある。幼少期に順調に成長してきた児童生徒の保護者にとって，精神障害の発症はまさに青天の霹靂であり，認識の適切さはさておき，こうした保護者の心情を理解し相談を進める必要がある。

２．専門機関への相談にまつわる段階的支援

　児童生徒の様子を日頃からよく観察し，変調や偏りをいち早く的確に気付いた場合でも，進め方によっては「うちの子を問題児扱いした」，「先生の指導力不足」などと言われ，保護者と対立関係が生じる可能性がある。本来，保護者は児童生徒を支援するうえでの最大の情報提供者であり，最大の協力

者である。また，児童生徒への影響が最も大きいのも保護者であり，保護者が不安定になると児童生徒も不安定になる。的確な発見が的確な支援につながるように，校内協力体制を活かした段階的支援を行うことが望ましい。

　具体的には，担任が児童生徒の変調や偏りに気付いた際，保護者にすぐに連絡するのではなく，複数の教師と児童生徒の問題を共有し，複数の目で授業時間や休み時間，クラブ活動での過ごし方，友達関係を観察し，さらに過去の学業面や身体面の記録や担当教員から情報を集めることで，児童生徒にどのような課題が存在しているのか，整理ができるだろう。それらの情報に基づき必要だと判断された場合，保護者との面談を設定する。このときに留意するのは，担任1人ではなく管理職や養護教諭等を含めて2～3名で面談することを保護者に事前に伝え，面談では，学校場面でこのような課題を認めており，教職員全体で協力して当該児童生徒の様子をていねいに見ていきたいことを説明することである。この面談の設定により，担任1人の思い込みではなく心の問題に専門を有するスタッフとも連携していること，学校として児童生徒や家族をできる範囲で最大限支援していくつもりであることを表明することになる。

　面談により保護者と複数の教職員の間で信頼関係を築き，情報をさらに収集して課題を見立て，支援策を立て取り組む中で，学校と家庭だけではどうしても取り組めない課題も出てくるだろう。保護者は，学校でもできる限りの支援を行ってくれたけれど，それだけでは足りないのだと理解することで，専門機関への相談に行くことが選択肢に入ってくる。そこで再度の保護者との面談をもち，お互いの取り組みを確認しつつ，児童生徒のために専門機関への相談について検討したい。学校との協力体制がないまま病院受診を勧められた保護者の中には「担任に言われたから来ました」と納得しきれずに受診し，継続受診につながらないケースもある。一般的に専門機関では，保護者の同意や納得そしてニーズがなければ，相談や支援を引き受けることはできない。上述したような段階を経た専門機関への相談の進め方は，一見回り道のようであるが，保護者に対する心理教育や他機関との連携のためにも，有益であると言えよう。

また，受診後，医師が保護者の許可のもとに学校と連絡を取り，学校全体で統一した体制のもとでの対応を求められるケースもある。専門機関の相談を勧める際には，学校に見捨てられたという気持ちをもたせないことが大切であるが，実際，専門機関への紹介により学校での支援が不要になることはほぼない。専門機関への紹介は，支援の過程であることを忘れず，保護者と協力し，時に保護者の同意を得て紹介先機関と連絡を取り合い，児童生徒の心の問題に継続して取り組みたい。

　なお，心の問題が起こると，その原因を学校や家庭，保護者，そして児童生徒本人のいずれにあるのかを突き止めようとする「犯人探し」が往々にして起こりやすい。しかし，そのような犯人探しによって心の問題の解決は望めない。学校適応がうまくいかない児童生徒の様子を見ると，教師も保護者も自分の落ち度を指摘されないかと恐れ，また，相手への不信感が募り，お互いを避けてしまいがちである。その結果，細かな連絡の不備が生じ，お互いの不信感をさらに増幅させてしまうこともままある。児童生徒に心の問題を認めたとき，保護者との関係がうまくいっていないときこそ，教師から保護者を気にかけ温かい声かけをし，保護者との協力体制を作ることが肝要である。

参考文献

幸田有史（2003）「第7章　相談機関・医療機関への連絡調整と紹介」山下俊幸編『学校における精神保健に関する健康相談の手引き』京都市こころの健康増進センター。

（荒井佐和子）

第**7**章

発達障害の理解と対応

Q 1 発達障害の種類やその特徴，および原因に関する基礎的な知識について述べなさい

　発達障害は，脳の中枢神経系における機能障害や機能不全があると推定される障害である。これらの障害は先天性であり，親の愛情不足やしつけの問題，本人の性格に起因するものではない。発達障害の症状や行動特徴は広範で多岐にわたるため，それぞれの障害の基本的特徴を適切に理解しておくことが必須である。わが国の「発達障害者支援法」においては，発達障害を自閉症，アスペルガー症候群その他の広汎性発達障害，学習障害，注意欠陥多動性障害，その他これに類する脳機能の障害と定義している。これらの障害は，しばしば小中学校入学前の発達期早期あるいは就学中に明らかとなり，持続的に認められるのが特徴である。広義には，知的能力障害等を含む立場もあるが，ここでは知的能力障害を除いた主要な障害群について述べる。

1. 自閉症スペクトラム障害（Autism Spectrum Disorder：ASD）

　自閉性障害，アスペルガー症候群，広汎性発達障害は，それぞれがはっきりと区別される障害であるというよりも，社会的コミュニケーションの制限，および反復性の行動と興味という2領域における軽度〜重度の能力低下の連続体を示すという見解から，『DSM-5精神疾患の診断・統計マニュアル』では「自閉スペクトラム症／自閉症スペクトラム障害（ASD）」に統合され

た。

ASDの基本的特徴は，以下の通りである。

① 持続する相互的な社会的コミュニケーションや対人的相互反応の障害。

② 限定された反復的な行動，興味，または活動の様式。

③ これらは幼児期早期から認められ，日々の活動を制限するか障害する。

①は例えば，人との異常な距離の近さ，興味・情動を他者と共有することの少なさ，他者とのコミュニケーションの開始や応答の難しさ，非言語的コミュニケーション行動の乏しさ，社会的文脈の理解の困難，などが含まれる。これらは，自然な社会的コミュニケーションの苦手さとしてまとめられるが，その状態像は一人ひとり異なる。例えば，自分の興味に没頭して他者と共有しない児童生徒もいれば，自分の興味について一方的に見せたり話したりする児童生徒もいる。暗黙のルールや冗談が理解できずにきょとんとする児童生徒もいれば，行動は文脈に沿っていても理解の仕方が実は周囲とは異なる場合もある。そのため，様々な場面でのコミュニケーションのあり方を注意深く見て理解する必要がある。

②は，反復的な身体の運動や物の使用，習慣への頑なこだわり，きわめて限定された興味，感覚刺激に対する過敏さまたは鈍感さ，などが含まれる。反復的な身体の運動は，目的なく手をひらひらさせたり，身体を揺すったりすることなどを繰り返すことである。習慣へのこだわりは，決まった手順やルールへのこだわりなどが含まれ，急な変更にはパニックや怒りを示す児童生徒も多い。限定された興味とは，特定の生物や物，作品について突出して詳しい知識をもち，執着する場合などが当てはまる。もちろん，興味関心自体は否定されるものではなく，特定のものへの集中力として児童生徒の強みにもなりえる。

さらに，感覚刺激への反応も児童生徒によって様々なタイプがある。感覚過敏の場合は，通常では気にならない刺激も不快に感じられるため，パニックになる児童生徒や，自ら刺激を回避する児童生徒がいる。感覚が鈍い場合

は，通常では反応しやすい刺激を感じることが難しいため，ぼーっとしている児童生徒もいれば，注意を維持するために腕を噛んだり足をぶらぶらさせたりして，周囲からは集中していないと誤解されやすい場合もある。また，感覚の過敏さや鈍さが現れる器官は，視覚，聴覚，嗅覚，味覚，触覚など様々である。

　①，②の特徴は，必ずしも問題になるとは限らず，環境との相性や配慮によっては，障害として顕在化しない場合もある。そのため，③のように，児童生徒本人の生活が制限されたり，支障をきたしたりしている場合に障害となる。

2．注意欠如・多動性障害（Attention Deficit Hyperactivity Disorder：ADHD）

　注意欠如・多動性障害（ADHD）の基本的特徴は，社会的な活動や学業的な機能に支障をきたすほどの，不注意と多動性—衝動性，またそのいずれかの持続的な様式である。これらの症状は主に12歳以前に顕著に表れ，不注意と多動性—衝動性がともに見られる「混合型」，いずれかの症状が優勢的に見られる「不注意優勢型」，「多動性—衝動性優勢型」の3つに分類される。

　不注意は，反抗や理解力の欠如のためではなく，課題から気が逸れること，忍耐の欠如，集中の持続の困難さなどを指す。多動性は，不適切な場面での過剰な運動活動，過剰にそわそわすること，または喋り過ぎることを指す。例えば，授業中にしばしば立ち歩いたり，近くの席の児童生徒に話しかけたりする，などが挙げられる。衝動性は，順番を待てずに割り込む，質問が終わる前に答え始めるなど，見通しがなく即座に行われる性急な行動を指す。

　注意集中における障害は，生活の中で様々な困難を引き起こす。例えば，思ったことを衝動的に口に出してしまい人とのトラブルになったり，席に着いて課題に注意を向け続けるという学習の基礎的スキルが身に付きにくいため，学業にも支障をきたしやすい。不要な刺激はできるだけ取り除き，注意

を向けやすい課題や環境を設定するといった個別的配慮が求められることも多いだろう。また，学校では忘れ物の多さや整理整頓の苦手さが目立ちやすいが，忘れ物が目立たない児童生徒でも，実は教科書等をすべて机の中や鞄に入れているといった場合もある。こうした不注意は多動性―衝動性に比べ，成長しても落ち着きにくく，失敗体験を重ねている児童生徒も少なくない。

3．限局性学習障害（Specific Learning Disorder：SLD）

　限局性学習障害は，知的能力に遅れがないにもかかわらず，学習上の特定の分野で1つ以上の特異な困難をきたす障害である。この障害は学校教育期間中に始まり，単語を正確かつ流暢に読むこと，読解力，書字表出，音韻を文字にして書くこと，算数の計算，数学的問題を解くこと，など基本的な学業的技能を学習することの持続的な困難さを示す。また，これらは単に学習機会の不足または不適切な教育の結果ではない。

　読むことの障害は読字障害（ディスレクシア）と呼ばれ，単語を間違って発音するあるいは発音することの難しさ，文章の意味理解の難しさ，などが含まれる。書くことの障害は書字表出障害（ディスグラフィア）と呼ばれ，書き間違い，文法的な誤りや句読点の間違い，段落をまとめるのが苦手，などが含まれる。そして，計算の障害は算数障害（ディスカリキュア）と呼ばれ，数の大小や関係を理解することの難しさや，年齢不相応に1桁の足し算で指を折って数える，などが含まれる。児童生徒がどのような内容の学習における，どの機能が障害されているかを理解するために，テストの成績だけでなく，授業での様子やノートの取り方などを注意深く観察する必要がある。

　以上のように，ASD，ADHD，SLDの基本的な特徴について概説したが，同時に複数の障害が診断される場合もある。また，診断名だけでは児童生徒の抱える独自の困難や強みを十分に理解することはできないため，診断の有無にかかわらず，児童生徒一人ひとりの能力や特性を理解し，心身の発達や学習を支援していく姿勢をもつことが大切である。

参考文献・URL

文部科学省「発達障害者支援法」https://www.mext.go.jp/a_menu/shotou/
　　tokubetu/main/1376867.htm（2020年7月1日閲覧）。

日本精神神経学会　日本語版用語監修，高橋三郎・大野　裕監訳（2014）
　　（染矢俊幸・神庭重信・尾崎紀夫・三村　將・村井俊哉訳）『DSM-5
　　精神疾患の診断・統計マニュアル』医学書院。

高田　純（2018）「発達障害の理解と対応」石田　弓編著『教師教育講座
　　第11巻 教育相談 改訂版』協同出版。

高橋秀俊・神尾陽子（2018）「自閉スペクトラム症の感覚の特徴」『精神神
　　経学雑誌』120，pp.369-383。

（安部主晃）

Q2 発達障害の児童生徒の理解を深める心理検査の種類とその見方について述べなさい

1. 発達障害の児童生徒の理解を深める心理検査

　発達障害に関わる心理検査は，障害の特徴の有無と程度の判定に用いる検査や，発達障害に関わる能力的な特性を知るための検査，あるいは発達障害児の生活場面への適応の度合いを判断するための検査など，多岐に渡る。発達障害の児童生徒を理解するための検査としては，知能検査が用いられることが多いため，ここでは知能検査の結果の見方について概説する。ただし，知能検査は発達障害児の能力的な特性について理解することに役立つ検査であるが，発達障害の傾向の有無やその程度を直接的に判定するための検査ではないことには注意しておきたい。教育分野では，知能検査を実施することよりも，校外の専門機関で児童生徒が受けた知能検査の結果を共有する機会が多いだろう。そのため，知能検査の結果をどのように理解し，支援に役立てていくのかについて述べる。

2. ウェクスラー式知能検査の結果の見方

　ウェクスラー式知能検査は，世界中で広く用いられている標準化された知能検査である。時代の変化に応じて改訂が重ねられ，対象者が5歳～16歳までの場合，日本では現在，Wechsler Intelligence Scale for Children-Fourth Edition（WISC-IV）が用いられる。WISC-IVでは，子どもの全般的な知的能力と特定の認知領域の知的機能を表す4つの合成得点を算出する。これにより，全般的な知的能力の水準だけでなく，個人内の能力の偏り，すなわち得意・不得意を知ることができる。

　WISC-IVの検査結果として一般的に報告されるのは，全体的な知的発達水準（IQ）と4つの合成得点である。各指標の概要は，以下の通りである。

① IQ：同年代集団と比較した場合の全体的な知的能力の水準を測る。

② 言語理解指標：言葉の概念を捉え，言葉を使って推論する能力を測る。

③ 知覚推理指標：非言語的な情報をもとに推論する力，新奇な情報に基づく課題処理能力を測定する。

④ ワーキングメモリー指標：聞いた情報を記憶に一時的にとどめ，その情報を操作する能力を測定する。

⑤ 処理速度指標：単純な視覚情報を素早く正確に，順序よく処理，あるいは識別する能力を測定する。

IQ は，児童生徒の知的能力が，同年代と比較してどのくらいの水準に位置するかを理解するために役立つ。ただし，合成得点間に大きな偏りが認められる場合，IQ だけでは児童生徒の能力の特徴を適切に反映しないことに注意が必要である。この場合，4つの合成得点を見ていくことによって，児童生徒の得意・不得意を解釈していく。

言語理解指標は，言葉が意味する内容や性質を考える力，言葉を使って推論する力，言葉による知識の習得に関わる指標である。この能力は，教科書や配布資料の読解，発問に対する回答など，授業中の多くの学習と関わる。この力が弱い場合には，重要な言葉や概念の意味を強調して伝える，読みにくい漢字には振り仮名をつける，習得済みの知識や言葉を使って新しい概念を説明する，などの支援が必要となる。

知覚推理指標は，視覚情報をもとに考える力や，空間認知に関わる指標である。この力が弱い場合は，図表や絵の理解の弱さ，視覚的なイメージの使用の困難，地図の読みとりの弱さ，ノートの取り方や整理整頓の苦手さなどにつながる。視覚情報の理解を支援するためには，図表やグラフの数を絞り，配布資料をシンプルなデザインにする，言葉に置き換えて説明する，などの対応をとる。また，見て推理する力が弱い場合は，目標や手順を明確化して見通しをもたせる，具体物を使って学習を助ける，などの支援が有効である。

ワーキングメモリー指標は，聞いたことを覚えておく力や，注意集中に関連する指標である。学習面では，聞く，話す，読む，書く，計算する，推論するなどのあらゆる領域のつまずきと関連しやすい。この力が弱い場合は，

一度にたくさんの情報を記憶して考えることが苦手なため，与える情報を短く簡潔にして繰り返す，メモなど口頭の指示が後で確認できるものを渡す，などの配慮が必要になる。

処理速度指標は，筆記技能や単純な作業を素早く正確にこなしていく力に関わる指標である。この力の弱さは，読み書きの困難や板書の書き取りの苦手さ，課題にかかる時間の遅さ，急かされたときのミスや乱雑さ，などにつながりやすい。この場合は，書いたり確認したりするための時間を十分に取る，課題の量を減らす，プレッシャーをかけないといった配慮を行う。

さらに，各指標の能力の水準を別々に解釈するのではなく，児童生徒の強みと弱みを含めた包括的な理解と支援が必要である。例えば，視覚情報による理解が難しい場合，言葉による説明が有効かどうかは，言語理解力の水準も併せて考慮する必要がある。あるいは，ワーキングメモリーが弱い児童生徒の場合でも，言語理解の強さを活かして，既有の知識との関連付けや意味付けを行うことで，記憶の定着が促進される可能性がある。

3．発達障害児によく見られる特徴

ASDにおける認知的機能の特徴として，言葉のような抽象的な概念よりも，目に見える具体的な情報の方が処理しやすいという「視覚優位性」と認知的柔軟性やワーキングメモリーを含む「実行機能の弱さ」がよく指摘されている。こうした指摘と一致して，WISC-IVでは知覚推理の強さと，ワーキングメモリーおよび処理速度の弱さが見られることが多い。中には，言語理解が強い児童生徒や，ワーキングメモリーの弱さがそれほど目立たない児童生徒もいるが，処理速度の弱さは比較的共通して認められるとされている。

ADHDの認知的機能の障害は，実行機能の弱さに反映されるという説が有力である。そのため，ADHD群においても，WISC-IVではワーキングメモリーと処理速度指標の弱さが認められることが多い。

SLDは，特定の分野における学業的機能の障害であるため，障害されている機能に関連した能力の弱さはWISC-IVにも反映されることがある。しかし，それぞれの分野で障害される機能にはばらつきがあるため，まとまり

のある特徴的な結果のパターンはあまり報告されていない。なお，K‐ABC
Ⅱという心理検査では，読み書き計算の習得度を測定する検査があるため，
SLDの特徴を知るためにはK‐ABCⅡが用いられることもある。

4．心理検査結果を扱ううえでの留意点

　前述したような発達障害児に特徴的な結果のパターンは，あくまで集団の
データから得られたものであり，このパターンにあてはまらない発達障害児
や，パターンにはあてはまるが発達障害の傾向は認められない児童生徒もい
る。そのため，安易にこれらのパターンをあてはめることは避け，目の前の
児童生徒を個別に理解し，支援していく姿勢をもつことを忘れてはならない。

　最後に，心理検査によって得られた結果を，その数値だけで解釈すること
も避けるべきである。例えば，処理速度の数値が低い場合でも，書く技能の
苦手さのためにスピードが遅いのではなく，注意を次々に切り替えていくこ
とが難しい児童生徒の場合は，十分な書く時間を与えたとしても，文字のて
いねいさにこだわって課題が進まず，負担が増えるだけかもしれない。検査
の数値が示す能力と，検査の遂行に関わる能力は必ずしも一致しないのであ
る。そのため，数値だけを切り取って理解するのではなく，日常場面での観
察や関わりから得られる児童生徒の特徴と合わせて十分に吟味しながら，検
査結果との整合性の判断や，不一致な点の理解を深めることが重要である。

参考文献

日本自閉症スペクトラム学会編（2005）『自閉症スペクトラム児・者の理解
　　　と支援──医療・教育・福祉・心理・アセスメントの基礎知識』教育
　　　出版。

上野一彦・松田　修・小林　玄・木下智子（2015）『日本版WISC‐Ⅳによる
　　　発達障害のアセスメント──代表的な指標パターンの解釈と事例
　　　紹介』日本文化科学社。

湯澤正通・湯澤美紀編（2014）『ワーキングメモリと教育』北大路書房。

（安部主晃）

Q3 発達障害の児童生徒の支援に関する校外の専門機関の特徴と役割について述べなさい

　学校は児童生徒の発達や学習のための重要な場所であるが，それぞれ独自の支援ニーズをもった児童生徒への支援においては，学校の中だけでの対応には様々な限界があることも事実である。そのため，校外の専門機関の特徴と役割を知り，児童生徒への適切な支援を行うために各機関と連携を行っていくことも必要となる。以下に，主な専門機関の大まかな分類とそれぞれの特徴について記す。各種機関の役割はそれぞれ分離しているわけではなく，複数の役割を同時に担っている機関も少なくない。

1．発達障害者支援センター

　発達障害者支援法に基づく施設である発達障害者支援センターは，すべての都道府県と政令指定都市に設置されており，発達障害児に関わる相談対応や，発達支援，就労支援など広範な支援を行う機関である。また，必要に応じて他の専門機関への紹介，福祉制度やその利用方法についての助言などを行っており，発達障害に関する相談の窓口ともなる機関である。発達障害児本人だけでなく，その家族や支援者も利用することができる。

2．診断のための専門機関

　医療機関は，発達障害の診断が行われるという大きな特徴がある。児童生徒の発達障害の診断を行う医療機関は，精神科に限らず，小児科や内科，児童精神科など多岐に渡る。しかし，発達障害の診断には高い専門性が求められるため，どのような医療機関でも適しているわけではない。地域の発達障害者支援センターで医療機関を紹介してもらったり，学校が連携したことのある医療機関の情報を集めたりして，適切な機関を選ぶ方がよいだろう。また，現代ではインターネット上で，発達障害の診断が行える医療機関や対象年齢などが都道府県別にまとめられていることも多い。一般的に，医療機関

では知能検査をはじめとする心理検査の実施や，詳細な情報収集を経て，発達障害の診断が検討される。また，児童生徒本人の状態に応じて医師が薬を処方したり，機関によっては療育やカウンセリングを利用することもできるだろう。

3．療育機関

　療育とは，障害のある子どもの発達を促し，自立して生活できるように援助する取り組みである。療育センターを始めとする，診断だけでなく療育も行う医療機関では，言語聴覚士や作業療法士らの専門家による，発語など言葉に関わる機能訓練や，身体の使い方を学ぶ作業療法，感覚処理の苦手さを支援する感覚統合訓練などが行われることが多い。これらは，学習場面に限らず，様々な生活上のスキルに関わる能力の発達を支援するものである。ただし，発達障害への発達支援は早期診断と早期療育が最も効果を上げると言われており，乳幼児期から検診等で障害の特徴を指摘された子どもは，すでにこれらの機関を利用していることも少なくない。

　また，放課後デイなどのデイサービスにおいても，子どもを預かる場としてだけでなく，療育を行う場としての役割を担っている場合がある。日常生活のスキルの向上や，友達との関わり方などの社会的なスキルを育てる取り組みを行っている機関もあるだろう。

4．学習支援を行う機関

　限局性学習障害をはじめとする発達障害への個別の学習支援は，学校だけでは十分な個別的対応が難しい可能性もある。授業中に周囲とは異なる課題や教材で学習に取り組むことに児童生徒本人が抵抗を示す場合もあるかもしれない。その場合，発達障害に関する知識をもち，適切な学習支援を行ってくれる機関や施設を利用することも有効だろう。発達障害児への学習支援を専門的に行っているデイサービスや民間の施設もあり，また個別指導の学習塾で児童生徒に合った学習指導を行ってくれる場合もある。

　ここまで述べたもの以外にも，社会には様々な支援を行う機関が存在す

る。発達障害児の支援においては，各機関の特色や雰囲気を十分に理解し，児童生徒の特性や状況に応じて連携をとることが望ましい。しかし，専門機関を利用する主体はあくまでも児童生徒本人とその保護者であり，当事者の意思をしっかりと尊重し，共有しながら連携を進めていくことを忘れてはならない。発達障害の診断や療育などをめぐる専門機関の利用について，児童生徒や保護者が受け入れられるとは限らない。その葛藤や苦悩を理解しないままに専門機関の利用を進めれば，児童生徒を精神的に追いつめたり，学校との信頼関係が崩れてしまったりする可能性もある。学校のために動くのではなく，また「発達障害の可能性があるから」という理由で動くのでもなく，児童生徒や保護者の困難を理解し支援するという姿勢を常に心に留めておくことが大切である。医療機関の受診を勧める際にも，受診への葛藤に理解を示したうえで，病院が「ただ診断を受ける場」ではなく「困っていることを専門家に相談しに行く場」であることを伝えた方がよいことも多い。さらに，児童生徒が専門機関を利用したらそれで終わりではなく，情報を共有してこちらもよりよい方法を模索しながら支援を続けていく姿勢を伝えることが重要である。

参考文献・URL

井上雅彦・原口英之・石坂美和（2019）『発達が気になる幼児の親面接——支援者のためのガイドブック』金子書房。

文部科学省「発達障害者支援法」https://www.mext.go.jp/a_menu/shotou/tokubetu/main/1376867.htm（2020年7月1日閲覧）。

木村　順（2006）『子育てと健康シリーズ25　育てにくい子にはわけがある』大月書店。

（安部主晃）

Q 4　発達障害の児童生徒の特性に対する理解を踏まえた支援のあり方について述べなさい

1．基本的な支援の姿勢

　発達障害の児童生徒への支援は，その特性を理解することから始まる。診断名だけでは，その児童生徒にどのような特性があるか，どのように支援すればよいかはわからない。一人ひとりの特性により，学習上，または生活上の困難が異なることに留意する必要がある。ところで，特別支援教育の対象は，発達障害の児童生徒等に限定されず，教育上特別の支援を必要とする児童生徒等へと拡大して捉えられている。確かに教室を見渡せば，診断はなくとも「ちょっと気になる子ども」の存在にすぐに気付くだろう。その「気付き」を手がかりに，日常生活でどこまで適応的な行動ができていて，何が困難で，課題であるのか，理解をし，できるための方法を具体的に考えていく。

2．支援システム

　発達障害の児童生徒への支援システムとして，学校内においては，保護者との連携窓口としての役割を担う特別支援コーディネーター，校内委員会，専門家による巡回相談などがある。また，障害に応じた特別の指導を行う通級指導教室や特別支援学校がある。さらに，各都道府県には支援を総合的に行うことを目的とした発達障害者支援センターも設置されている。このように，障害のある児童生徒は担任 1 人が全てを担うものではなく，特性や状態に応じて，学内外の様々な支援があることを理解しておく。

3．特性・課題を理解する

　心理検査によって，児童生徒の能力や特性を理解することは，非常に役に立つ。一方で，検査を用いなくとも，日々の行動観察，他の教師からの情

報，引継ぎ資料，家庭からの情報等を共有していくことで，何が困難で課題であるのかを把握することができる。例えば，生活習慣，学力（得意・苦手科目），社会性，興味関心，好きな遊び，注意集中，言語能力，運動能力，感情コントロール，感覚過敏といった点に注目する。児童生徒の苦手なこと（弱み）だけでなく，得意なこと（強み・よいところ）も理解しておくことは，その後の支援に役立つ。すでに医療機関で発達障害の診断や判断がある場合には，児童生徒本人や家族の了解を得て，主治医に特性を説明してもらうことも，支援の指針となるだろう。

4．特性を踏まえた支援の実際

（1）環境調整

　児童生徒が視覚的な情報処理に困難がある場合，黒板の周囲に不要なものを貼らないなど刺激量を減らす，座席を教卓の近くにするといった支援が可能である。片づけが苦手な場合には，物を置く場所を決める，目印をつけるなど，自分なりの片づけルールができるようにサポートするとよい。聴覚的な情報の処理に困難がある場合，口頭での指示だけでなく，メモや絵，手順表など視覚的に示すとよい。注意がそれやすい場合には，一度名前を呼ぶなど注意を促してから，できるだけ具体的な行動を簡潔に伝えるといった工夫が考えられる。

（2）ICT技術の活用

　近年，障害特性を考慮した指導を充実させるツールとして，ICT（情報通信技術）が注目されている。例えば，板書の文字を読んだり，写したりすることに困難がある児童生徒に対して，タブレットやカメラで撮影・記録するといった支援が考えられる。雑音への敏感さや集中が困難な児童生徒に対しては，ノイズキャンセリングヘッドフォンやICレコーダーを利用することができる。学習内容にアクセスしやすく，理解を深められるのであれば，周囲の理解を得ながら，積極的に活用するべきである。

（3）行動に対する肯定的・具体的な声かけ

　発達障害の児童生徒は，「こんなこともできないのか」と叱責されるなど，

失敗体験を繰り返しており，自己否定的であることが多い。そこで，多動で着席が困難な児童生徒に対し，「10分しか座れない」から「10分も座れた」と声のかけ方を変えるなど，結果よりも本人の行動や努力に対して肯定的なメッセージを与えるといった工夫が考えられる。また，相手の立場や状況を理解できない児童生徒に，「場の空気を読め」，「ちゃんとしなさい」といった抽象的な指導は有害でさえあるため，具体的な指示を出すことが大切である。

（4）パニックへの対応

急に泣き叫びパニックを起こすなど，感情のコントロールに困難がある児童生徒がいる。これは，過剰な刺激を受けたり，急な予定変更によって対処不能な状況に陥り，強いストレスを感じたために生じる現象である。過去のつらい体験を思い出してパニックになる「フラッシュバック」の場合もある。パニックは無理に止めず，刺激の少ないところで混乱がおさまるのを待つのが基本である。落ち着いた後にその時の行動について振り返り，対処を一緒に考える。その際，教師が行動の背景にある気持ちを理解することで，本人にも気持ちに余裕が生まれ，本当はどうしたかったのか，何を伝えたかったのかなど振り返ることができる。そして，クールダウンできる場所を確保したり，代替行動を考えたりすることは，本人の安心につながる。少しでも対処できた／しようと努力している時には，その行動を認めていくことも大切である。

（5）理解者を増やす

学校の教職員，家族，専門機関の支援者など，理解者を増やすことも重要である。理解してもらえる人がいるほど，児童生徒は社会に適応し，自信をもって生きていけるようになる。所属する学級集団においても，障害のある児童生徒と学級集団を分断するのではなく，受け入れやすくする学級集団を目指す。その際，集団に対するソーシャル・スキル・トレーニングなど，開発的カウンセリングの手法を用いることも有効である。

5．合理的配慮

　児童生徒に障害の診断がある場合，本人や保護者から合理的配慮の申請が行われることがある。学校は申請内容に基づき，聞き取りや引継ぎ資料，外部専門機関からの意見などから提供可能な支援について検討し，双方の建設的な対話のもと調整し，合意を図る。そして，合理的配慮の提供が行われ，それが有効に働いているか振り返りを行う。例えば，「教員・支援員等の確保」，「施設・設備の整備」，「教育の個別支援計画や個別の指導計画に対応した柔軟な教育課程の編成や教材等の配慮が必要な場合等」といった場合に合理的配慮の申請が行われることがある。

6．切れ目のない支援

　進級・進学等の移行期においても，途切れることのない一貫した支援を行うことも忘れてはならない。環境の変化に戸惑うことのないように，または最小限で抑えられるように，本人や家族に対し，次のステージでの困難の表明方法，相談窓口へのアクセス方法など，対応について話し合っておくことが望ましい。

参考文献
本田秀夫（2017）『自閉スペクトラム症の理解と支援』星和書店。

（高田　純）

Q5　発達障害における二次障害に対する理解と支援のあり方について述べなさい

1．二次障害の基本的理解

（1）二次障害発生のメカニズム

発達障害には，現在のところ根本的な治療はない。そのため，一人ひとりの特性を理解し，児童生徒本人および周囲が理解を深め，できることを増やしていくことが基本姿勢となる。一方，発達障害の児童生徒が困難を抱えているにもかかわらず，適切な支援や配慮がされないままでいると，失敗を繰り返すことになる。本人なりにどうにかしようと頑張っても，やり方がわからない。時には，周囲から「ふざけている」，「真面目にやらない」と叱責されることもある。すると，「自分はダメな人間だ」と意欲や自信を失い，周囲から孤立していく。そして，自尊感情が低下することで，学習意欲の低下，授業妨害や暴力などの問題，対人関係トラブルなど，問題が顕在化しやすくなる。このように，特性による困難とは別の二次的な情緒や行動の問題は二次障害と呼ばれている。発生のメカニズムをよく理解し，障害による困難に早期に気付き，自尊感情の低下を防ぐことが支援の大きな柱である。

（2）支援者の心構え

本人の特性・感情を理解しつつ，二次障害を発生させないこと，すなわち悪循環を防ぐことが支援者の役割である。しかし，二次障害の中には，すでに学級担任が1人で対応できる範囲を超えていることがある。対応困難な状況の中に，障害特性を見落している，保護者のコントロールが及ばなくなっている，学校内に理解者がいない，といった背景が潜んでいる場合もある。学校内に援助を求め，「学校で対応可能な問題」と「学校で対応困難な問題」を検討し，専門機関との連携を行うとよい。

また，「これまで培ってきたノウハウが通じない」と感じ，自信を失うという悪循環に教師自身が巻き込まれることも珍しくない。そのような時は，

管理職・同僚に協力を求め，対応を見直すとよい。

2. 二次障害への対応と支援

　二次障害として発生しやすいものには，登校しぶり・不登校，いじめ，ひきこもり，身体症状，チック，うつ，適応障害，強迫性障害，心的外傷後ストレス障害，被害関係念慮等があげられる。それぞれが独立して発生するものというよりは，悪循環の中で相互に関連し，発生するものと考えた方がよい。

（1）登校しぶり・不登校

　学習課題が本人の能力と合っていなかったり，いじめやからかいによる傷つき体験がある場合，学校に強い恐怖感を抱いたり，回避行動をとることで登校しぶり・不登校になることがある。学級担任や周囲が発達障害に対する理解が乏しいほどこのような事態が生じやすくなる。いたずらに待つ，あるいはすぐ再登校へと促すのではなく，まず児童生徒が学校生活の中で感じている生きにくさに耳を傾ける必要がある。感情表現が苦手な中で，つらいことをつらいと誰かに言えることが第一歩である。そして，何に困っていて，どうしていけばいいか，見通しをもたせるような話し合いが行われることが望ましい。

　再登校に向けて働きかける場合，学校側にも準備が必要である。それは，特性に配慮した苦痛の少ない場所へと環境を調整することである。児童生徒本人が行く意味があると感じられなければ，再登校は難しい。通常の学級が難しければ，一時的に安心できる場所を作るなど，参加できる場所を探す。もし，通常の学級に戻るが，友達と仲良くすることが難しい場合には，しばらくは理解のある大人の見守りあるとよいだろう。

（2）いじめ

　発達障害の中には，社会的な関わりの困難さにより，場の雰囲気に合わない発言を繰り返す児童生徒がいる。このような言動は，周囲の児童生徒には理解できず，異質な存在として認知される。いじめは少人数のからかいから始まるが，正当な注意であると考えられている場合も珍しくない。支援者の

側も，「あなたも悪い」と非難してしまわないよう，慎重に対応する。対応が後手に回ることで，学級集団に不公平感が強まり，否定的な感情が担任教師に向かうことがある。

　もし，いじめが学級内で発生した場合，つらい気持ちを聴くことは重要であるし，安心して過ごせるように支援することが基本であることに変わりはない。しかし，発達障害のある児童生徒の中には，自分の感情の表現や制御が苦手な子どもが多い。いじめが外傷体験となり，感情があふれ出すことでフラッシュバックやパニックを起こしたり，攻撃行動に結びついたりすることもある。本人の感情を適切で安全な形で表現できるような工夫が求められる。

　いじめは発生しないよう予防することが基本である。児童生徒本人が対処を獲得していくことも大切だが，いじめは集団の中で生じる問題であるため，集団への働きかけも重要である。その際，ソーシャル・スキル・トレーニング（SST）などの開発的カウンセリングの手法を学級集団に用いるとよい。一緒に過ごせる体験をすることで，コミュニケーションの回復や相互理解に繋がるし，学級の中で多様な存在の1人として位置付けられるのである。

（3）非行・反社会的行動

　悪循環が続くことで，何に対しても反抗し，周囲に対して挑戦的・反抗的な態度を取るだけでなく，万引きや暴力など非行へと発展していくこともある。家庭も含め適切な支援が受けられず，虐待など，不適切な養育環境が背景にあることも多い。学校では，児童生徒本人の自尊感情の低さ，スキル不足，学力不足など学校不適応の問題に注意する。問題行動に振り回され過ぎず，これまでの背景を踏まえたアセスメントを行う。そして，学校の限界も見極めながら，児童相談所や警察の力も借りて対応する。

（4）精神症状

　児童生徒の感情（癇癪・パニック・不安・抑うつ・フラッシュバック），行動（不注意・多動性・自傷他害・強迫的行動），身体（睡眠障害・腹痛・頭痛）などの症状に対しては，医療機関による薬物療法が有効なことがある。症状が落ち着くことで，「自分で落ち着いている状態」を体験し，活動参加へのハー

ドルが下がることが利点である。なお，薬物療法によって発達障害そのものが治癒するわけではなく，補助的なものとして用いる。環境調整や個に応じた支援が基本である。そのため，医療だけでなく家庭や学校も含め，理解を共有していくことが重要である。

3. 二次障害発生の予防

　二次障害は，問題の早期発見と予防的な対応が重要である。予防的な対応の要になるのは，3つの支援である。第一に，勉強の苦手意識への支援である「学習支援」である。児童生徒が学習の何に，どうしてつまずいたかを知ることは重大な意味をもつ。第二に，児童生徒がよい趣味をもったり，友達をもてたりするよう社会性を育むように工夫する「生活支援」である。毎日の生活が楽しめるようなグループに一緒に行くことが第一歩となることがある。第三に，我慢だけではなく望ましい行動を選択できる「自己制御」である。児童生徒本人がルールを決め，記録・マネジメントすることが，結果としてメリットに感じられるように動機付ける。これらの対応は，児童生徒の失敗やそれに伴う自尊感情の低下を防ぐという点で共通している。

参考文献

小栗正幸（2007）『発達障害児の思春期と二次障害予防のシナリオ』ぎょうせい。

杉山登志郎監修（2009）『子どもの発達障害と情緒障害』講談社。

（高田　純）

Q6　発達障害の児童生徒の保護者に対する支援のあり方について述べなさい

1．保護者に対する支援の目的と意義

　保護者によっては，過度な期待や焦りから，子どもの苦手なことを無理強いしたり，注意や叱責を繰り返したりするなどの対応が続くこともある。苦手なところにばかり目が行き，子どもの強みやよさを認める機会が少なくなる。保護者自身も子育てに自信を失い，孤立していることが多い。子どもは，叱られる機会が多いほど，自尊感情が低下するため，その影響により学校適応が困難になることもある。

　保護者は，そのような不安や悩みを教師に相談することがある。教師はその訴えにしっかりと耳を傾けることが第一である。保護者は不安や悩みを聞いてもらえたという体験を通して，支えられているという実感により，ゆとりが生まれる。自分の想いや問題を整理していくことで，子どもの強みやよさを認められるようになる。そして，適切な対応がなされることで，親子関係は安定し，児童生徒の状態も落ち着いていくようになる。

　このように，教師は児童生徒の問題にばかり気をとられず，保護者も不安や悩みを抱えているという視点で見守っていく姿勢が大切である。

2．保護者に対する支援の実際

（1）信頼関係
　保護者が担任や学校に相談する気持ちをもてるかどうかは，信頼関係の有無にかかっている。日常的に情報交換を行い，保護者と教師がお互いに話しやすい関係を作っておくことが重要である。学校が家庭の問題を指摘し，保護者が学校の対応への不満を述べるのでは話し合いにならない。学校の考えを一方的に押しつけるような対応ではなく，保護者の考えを十分に受け止めることが信頼関係の土台となる。

（2）保護者のニーズを理解する

　教師は，保護者にどのようなニーズがあるのか，しっかりと聞き取りを行う必要がある。内容によっては無理難題と感じるものもあるかもしれないが，そう頼まざるを得ない想いや不安に耳を傾ける。

　そのうえで，学校として「できること」と「できないこと」をていねいに示していく。曖昧にすると，保護者は不信感を募らせてしまうため，できないことについては，「なぜできないか」をていねいに説明する。「子どもが今よりも少しでも楽しく学校で過ごすためにはどうすればよいか」という視点で，保護者と，よりよい関わりについて一緒に考えていく。

　なお，個別の相談だけでなく，合理的配慮についての話し合いにもすみやかに応じられるよう，校内の合意形成のプロセスを理解しておく。

（3）特性・課題を共有する

　保護者が児童生徒本人の特性や課題をどのように理解しているか，児童生徒本人と保護者の関係はどのようであるかを理解しておくことも重要である。そのうえで，家庭・学校がともにヒントを出し合い，うまくいった対応やできるようになったことを共有し，1つ1つ積み重ねていく。保護者も気付かない児童生徒の強みやよさ，時には成長を伝えることは，保護者の励みとなり，よい循環を生み出す。逆に，問題ばかり伝えていたのでは，保護者は心を閉ざし学校と距離を取るだろう。

（4）保護者へのアドバイス

　教師が保護者にアドバイスをする時には，注意が必要である。もし理論的に正しいとされるアドバイスであったとしても，その結果，保護者が孤立するようなら，そのアドバイスは間違っていると言わざるを得ない。できもしない正論を押しつけられたと感じ，距離を取ってしまうこともある。そのような時は，改めて保護者の話に耳を傾け，ニーズをつかみ，ともに悩みながら考える姿勢が求められる。

（5）教師の限界と役割分担

　保護者の中には精神疾患があったり，学校に対して拒否的・回避的な態度の保護者も少なくない。そのような保護者に対して無理に協力を求めないよ

う配慮が必要な場合がある。また，保護者は育児ストレス，将来への不安，診断告知への受け止めなどから，精神的なバランスを失い虐待に走ることも稀ではない。事態によっては児童相談所等とも連携を行うこともある。

　このように，難しい対応を 1 人で抱え込むことで，担任自身が追い詰められることがある。そのような時は，特別支援教育コーディネーターなどと校内連携を行う。保護者にとっても，担任ではない方が話をしやすい場合もある。特別支援教育コーディネーターや教頭・校長に対応してもらうなど役割分担をしたり，外部専門機関と連携したりしながら，学校内・外で情報共有を行い，支援に活かしていくとよい。

3．診断のない児童生徒の保護者への支援

　学校適応困難から，発達障害の可能性が疑われたとしても，診断のある児童生徒は多くはない。しかし，学校が「医療に診てもらわないと困る」あるいは「診断があるから学校では対応できない」という態度を示すと，保護者には学校に見捨てられたという不信感だけが残り，心を閉ざしてしまう。学校からの働きかけに回避的な保護者の態度を「無責任だ」と非難しても，問題が増えるだけである。保護者を不要に混乱させることは避けるべきであるが，実際には日々の子育ての中で違和感や小さな不安や悩みを抱いていることが多い。「気になることはありませんか？」など問いかけ，教えてもらうように接する。保護者の不安や悩みを正当なものとして受け止めることが何より大切である。外部機関に行くことが，保護者の不安の受け皿となり，結果として児童生徒の生きづらさの改善につながるものでなくてはならない。保護者との連携はそのような視点から行うとよい。

4．社会資源を活用する

　保護者に対する支援は，学校内だけでなく，社会資源を活用することもよい。例えば，発達障害の理解と対応についての研修会，行動面に課題のある児童生徒への対応法であるペアレント・トレーニング，基本的な養育態度のコツを学ぶペアレント・プログラムなど開催されている地域もある。発達障

害の保護者会への参加も，情報収集だけでなく，悩みを打ち明け，孤立感を和らげる。スクールカウンセラーの活用が難しければ，地域の相談室を利用するのもよい。

　また，福祉的資源として，「精神障害者保健福祉手帳」や「療育手帳」の取得がある。地域によっては特別児童扶養手当が支給されることもある。このような制度や手続きについては，スクールソーシャルワーカーが詳しい。このように，社会資源を活用しながら地域で支えていくことが，家族を孤立から防ぐのである。

参考文献・URL

文部科学省https://www.mext.go.jp/a_menu/shotou/tokubetu/material/1298171.htm（2020年9月8日閲覧）。

（高田　純）

第**8**章

チーム学校と校内連携

┃ Q1 "チームとしての学校"について，そのねらい や内容を説明しなさい

　「チームとしての学校」のねらいや内容について，まず，「チームとしての学校」が求められる背景について述べ，次に，各課題に対してどのようなねらいがあり，どのような内容が求められるかを述べ，最後に全体像を述べていく。

1.「チームとしての学校」が求められる背景

　近年，グローバル化や情報化が急速に進展し，社会が大きく変化し続ける中で，複雑化・困難化した課題に的確に対応するため，多くの組織では，組織外の人材や資源を活用しつつ，組織の力を高める取り組みが進んでいる。こうした中で，学校においても，子どもを取り巻く状況の変化や複雑化・困難化した課題に向き合うため，教職員に加え，多様な背景を有する人材が各々の専門性に応じて，学校運営に参画することにより，学校の教育力・組織力を，より効果的に高めていくことがこれからの時代には不可欠である。

　学校という場において子どもが成長していくうえで，教員に加えて，多様な価値観や経験をもった大人と接したり，議論したりすることは，より厚みのある経験を積むことができ，本当の意味での「生きる力」を定着させることにつながる。

　社会や経済の変化は，子どもや家庭，地域社会に影響を与えている。ま

た，学校が抱える課題は，生徒指導上の課題や特別支援教育の充実など，より複雑化・困難化し，心理や福祉など教育以外の高い専門性が求められるような事案も増えてきている。このような現状から，教員だけで対応することが，質的な面でも量的な面でも難しくなってきている。

その際，個々の教員が個別に教育活動に取り組むのではなく，校長のリーダーシップの下，学校のマネジメントを強化し，組織として教育活動に取り組む体制を創り上げるとともに，必要な指導体制を整備することが必要である。そのうえで，生徒指導や特別支援教育等を充実していくために，学校や教員が心理や福祉等の専門家（専門スタッフ）や専門機関と連携・分担する体制を整備し，学校の機能を強化していくことが重要である。

2. 複雑化・多様化した課題を解決するための「チームとしての学校」のねらいと内容

（1）学校が抱える課題の複雑化・困難化

　学校が抱える課題に複雑化・困難化をもたらした社会や経済等の変化としては，都市化・過疎化の進行，家族形態の変容，価値観やライフスタイルの多様化，地域社会等のつながりの希薄化や地域住民の支え合いによるセーフティネット機能の低下，情報技術の発展による人間関係の在り様の変化がある。さらに，我が国の子どもの貧困の状況が先進国の中でも厳しいということも明らかになっており，学校における対応が求められている。例えば，「子供の貧困対策に関する大綱（2014〔平成26〕年8月29日　閣議決定）」においても，学校を子どもの貧困対策のプラットフォームと位置付けて総合的に対策を推進することとされており，学校は福祉関連機関との連携の窓口となることが想定されている。

（2）生徒指導上の課題解決のための「チームとしての学校」の必要性

　生徒指導上の課題としては，子どもたちの問題行動の背景には，多くの場合，子どもたちの心の問題とともに，家庭，友人関係，地域，学校など子どもたちの置かれている環境の問題があり，子どもたちの問題と環境の問題は複雑に絡み合っていることから，単に子どもたちの問題行動のみに着目して

対応するだけでは，問題はなかなか解決できない状況になっている。学校現場で，より効果的に対応していくためには，教員に加えて，心理の専門家であるカウンセラーや福祉の専門家であるソーシャルワーカーを活用し，子どもたちの様々な情報を整理統合し，アセスメントやプランニングをしたうえで，教職員がチームで，問題を抱えた子どもたちの支援を行うことが重要になる。さらに，いじめなど，子どもたちの生命・身体や教育を受ける権利を脅かすような重大事案においては，校内の情報共有や，専門機関との連携の不足による，子どもたちのSOSの見過ごしがないよう，校長のリーダーシップの下，チームを構成する個々人がそれぞれの立場や役割を認識しつつ，情報を共有し，課題に対応していかなければならない。

（3）特別支援教育の充実のための「チームとしての学校」の必要性

　公立小・中学校で通級による指導を受けている児童生徒や「医療的ケア」を必要とする児童生徒の数は，年々増加傾向にある。また，通常学級に在籍する児童生徒のうち，発達障害の可能性があり，特別な教育的支援を必要とする児童生徒は，約6.5％という調査結果も出ている。このような状況で，学級担任が単独で授業を行い，特別な教育的支援を必要とする児童生徒の個々の教育的ニーズに応じた適切な指導や必要な支援を全て行うことは難しい。特別な教育的支援を必要とする児童生徒を直接または間接的に支援する職員や，高度化，複雑化した医療的ケアに対応できる看護師等を配置し，教職員がチームで，質の高い教育活動を提供していく必要がある。

（4）新たな教育課題への対応

　学校が抱える課題は，複雑化・困難化するだけでなく，拡大・多様化しており，新たな教育課題への対応が求められている。例えば保護者や地域住民の期待に応えるため，土曜日の教育活動への取り組みや通学路の安全確保対策，感染症やアレルギー対策のような新しい健康問題への対策もある。さらに，帰国・外国人児童生徒等の増加や母語の多様化，学校への在籍における散在化，集住化が進展していることを踏まえ，国内の学校生活への円滑な適応や日本語指導などについて，個々の児童生徒の状況に応じたきめ細かな指導を行うための体制整備を推進していくことも必要とされている。特に重要

なことは，生徒指導上の課題や特別支援教育の充実等の課題は，限られた子どもたちだけの問題ではない。「チームとしての学校」の体制を整備することによって，教職員一人ひとりが，自らの専門性を発揮するとともに，心理や福祉，医療等の専門家等と連携して，複雑化・困難化した課題を解決することによって，学級全体，学校全体が落ち着き，大きな教育的効果につながっていくことがねらいである。

3.「チームとしての学校」像

中央教育審議会の「チームとしての学校・教職員の在り方に関する作業部会」事務局が作成した「チームとしての学校」像を図8-1-1に示す。ただ

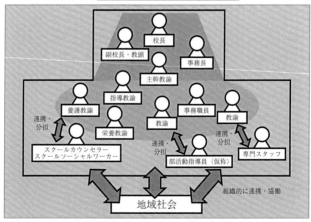

(注) 専門スタッフとして想定されるものについては，本答申（案）の 22 ページを参照。また，地域社会の構成員として，保護者や地域住民等の学校関係者や，警察，消防，保健所，児童相談所等の関係機関，青少年団体，スポーツ団体，経済団体，福祉団体等の各種団体などが想定される。

図8-1-1　チームとしての学校（イメージ図）
（中央教育審議会，2015，より一部抜粋）

し，「チームとしての学校」は，それぞれの学校が，どのような教育課題の対応や解決を図ることをねらいとしているかによって，その内容は異なったものとなる。また，学校種や，学校，児童生徒等の状況によって，学校のマネジメント体制や専門スタッフの配置など「チームとしての学校」の具体的な在り方は異なってくることから，それぞれの実態等を踏まえた検討を行うことが必要である。

　いずれにしても，教員の指導体制の充実を図ったうえで，心理や福祉等の専門スタッフについては，学校の職員として，職務内容，権限と責任を明確化し，教員も専門スタッフも「チームとしての学校」の一員として，目的を共有し，取り組みの方向性をそろえることや，相互に十分なコミュニケーションを取ることが必要である。

　チームを構成する個々人がそれぞれの立場・役割を認識し，当事者意識をもち学校の課題への対応や業務の効率的・効果的な実施に取り組んでいく姿が「チームとしての学校」像と言える。

参考文献

中央教育審議会（2015）「チームとしての学校の在り方と今後の改善方策について（答申）」。

川崎知已（2020）「学校における『チーム』をどうつくるか」『月刊教職研修　3月号』pp.24-26。

（川崎知已）

Q2 学校内の教育相談のキーパーソンを挙げ，それぞれの役割を説明しなさい

1. 学校内の教育相談を効果的に推進する組織と中心となるキーパーソン

　全校を挙げて，教育相談を効果的に推進するためには，その中心となって連絡や調整等を行う部・係・委員会等の組織が必要である。そして，組織内の分掌として明確な役割と責任のもと，相互の関連を十分に図ることが必要である。教育相談に関する校内組織は，教育相談部として独立して設けられるもの，生徒指導部や進路指導部，学習指導部，保健部などの中に教育相談係といった形で組み込まれるもの，関係する各部門の責任者で構成される委員会として設けられるもの，新たに特別支援教育の分掌組織の中に組み込まれるものなど様々である。

　このような組織を踏まえたうえで，学校内の教育相談を効果的に推進するキーパーソンを以下に挙げ，その役割を述べていく。

（1）学校管理職（校長等）

　校長，教頭（副校長）など学校管理職は，教育相談の計画を学校の教育計画全体の中に明確に位置付けることが重要である。教育相談の果たす役割や意義，意味を十分に理解したうえで，校内の教育相談組織，体制等に関する課題を的確に把握し，改善を図っていく学校経営の役割を担っている。例えば，教育相談に対する学校としての目標や方針を定め，教職員全員が教育相談の意味や重要性を共通理解する機会を設けるなど，教育相談に対する教職員全員の認識を高める役割がある。また，校長は，教育相談が学校の基盤的な機能であることを十分認識して，教育相談に十分な知見のある教員を教育相談担当教員に選任する役割もある。

　さらに，学校管理職は，教員が様々な環境の中で育つ児童生徒の心をしっかりと受け止め，学習指導と生徒指導の両面において適切な指導と援助を

行っていくことができるよう，環境の整備や教員への指導・助言を行う機能
も担っている。また，学校管理職ならではの児童生徒への指導や援助が功を
奏することも少なくない。他方，学級担任・ホームルーム担任が保護者との
関係に行き詰まった場合，両者の間に入って関係調整を図り協力関係の形成
を側面から支援する役割や，児童生徒が安全な環境の中，心豊かに育つため
に，地域住民へ向けて学校の教育姿勢を発信し，協力を求める役割もある。

（2）教育相談担当教員

　スクールカウンセラーや相談員等の配置により，教育相談やカウンセリン
グの充実が図られつつあるが，教育相談を組織的に行うためには，校長の
リーダーシップのもと，学校が一体となって対応することができる校内体制
を整備することが重要である。そしてそのコーディネーター役として，校内
体制の連絡・調整に当たる教育相談担当教員の存在が必要である。教育相談
担当教員は，新たに単独で指名する方法もあるが，例えば，養護教諭や特別
支援教育コーディネーターがこれを兼ねたり，複数の者がこの役割を担った
りするなど，それぞれの学校の実情により柔軟な対応が考えられる。

　各学校の実態等により異なるが，教育相談担当教員の役割は，以下の内容
が考えられる。また，こうした業務を行うに当たっては，現在，時として児
童生徒の「心の拠り所」的な存在となっている養護教諭や学校医，スクール
カウンセラーまたは相談員等と十分に連携を図りながら行うことが重要であ
る。

① 学級担任・ホームルーム担任へのサポート
② 児童生徒や保護者に対する教育相談
③ 児童生徒理解に関する情報収集
④ 教育相談の実効をあげるための校内への情報提供
⑤ 校内及び校外の関係機関（教育委員会や学校外の関係機関）との連携
　　のための調整及び連絡
⑥ 危機介入のコーディネート
⑦ 教育相談に関する校内研修の企画運営
⑧ 事例研究会や情報連絡会の開催

⑨　教育相談に関する調査研究の推進

（3）スクールカウンセラー

　スクールカウンセラーは心の専門家として，公立の小学校，中学校，高等学校等に児童生徒の臨床心理に関して，高度に専門的な知識・経験を有する者と位置付けられ配置されている。役割については，本章Ｑ５にあるのでここでは，以下の通り簡易に述べる。

　①　児童生徒や保護者に対する援助

　②　教員に対する援助

　③　外部機関との連携

2．学校内の教育相談の推進を中心となって支えるキーパーソン

　教育相談は，学校における基盤的な機能であり，教育相談を組織的に行うためには，学校が一体となって対応することができる校内体制を整備することが必要であるとともに，教育相談に対する教員一人ひとりの意識を高めることが必要である。その際，キーパーソンとなる教育相談担当教員の機能として重要なものを以下に挙げ，その役割を述べていく。

（1）主幹教諭（生徒指導担当），生徒指導主事

　主幹教諭（生徒指導担当），生徒指導主事には，生徒指導の機能と教育相談の機能に隙間を生じさせない認識が求められる。つまり，主に個に焦点を当て，面接や演習を通して個の内面の変容を図ろうとする教育相談と，主に集団に焦点を当て，行事や特別活動などにおいて，集団としての成果や変容を目指し，結果として個の変容に至る生徒指導のそれぞれの特質を理解し，両者の機能が補い合って有機的に関連性をもつという認識や，教育相談を生徒指導の一環として位置付け，その中心的な役割を担うという認識が求められる。

　そのうえで，教育相談を所掌する組織のリーダーとして，校長の学校経営計画等に位置付いた教育相談組織，教育相談体制が効果的に機能するよう，教育相談担当教員と連携協力し，推進していく役割を担っている。

（2）養護教諭

　養護教諭の職務は，救急処置，健康診断，疾病予防などの保健管理，保健教育，健康相談，保健室経営，保健組織活動など多岐にわたる。全校の児童生徒を対象としており，入学時から経年的に児童生徒の成長・発達を見ることができる点や，職務の多くが学級担任・ホームルーム担任をはじめとする教職員，保護者等との連携のもとに遂行されるという点に職務の特徴がある。また，保健室には，心身の不調を訴えて頻回に保健室に来室する児童生徒，いじめや虐待が疑われる児童生徒，不登校傾向者，非行や性的な問題行動を繰り返す児童生徒など，様々な問題を抱えている児童生徒が来室する。このような職務の特質性から，問題の早期発見，早期対応に努めること，対応に当たっては，医療機関等の関係機関との連携の必要性の有無について適切な判断を行うこと，学級担任・ホームルーム担任等をはじめ教育相談担当組織と連携して対応に当たることなどの役割を担っている。

　また，教育相談室を保健室の隣に置くなどその位置についても十分配慮し，児童生徒が相談しやすい雰囲気を確保することも重要である。

参考文献・URL

文部科学省（2011）『生徒指導提要』教育図書。

教育相談等に関する調査研究協力者会議（2007）「児童生徒の教育相談の
　　　充実について——生き生きとした子どもを育てる相談体制づくり
　　　（報告）」https://www.mext.go.jp/b_menu/shingi/chousa/shotou/
　　　066/gaiyou/attach/1369814.htm

（川崎知巳）

Q3 教育相談を充実させるための組織づくりのキーワードをいくつか挙げて論じなさい

　教育相談は，学校における基盤的な機能であり，教育相談を組織的に行うためには，学校が一体となって対応することができる校内体制を整備することが必要である。そこで，教育相談を充実させるための組織づくりのキーワードを挙げ，論じる。

1．主として学校管理職に求められるキーワード

（1）教育相談を所掌する組織と役割の明確化

　学校における教育相談を，中心となって連絡や調整等を行う部・係・委員会等の組織が必要である。教育相談に関する校内組織は，新たに設置する方法も，生徒指導部等の既存の組織がその役割を担う方法もある。そして，担当する組織について，役割と責任を明確にして，学年や他の組織との相互の関連が十分に図られるようにすることが必要である。

（2）教育相談の計画

　教育相談計画が学校の教育計画全体の中に位置付けられていることが重要である。教育相談に関する計画としては，全体計画，年間計画，これらを受けた具体的な実施計画が柱となる。全体計画には，教育相談の理念や自校の課題を踏まえて，その学校の教育相談の目標や重点事項，組織及び運営，相談計画の骨子などを明示する。年間計画には，相談活動の実施計画を始め，相談室の整備と運営，児童生徒理解の手立て（心理検査の実施等），教育相談に関する教員研修，保護者や関係機関との連携などに関する事項を，学期・月ごとに示す。具体的な実施計画には，各事項がどのような方針の下に，だれが，いつ，どのように行うかの細目を，わかりやすく構造化して示す。

（3）適切な教育相談担当教員の指名

　カウンセリング等の研修や講習会を受けた経験を有するなど，教育相談に関する十分な知見のある教員というだけでは，教育相談を充実させるための

組織づくりは難しい。授業でも生徒指導の対応でも，また校務分掌の遂行状況においても周囲の教員から一目置かれる実践や実績が必要である。つまり信頼を得ている教員でなければ，組織づくりを統率力をもって遂行できない。

2．主として教員に求められるキーワード

（1）「教育相談はすべての教員の職務であり本務である」という認識

　スクールカウンセラーや相談員等の配置により，教育相談やカウンセリングの充実が図られつつあるが，一方で，教育相談やカウンセリングをスクールカウンセラー等に全面的に任せてしまう傾向があることも否めない。

　教育相談業務は，学校生活において児童生徒と接する教員にとっての不可欠な業務であり，特定の教員だけが抱えて行う性質のものではなく，全ての教員が様々な時と場所において，適切に行うことが必要であるという認識が重要である。当然，教育相談についての適切な認識や一定のスキルを体得していることが前提となる。

（2）教育相談対応を「組織として行う」という認識

　学校という場の特質性と教育相談的な対応を行ううえでの「強み」の認識が重要である。つまり，学校という場で，教員は日ごろから児童生徒と同じ場で生活し，児童生徒を観察し，家庭環境や成績など多くの情報を得ることができることから，小さな兆候をとらえて事案に応じて適切に対応し，深刻な状態になる前に早期に対応することが可能である。また，学校には，学級担任・ホームルーム担任を始め，学校管理職（校長等），教育相談担当教員，養護教諭，生徒指導主事，スクールカウンセラー，社会福祉的な視点からの見立てや支援などを可能にするスクールソーシャルワーカー等，様々な立場の教職員がおり，一人の児童生徒をめぐって様々な援助資源が豊富である。さらに，学校の内部においては，様々な教職員がいて連携を取ることができ，また，外部との連携においても，学校という立場から連携が取りやすい。

　こうした学校ならではの教育相談に関する特質を踏まえ，児童生徒の問題

を教員が1人で抱え込まず，また，教員が何でも自分ができると錯覚せず，組織として解決していく意識が重要である。ただし，組織に問題を投げてしまうのではなく，組織内での明確な役割分担を踏まえ，自己の役割を誠実に着実に果たすことが重要である。

（3）教育相談対応を「チームとしての学校」で行うという認識

学校だけでは対応しきれない児童生徒の問題行動に対して，関係者や関係機関と協力し合い，問題解決のために相互支援をする「チームとしての学校」の認識が重要である（本章Q1参照）。教育相談の充実を図るためには，専門家との日常的な連絡と協力関係が重要になる。その際，「対応のすべてを相手に委ねてしまうこと」ではなく，学校で「できること」「できないこと」を見極め，学校ができない点を外部の専門機関などに援助を求めるコラボレーションの考え方が重要である。つまり，教育の専門家である教員が医療や心理の専門家と一緒に，児童生徒の問題の解決に向けて，共に協力し対話し合いながら，児童生徒に対し支援を行うなど，専門性や役割が異なる専門家が協働して解決を図っていく意識が必須である。

参考文献・URL

文部科学省（2011）『生徒指導提要』教育図書。

教育相談等に関する調査研究協力者会議（2007）「児童生徒の教育相談の充実について——生き生きとした子どもを育てる相談体制づくり（報告）」https://www.mext.go.jp/b_menu/shingi/chousa/shotou/066/gaiyou/1369810.htm

（川崎知已）

Q4　個別の援助チームの進め方について説明しなさい

1．チームに基づく援助について

　子どもが学校生活を通して出会う諸問題が複雑化・多様化している現代社会において，子どもをより良く支えていくためには，単独の援助者がもっている情報だけでは十分ではなく，個々の援助者が1人で行うことのできる援助には限界があることも少なくない。また，子どもに関わる様々な援助者がそれぞれ異なる援助方針で関わることは，援助対象である子どもを混乱させてしまう可能性もある。そこで，子どもが抱える学習面，心理・社会面，進路面，健康面などの問題状況の解決を効果的に進めていくためには，教師や保護者，スクールカウンセラー（以下，SC）等の様々な援助者が「チーム」として子どもの成長を支えていくことが非常に重要となる。

　実際に，学校内外には子ども援助にあたって重要となる様々な援助資源がある。**援助資源**とは，子どもの問題解決に援助的に働く物的資源（子どもが大切にしている物，居場所，地域など）や人的資源のことを指す。特に後者の人的資源としては，学級担任，養護教諭，部活顧問，保護者，祖父母，学校の友達，きょうだい，SC，学校外の相談機関の専門スタッフなどが挙げられる。それぞれの援助者は，有している子どもの情報の種類や量，子どもと関わる際の立場，専門的な視点やもち味なども多様である。だからこそ，これらの援助者が情報を円滑に共有し，それぞれの立場や専門性，もち味を生かして役割分担をしながらチームとして子どもの援助にあたることで，子ども一人ひとりの多様な側面を効果的に支えることができると考えられる。

2．個別の援助チームの形態

　個別の援助チームは，コア援助チーム，拡大援助チーム，ネットワーク型援助チームの3種類に分けて理解することができる（図8-4-1の①〜③：石

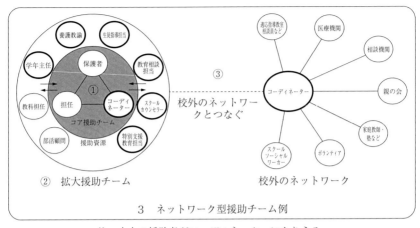

3 ネットワーク型援助チーム例

注：太丸の援助者がコーディネーターになりうる。

図8-4-1　コア援助チームを内包する援助チームの３タイプ
（出典：石隈・田村〔2018〕より転載）

隈・田村，2018）。

（1）コア援助チーム（図8-4-1の①）

　個々の事例ごとに構成され，様々な悩みや困難を抱えている子ども１人ず
つの支援隊である。チーム援助は，基本的に援助者が２人以上の場合に成立
することになるが，図8-4-1の①では，主に，教師，保護者，コーディネー
ターが援助チームの核となって，相互に情報共有や援助方針について話し合
いを重ねながら，直接的・間接的に子どもの援助を主導する形態が示されて
いる。このうちコーディネーターとは，教育相談係，生徒指導係，学年主
任，養護教諭，特別支援教育コーディネーター，SCなどが挙げられる。こ
の際，コア援助チームでの話し合いに子ども本人が参加できる場合には，子
どもも含めて一緒に話し合う子ども参加型援助チームという形態も考えられ
る。

（2）拡大援助チーム（図8-4-1の②）

　コア援助チームをベースに，子ども援助にあたって必要となる学校内の他
の援助資源（例：学年主任，養護教諭，教育相談担当）に参加を依頼し，問
題解決に向けた作戦会議を行いながら援助を行う形態である。

（3）ネットワーク型援助チーム（図8-4-1の③）

　この援助チームは，複雑化・多様化している子どもの問題状況に対処するため，コア援助チームと拡大援助チームの要素を含みつつ，外部機関（例：医療機関，教育相談所〔室〕，児童相談所）などの校外の援助資源との連携や協働関係に基づいて援助を行う形態のことを指す。

3．援助チームの実際

　援助チームの会議や打ち合わせでは，異なった専門性や役割をもつ援助者同士が情報・意見交換しながら，学習面，心理・社会面，進路面，健康面など子どもが抱えている苦戦状況をトータルにアセスメントし，子ども自身の援助ニーズや自助資源（子ども自身の力，長所や良さ，好きなこと，大切にしていることなどで，問題解決に役立つと判断されるもの）や，その他の援助資源を把握しながら，今後の援助方針を話し合うことが重要となる。この際に，各援助者からの多面的な情報を集約し，それぞれの援助者の立場や願い，相互の信頼関係を構築しながら，子ども援助に向けての共通理解を促進していくために，コーディネーターの果たす役割は重要となる。

　チーム援助のプロセスの基本は，①問題状況のアセスメント，②援助方針・援助案の設定，③援助の実践と評価・フォローアップの順に進められる。

　まず，①問題状況のアセスメントでは，上述の通り，学習面，心理・社会面，進路面，健康面など子どもが抱えている苦戦状況，子ども自身の援助ニーズや自助資源，援助資源のほか，各援助者によるこれまでの理解・対応の経過を把握する。特に，問題が生じている状況の中では，「悪いところ，できていないところ，良くない対応」などに目が行きがちであるが，子ども本人のみならず，各援助者が抱えている苦悩に耳を傾けて労いつつ，「良いところ，できているところ，問題解決に役立つところ，継続した方が良い対応・関わり」などを積極的に見つけることが，子ども本人を含む様々な関係者を元気づけ，信頼関係・協力関係を促し，その後の援助を効果的に進めやすくする。

　次に，②援助方針・援助案の設定では，①の情報等を整理・集約し，援助目

標・方針を立てて，援助案を考える段階である。このとき，各援助者の現状や立場としてできること・できないことを考慮しつつ，具体的で現実的に実行可能な援助案を考えることが重要である（例：「子どもの悩みに寄り添う」よりも「～についてどのように手助けしてほしいと思っているか援助者Aが子どもに声をかけて話を聴く」の方が具体的で望ましい）。また，「問題行動が無くなるようご両親と本人とでよく話し合ってください」といったように一方的に援助案を押し付けるのではなく，各援助者の立場や願いを尊重し，それぞれの専門性，もち味を活かしながら援助案を考えることも非常に重要である（例：学級担任は「学級内での人間関係の把握・調整を行う」，養護教諭は「心身の不調に関する訴えに対応する」，保護者「子どもを責めずに安心できる家庭環境を整える」というように役割分担する）。

　①②の後は，実際に援助案を実行しつつ，その結果について評価・フォローアップする（③）。共に検討した援助案を実践した結果どうだったか，その後の状況を確認し，それらの援助を続けていくか，再度，援助案を修正して別の方略を考えるかを検討し，必要に応じて①→②→③のプロセスを繰り返していく。この際も，子ども本人も含め各援助者が行っている努力や頑張りをていねいに認め，些細なことのように見える動きや変化であっても，前向きな成長としてとらえる視点と，それらを関係者で共有する姿勢が重要である。

参考文献

石隈利紀・田村節子（2018）『新版 チーム援助入門——学校心理学・実践編』図書文化社。

（新井　雅）

Q5　スクールカウンセラーの役割・活用方法について説明しなさい

　不登校やいじめ問題などの増加・深刻化に歯止めがかからない状況の中で，平成7年度に文部省（当時）によるスクールカウンセラー（以下，SC）活用調査研究委託事業が開始された。以後，複雑化・多様化した学校教育の諸問題に対応するためにSC配置事業が積極的に進められており，現在に至っている。

1．スクールカウンセラー（SC）の職務内容と役割

　SCの職務には，「児童生徒へのカウンセリング」「保護者への助言・援助」「児童生徒集団，学級や学校集団に対するアセスメントと助言・援助」「児童生徒の困難・ストレスへの対処方法，児童生徒への心の教育に資する全ての児童生徒を対象とした心理教育プログラム等の実施」「不登校，いじめや暴力行為等問題行動，子どもの貧困，虐待等を学校として認知した場合，自然災害，突発的な事件・事故が発生した際の援助」「教職員へのコンサルテーション」「教職員のカウンセリング能力等の向上のための校内研修」などがある。

　すなわち，SCには，様々な問題に対して，アセスメント（子どもの多様な側面の問題状況や援助ニーズ，自助資源・援助資源を把握すること）やカウンセリング，コンサルテーション（教師や保護者への相談・助言，研修等）を行うとともに，全ての子どもが安心して学校生活を送ることができる環境づくり等を行うことが求められる。子どもは成長・発達の過程にあるため，問題や困難が生じても，それらが単純に改善されれば良いと考えるだけでは不十分である。子どもの自助資源を大切に活かし，様々な援助やサポートを受けつつ困難を乗り越え，新たな学習や経験を積む過程を通して，より良い成長・発達につなげていけるような支援を目指すことが求められる。

　SCは心理学の専門家として，評価者・指導者である教師とは異なる立場

で，子どもたちや保護者の相談に対応できる存在である。教育・指導・評価を行う立場ではないからこそ，子どもたちや保護者にとって安心して悩みを話すことができる場合も少なくない。一方，教師にとっても，SCは子どもたちが抱える心理的な問題への対応や協力を求めることができる存在である。複雑化・多様化した子どもの心の問題に対処するためには，学校教育の専門家である教師と共に，心理学的視点を有したSCの専門性を活かすことによって，子どもの問題理解や援助の充実を目指していくことが必要である。

　さらに近年では，子どもが抱える種々の問題の未然防止や予防に向けた活動への意識が，SCには求められる。例えば，授業観察や学校行事への参加，子どもと一緒に過ごす休憩・給食時間，相談室での自由来室活動，相談室便りの発行など，相談しやすい関係づくりや小さなSOSを見落とさずに早期に対応するための取り組みは従来より行われてきた。加えて，子どもたちの自尊心を高め，個性を認め合い，ストレスに柔軟に対処すること，多様な他者との円滑なコミュニケーション・スキルを育む心理教育に関与することも求められている（例：ソーシャルスキル教育，構成的グループ・エンカウンターなど）。

2．学校におけるスクールカウンセラー（SC）の活用

　学校においてSCが活用されるためには，まず「チーム学校」に基づいて，学校内外の支援体制の中にSCを専門スタッフの1人として適切に位置付け，多様な関係職種や関係機関とチームで援助を行う取り組みを進めることが重要である。子どもたちが抱える問題に対して，教師や保護者，関係者が連携し，チームでアセスメントを行い，チーム援助へとつなげる活動の中で，SCに協力を求め，活用する取り組みや体制をいかに構築できるかが重要となる。

　実際に，学校側がSCをどのように受け入れ，SCの職務内容をどのように理解・周知するかなどによって，SCの働きや活動のあり方も大きく左右される。校長は，学校の教育目標を示し，チーム学校のリーダーとして教師やSCが一体となった教育活動が行われるようにすることが重要である。そし

て，SCと共に取り組むべき学校の課題に基づいてSCの職務内容を定めつつ，子どもや保護者にSC活動を広報する（例：SCを全校集会や保護者会で紹介するなどしてSCの存在を知ってもらうようにする，SCへの相談方法について周知する），職員室にSC用の机を配置するなどして居場所を作る，SCが守るべき守秘義務や複数の関係者間での守秘義務（集団守秘義務）について共通理解を図る，SCが関与すべき会議（例：教育相談部会やいじめ防止対策委員会）や教師との打ち合せ等をSCの勤務曜日や時間内に設定するなどが必要である。その他，SC担当教師（コーディネーター）がSCと子ども・保護者・教師をつなぐ働きをするとともに（例：各教師がどのようにSCに接触し相談をすればよいか説明したり，コーディネーターが子どもや保護者，教師にSCとの接点や相談を促したりする），SCを講師とする校内研修や事例検討会，保護者向け講演会を企画・設定するなど，SCが学校の中で適切に活用され，SC活動が機能するための手立てを実践することが必要である。

　そして，管理職のほか教師全体が上述のSCの業務や役割，専門性に理解を示し，「チーム学校」の観点からSCと積極的に連携・協働しようとすることが非常に重要である。教師やSCなど各職種の専門的視点や立場・役割によって，子どもたちの問題理解に関わる情報の質や量に違いが生じたり（例：立場によって，得られやすい情報や得られにくい情報がある），それぞれの職種が得意とする視点や援助の方法も異なるということは，むしろ当然であり自然なことでもある。例えば，問題を抱えた子どもの理解・援助において，教師は学校での子どもの人間関係，集団場面での子どもの行動や様子，様々な子どもや他の教師からの情報，客観的な行動の変化を把握しやすく，授業や学校の活動・行事および人間関係を上手に活かした援助を進めやすい一方，SCは子どもや保護者の主観的な悩みや辛さに寄り添い，必要に応じて家庭環境やこれまでの育ちの経過をていねいに把握し，いじめ問題や発達障害支援などに関わる心理学的な知識を学校での支援に活かす視点を有している。子どもへの援助において，SCを活用し，SCに協力を求めるということは，教師側の能力・技量不足を意味するのではなく，立場や視点，得意とする援助等が異なるからこそ，複雑化・多様化した子どもの心の問題を多角的に理

解し，多様な方法で援助を行うことができるということを認識する必要がある。

　当然のことながら，SC側にも，学校教育や教師の役割等への理解を示し，学校に合わせた積極的・能動的な姿勢で活動することが求められる。気になる子どもについて教師から積極的に話を聞いたり情報交換をする，コンサルテーションの際には，教師の強みや良さを大切にしつつ，苦労や困難を分かち合いながら，教師の考えや意向を尊重し受け入れられやすい援助案を提案する，学校の課題やニーズに適した内容の教員研修を実施するなどが挙げられる。SCは教師や保護者を支え，関係者・関係職種同士の協働関係を支える働きのほか，個別ケースへの支援のみならず，子どもの成長・発達を支える学級・学校全体を支援する視点をもつ必要がある。

　以上，学校側とSC側の双方が必要な手立てや取り組みを実践することで，SCを効果的に活用した校内支援体制の充実が図られると考えられる。

参考文献・URL

橋本和幸（2015）「公立中学校におけるスクールカウンセラー制度に関わる校内体制の整備」『カウンセリング研究』48，pp.86-96。

伊藤美奈子・平野直己（2003）『学校臨床心理学・入門——スクールカウンセラーによる実践の知恵』有斐閣。

教育相談等に関する調査研究協力者会議（2017）「児童生徒の教育相談の充実について——学校の教育力を高める組織的な教育相談体制づくり（報告）」https://www.pref.shimane.lg.jp/izumo_kyoiku/index.data/jidouseitonokyouikusoudannjyuujitu.pdf

（新井　雅）

Q6　スクールソーシャルワーカーの役割・活用方法について説明しなさい

　様々な問題行動や非行，不登校・いじめ等といった困難を抱える子どもの困難の背景に，生活環境や家庭における虐待や貧困が関係している場合も少なくない。実際に，児童相談所における児童虐待の対応件数は年々増加傾向にあり，背景には，子どもを育てる親の孤立や子育て不安，両親の不和や離婚，親の精神疾患や病気，DV（ドメスティック・バイオレンス）に至るまで多様な課題が存在していることがある。家庭の貧困の問題についても，単に経済的な困窮だけが問題なのではなく，人とのつながりが切れたり豊かな体験や前向きな将来目標をもちにくくなるなど，子どもの学校での適応や成長・発達に影響を及ぼす重要な問題となっている。

　このように，背景要因が複雑に絡み合い，学校だけでは問題の解決が困難なケースの増加に伴い，家庭や地域など子どもの置かれている生活環境にも着目し，学校の枠を越えて多様な関係機関との連携を強化しながら対応することが求められるようになった。このような状況の中で，平成20年度から文部科学省によるスクールソーシャルワーカー（以下，SSW）活用事業が展開することとなり，学校における福祉専門職の活動が期待されるようになっている。

1．スクールソーシャルワーカー（SSW）の基本的な職務内容と役割

　ソーシャルワークは，人々が抱える問題を個人と環境の折り合いが良くない状態として捉え，その解消のため，個人の環境への適応力を高める支援と，環境に働きかけて問題を解決できるように調整する援助を行うものであり，SSWは教育現場を基盤としてこれらの活動を行う。具体的な役割には，問題を抱える子どもが置かれた環境への働きかけ，関係機関とのネットワークの構築・連携・調整，学校内におけるチーム体制の構築・支援，保護者や教

職員等に対する支援・相談・情報提供，教職員等への研修活動などがある。社会福祉の視点から，子どもの生活環境へ働きかけたり，関係機関とのネットワークを活用して，課題解決への対応を図っていくところに特徴がある。

SSWが有する専門性としては，①個人と環境の相互作用として問題をとらえる視点，②ストレングス視点，③社会資源へのつなぎ，調整，構築，④子どもや保護者のニーズや願いの代弁などが挙げられる。

たとえば，授業中に落ち着きなく，嫌なことがあるとカッとなりやすい小学生の問題行動に関して，精神疾患を患っているがゆえに十分に子どもに関わることができない母親，仕事ばかりで家庭を顧みない（妻子との関わりを避ける）父親の存在，日々の業務に追われ余裕のない担任による本児への厳しい指導・叱責，担任と保護者との連絡やつながりの欠如といったような状況が確認された際に，これらの要因が複雑に絡み合った状態で問題が形成・維持されていると考えることができる（①）。

一方で，「悪いところ」「できていないところ」「困った子ども・保護者」といったネガティブな視点よりも，「昆虫や図工が好き」「学校を休まず来ている」「自分の気持ちを落ち着けられないときには保健室に行くことができる」「現在の状況を改善するために相談したい気持ちがある」など，様々な強みや良さに着目し，それらを支え，支援に活かすことが重要となる（②）。

さらに，学校内での支援体制を強化するために，特別支援教育コーディネーターや養護教諭，管理職も含めたケース会議を開催できるようSSWが働きかけ，外部の子ども家庭支援センターや保健センターと連携をとりつつ家庭への援助を行うなど，社会資源を適切につなぎ，活用しながら援助を進めることも必要となる（③）。

DV，虐待，貧困，保護者の精神疾患など様々な問題を解決するためには，女性相談センター，児童相談所，保健センター，医療機関などの外部機関の協力が必要であり，要保護児童対策地域協議会（虐待を受けている子どもや様々な問題を抱えている要保護児童の早期発見や適切な保護等を図るために，保健・福祉・医療・教育機関等の構成機関が情報を共有し，支援方法を協議する場）での情報共有と支援が必要であることも少なくない。また，子ど

もたちや家族が主体的に地域の支援サービスを利用できるように支援することも重要となる。SSWはこれらの社会資源を把握してネットワークを構築し，子ども援助に携わることのできる重要な専門スタッフである。これらの援助を進める過程では，守秘義務と情報共有のバランスに留意しつつ，子どもや保護者等の抱える複雑な心境や不安・困惑の中から，ニーズや願いを汲み取り，関係者に伝えつつ，援助体制を構築することも重要である（④）。

2．学校におけるスクールソーシャルワーカー（SSW）の活用

　SSWがどのような目的で配置され活用されるかについては，各自治体や各学校の方針，配置形態（例：配置校型，派遣校型）などによっても違いがある。しかし，いずれにせよ，学校の教育相談体制の中に，SSWが適切に位置付けられることが必要であり，これは「チーム学校」の観点からも重要である。

　校長等の管理職が，学校や地域の問題状況や課題を踏まえ，それらの改善を目指してSSWをチーム学校の一員として迎え入れ，活用する意識をもつこと，SSWの専門性や役割を教職員全員が理解しつつ，校長のリーダーシップのもとに，SSW担当教員（コーディネーター）が中心となってSSWを活用する校内体制を組織することが必要である。具体的には，職員室に座席を置くなどしてSSWが教員とコミュニケーションを取りやすいようにする，子どもや保護者等にSSWを周知する，学校全体の問題行動や要保護児童等の子どもの状況を把握しながらSSWを活用する，SSWと各教員・保護者等をつなぐコーディネーターを任命する，いじめ防止対策委員会などの会議においてSSWの参加を適切に位置付けるなどが挙げられる。そして，教職員が教育相談体制におけるSSWなどの各専門スタッフの業務や専門性（図8-6-1）を理解すると共に，教職員とは立場や専門的視点が異なるからこそ，子どもの抱える問題を多角的に理解・援助できると考えて，SSWと積極的に連携・協働しようとすることが非常に重要である。

図8-6-1　学校の教育相談体制におけるスクールカウンセラーやスクールソーシャルワーカーの役割（文部科学省 初等中等教育局〔2015〕より転載）

参考文献・URL

朝倉隆司監修，竹鼻ゆかり・馬場幸子編著（2019）『教師のためのスクールソーシャルワーカー入門──連携・協働のために』大修館書店。

金澤ますみ・奥村賢一・郭　理恵・野尻紀恵編（2019）『新版 スクールソーシャルワーカー実務テキスト』学事出版。

教育相談等に関する調査研究協力者会議（2017）「児童生徒の教育相談の充実について──学校の教育力を高める組織的な教育相談体制づくり（報告）」https://www.pref.shimane.lg.jp/izumo_kyoiku/index.data/jidouseitonokyouikusoudannjyuujitu.pdf

文部科学省 初等中等教育局（2015）「基礎資料」（初等中等教育分科会 チーム学校作業部会 参考資料）https://www.mext.go.jp/b_menu/shingi/chukyo/chukyo3/052/siryo/__icsFiles/afieldfile/2015/05/07/1357412_04_1.pdf

（新井　雅）

第9章

関係機関との連携

Q1　関係機関との連携における留意点について論じなさい

1．関係機関との連携が求められる背景

　児童生徒を取り巻く環境は，家庭の状況等も含め課題が複雑化・深刻化しており，学校は，多岐に渡る課題への対応が求められている。こうした多様化・複雑化した課題に対して，学校，教職員だけは対応が困難な事例も多くある。2015（平成27）年には中央教育審議会が「チームとしての学校」という新たな学校組織の在り方を指し示しており，関係者や関係機関と連携し，チームで支援することが必要とされる。

　関係機関との連携が重視される背景には，心の問題の捉え方が変化している点も指摘されている。多様化・複雑化している児童生徒の問題は，心理的な要因のみで生起しているわけではない。生物的要因（保健・医療領域），社会的要因（福祉領域）など複数の要因が重なって生起している。こうした複数の要因から問題を捉えようとするモデルは「生物―心理―社会モデル（Bio-Psycho-Social Model）」と呼ばれ，現在の心理的支援において重要な枠組みの1つとされており，多職種連携の必要性を訴えるものとなっている。関係機関との連携が必要とされる中，学校の教職員においても，生物―心理―社会モデルの理解とともに，こうした視点をもってアセスメント，支援を行う必要があろう。

2．「連携」のとらえ方

　連携とは，「学校だけでは対応しきれない児童生徒の問題行動に対して，関係者や関係機関と協力し合い，問題解決のために相互支援をすること」である（文部科学省，2010）。連携を通したチームによる支援には，（ア）校内の複数の教職員が連携して援助チームを編成して問題解決を行う校内連携型，（イ）学校と教育委員会，関係機関等がそれぞれの権限や専門性を生かしたネットワーク型，（ウ）自殺，殺人，性被害，深刻な児童虐待，薬物乱用など，学校や地域に重大な混乱が生じる事態に対して，緊急対応を行う緊急支援（危機対応）型がある（文部科学省，2010）。他の関係機関との連携は，ネットワーク型に当たり，学校が連携して支援を行う関係機関として，教育相談所（室），児童相談所，家庭支援センター，民生・児童委員，医療機関，警察，児童館などが挙げられる。

3．関係機関との連携における留意点

　生徒指導提要（文部科学省，2011）では，連携活動に当たっての基本的な考え方として，①学校における組織的対応，②情報連携と行動連携，③守秘義務と個人情報保護の観点，④保護者の協力，⑤役割・権限などの相互理解，⑥日常からの協働の6点を挙げている。上記6つの観点から関係機関との連携における留意点について述べる。

（1）学校における組織的対応

　学校が，家庭・地域や関係機関と連携・協働し児童生徒を支援するためには，全教職員が協力しなければ効果は上がらない。チームとして協働して課題に取り組もうとする教職員の意識，雰囲気の醸成を図ることが必要である。「対応のすべてを相手に委ねてしまうこと」ではなく，学校で「できること」「できないこと」を見極め，学校ができない点を外部の専門機関などに援助をしてもらうことが連携であることを共通理解しておく必要がある。

　また，連携を行ううえで特に重要となるのが，コーディネーターの役割を担う教職員の存在である。コーディネーターの主な役割は，校内での連絡・

調整，情報の集約やケース会議の運営，さらに外部との連絡の窓口などであり，こうした役割を担う教職員を明確にしておくことが重要である。コーディネーター役を務める役職として，学校外の関係機関，SCやSSWの役割を十分に理解し，専門的な知識，スキル，経験等を有する生徒指導主事や管理職，養護教諭，教育相談担当などが考えられる。

（2）情報連携と行動連携

関係機関との連携の重要性は以前から指摘されてきたが，学校と関係機関との情報交換（情報連携）のみに終始してしまうことが課題とされてきた。情報連携のみではなく，互いの意思の疎通を図り，それぞれの機関がそれぞれの立場で一体となって協働し取り組んでいくこと，すなわち，行動連携が必要とされる。対応が困難な事例の場合，専門家も交えたアセスメントにより支援計画を策定し，学校，保護者及び関係機関等でその支援計画を共有したうえで，組織的・計画的な支援を行うことが求められる。

（3）守秘義務と個人情報保護の観点

関係機関との連携では，個人情報保護の観点も重要な課題となる。連携した機関の間で守秘義務の徹底・管理を行うだけでなく，児童生徒や家族の情報の目的外利用や第三者への提供に関しても，正しい知識をもっておく必要がある。一方で，連携を行えば当然，1人の児童生徒に複数の教職員，関係者が関わることになる。それゆえ守秘義務，個人情報保護を盾に情報が閉じられてしまうと，学校としての働きかけに矛盾や混乱が生じてしまい，結果的に児童生徒やその保護者が不利益を被ることになりかねない。関係者は，チームで守秘義務を負うことを常に意識することが必要である。共有する情報は個人情報であることから，情報開示の範囲，開示内容など，児童生徒本人や保護者の同意を得ることを原則とすることが重要である。

（4）保護者の協力

児童生徒の支援においては，家庭の果たす役割が大きい。課題解決のプロセスには，相互サポートの機会を高めるためにも，できる限り当事者（児童生徒・家族）の考えや意見が反映される機会を用意することも重要で，その観点からも，保護者の協力は不可欠とされる。

（5）役割・権限などの相互理解

関係機関はそれぞれ別々の目的と機能をもっているため，児童生徒やその保護者にかかわっていく立場は当然学校と異なる役割になる。関係機関と効果的な行動連携を行うためには，関係機関の役割と業務を正しく理解し，そこで働く方々の職種や専門性を把握していくことが必要である。連携する関係者それぞれの職種の専門性を理解・尊重し，それぞれの専門性を発揮しながら児童生徒，保護者の支援が行えるよう，お互いの信頼関係を形成することが何よりも重要となる。

（6）日常からの協働

関係機関との連携においては，合同の研修会や事例検討会を開催したり，普段から情報交換を定期的に行ったりするなど，日常からの協働関係を築いておくことが重要である。互いの組織の窓口（連絡担当者）を明確にし，情報を共有できるようにしておくことも必要である。また，各学校で，関係機関を一覧にまとめたり（連絡先，連絡担当者など），連携の手続き等のマニュアルを作成しておくなどの工夫も必要であろう。

参考文献・URL

新井　雅・庄司一子（2013）「他職種との協働に基づく心理援助活動の展開」『発達臨床心理学研究』24，pp.1-7。

国立教育政策研究所生徒指導研究センター（2011）「生徒指導資料第4集　学校と関係機関等との連携——学校を支える日々の連携」https://www.nier.go.jp/shido/centerhp/4syu-kaitei/pdf/4syuu_all.pdf（2020年4月25日閲覧）。

文部科学省（2011）『生徒指導提要』教育図書。

石隈利紀監修，山口豊一編著（2005）『学校心理学が変える新しい生徒指導——一人ひとりの援助ニーズに応じたサポートをめざして』学事出版。

（石川満佐育）

Q2 教育相談センター・教育支援センター（適応指導教室）・通級指導教室など他の教育関係組織との連携の留意点について論じなさい

1．各機関の紹介

教育相談機関とは，一般的には学校以外に独立して存在する相談施設を指す。ここでは，教育相談所（教育相談センター），教育支援センター（適応指導教室），通級指導教室について紹介し，各機関と学校との連携における留意点について述べる

（1）教育相談所（教育相談センター）

教育相談所（教育相談センター）は，地方教育行政の組織及び運営に関する法律に基づき地方公共団体が設置する教育相談機関で，児童生徒の学業，性格，問題行動等，身体・精神の健康，進路，適性，家庭生活など教育上の諸問題について，面接，電話，文書等により相談業務を行う。また，児童生徒の問題行動に関する相談については，基本的な対応が中心であり，深刻化している問題については，他の相談機関が紹介される場合がある。

（2）教育支援センター（適応指導教室）

不登校児童生徒数は依然として高水準で推移しており，生徒指導上の喫緊の課題となっている。不登校については原因も状態像も複雑化・多様化していることもあり，連携すべき専門機関は多岐にわたるが，不登校児童生徒の居場所として機能する教育機関として，教育支援センター（適応指導教室）がある。教育支援センターは，不登校児童生徒に対する支援を行う目的で，教育委員会が設置する機関である。ここでは，児童生徒の在籍校との連携のもと，不登校児童生徒の集団生活への適応，情緒の安定，基礎学力の補充，基本的生活習慣の改善等のための相談・指導（学習指導を含む）を行うとともに，保護者に対しても不登校の態様に応じた適切な助言・援助を行い，不登校児童生徒の社会的自立を支援している。教育支援センターに通所または

入所して相談・指導を受けた場合，一定の要件を満たしていれば，その日数は指導要録上出席扱いとすることができる。文部科学省の調査によると，全国の約6割の自治体で設置されている。

　学校と教育支援センターとの連携における留意点としては，教育支援センターに任せきりにするのではなく，児童生徒本人の様子，状況をみながら，学校（教職員）と本人が関わりをもつ機会を作り関係構築に努め，社会的自立（学校復帰，進路選択）につながる支援を行っていく必要がある。そのためには，教育支援センターの指導員と学校が日頃からの情報共有（定期的に子どもの近況を報告し合う，学校行事や進路に関わる情報の資料を提供する）が重要であることは言うまでもない。また，月に1度程度，サポート会議（ケース会議など名称は異なる）を開催し，出席状況，学習内容及び生活の様子を報告してもらい，児童生徒の状況を把握すると同時に方針を共有する機会があるとよい。

（3）通級指導教室

　通級による指導は，学校教育法施行規則第140条及び第141条に基づき，通常の学級に在籍している児童生徒のうち，障害の特性に応じた支援が必要な児童生徒に対して，障害に応じた特別の指導を「通級指導教室」といった特別の場で行う，特別支援教育の1つの形態である。平成30年度より，従来の小・中学校等に加えて，高等学校においても通級指導が制度化された。必ずしも在籍校に該当する通級指導教室があるわけではないため，他校の教室に通う場合もある。

　通級による指導を実施する場合，通級指導教室と通常学級との連携が中心となる。具体的な連携の方法として，個別の指導計画を共有して，指導方法を統一する，教材等を共有する，当該児童生徒が過ごしやすい環境の整備を行う，などが考えられる。こうした連携を行うためには，日頃からの情報共有が重要であり，チームの一員として組織的・計画的に対応する意識をもつことが必要である。

２．円滑な連携のための学校の役割

　教育相談機関は，学校との連携の頻度が高い関係機関と考えられる。当該児童生徒への適切な支援が学校内で可能か，あるいは，他の関係機関・専門家等との連携・協働による対応がよいかを検討し，連携の必要があると判断した場合は迅速に関係機関の助言，援助を求める姿勢が必要である。その際，児童生徒の特性を多角的にとらえるという視点をもち，教育機関だけでなく，医療や福祉など他の関係機関と積極的に連携を図りながら進めることも重要である。一方で，当該児童生徒の支援の中心は学校であることを意識し，対応のすべてを相手に委ねてしまうことなく，学校は，自らの役割を率先して行うとともに，常に情報共有できるシステムを構築するなど円滑な連携が図られる体制を構築していくことが必要であろう。

参考文献・URL

文部科学省（2011）『生徒指導提要』教育図書。

文部科学省（2019）「教育支援センター（適応指導教室）に関する実態調査」https://www.mext.go.jp/component/a_menu/education/detail/__icsFiles/afieldfile/2019/05/20/1416689_002.pdf（2020年4月25日閲覧）。

文部科学省（2019）「教育支援センター整備指針（試案）」https://www.mext.go.jp/content/1422155_005.pdf（2020年4月25日閲覧）。

（石川満佐育）

Q3　医療機関との連携の留意点について述べなさい

1．医療機関との連携の流れ（こころの健康問題）

　学校には，慢性的な疾病及び精神疾患等で通院・投薬などの診療を継続的に受けている児童生徒が一定数在籍している。特に，こころの健康問題（精神疾患），発達障害等のある児童生徒への対応が課題となっており，医療機関との連携の必要性が指摘されている。学校が連携する医療機関としては，精神病院，精神科クリニック，心療内科，保健所，精神保健福祉センターなどがある。

　医療機関との連携が必要となる場合の流れとともにその際の留意点等について述べる。

（1）アセスメント

　まず，児童生徒，保護者からの訴えや日頃の健康観察等を通して，学校の教職員が子どもの状態のアセスメントを行う。精神疾患や発達障害の可能性がある場合には，学校内で専門的な立場として養護教諭，スクールカウンセラー，スクールソーシャルワーカーなどを交えて検討を行う必要がある。本人の苦痛の訴えが強く，学校生活や家庭生活に著しく支障をきたしている場合や，教職員，保護者が継続的に指導・援助を行っても，事態の解決（改善）が見られない場合など，学校，家庭のみで支援を行うことに限界があると判断される場合には，医療機関等の連携を検討したほうがよいであろう。

（2）医療機関への受診を検討する

　アセスメントの結果をふまえて，医療機関への受診の必要性が検討される。受診の必要性があると判断された場合には，本人，保護者にアセスメントの結果，受診の目的などの説明を行い，受診を勧める。当然，本人，保護者はショックを受け，受診に抵抗を示す可能性もある。教職員が強引に勧めることは決してよい結果を生まないことを意識し，本人，保護者の気持ちを傾聴しながら十分に受け止め，受診した場合の経過やその後の見通しなどの

ていねいな説明と方針の共有を行い，本人，保護者が納得，同意して受診できるようにすることが重要である。本人，保護者の利益を最優先に考え，本人や保護者が安心して医療機関にかかわれるように教職員の配慮が必要となる。医療機関への受診に抵抗がある場合は，まずは養護教諭，スクールカウンセラー等，校内の専門的な立場の教職員との教育相談を通して，学校と家庭における困り感，危機意識を共有することが重要となる。また，特に精神疾患に関する症状が出ている場合，精神的な問題ととらえられてしまうと抵抗が強くなることもある。その場合は体調面（眠れない，食べられない，など）が心配であることを強調し，医療機関の受診を勧めるとよいであろう。

　本人，保護者は医療機関についての情報がほとんどない場合もある。情報がない相手に対して受診を勧めるだけでは，本人，保護者は困ってしまうであろう。その場合，学校で連携経験がある医療機関を紹介したり，一緒に検討することも必要である。また，受診の必要性も含め学校医やスクールカウンセラーから情報提供してもらったり，地域の保健所や精神保健福祉センターの相談窓口でも情報提供してもらうこともできる。

　基本的には，保護者，家族が受診予約をすることになるが，状況によっては学校関係者がまず調整を行うなどの対応を行う場合もある。また，予約の際に，紹介状やアセスメントの資料，学校の様子等をまとめた資料を持参するように依頼されることもあるため，教職員は依頼に応じて対応する必要がある。

（3）医療機関への受診後の対応

　受診結果の情報を本人，保護者と教職員で共有し，今後の支援計画を検討することになる。医療機関が診断，治療を行うことになるが，医療機関にすべてを委ねることはあってはならない。当然，受診後も治療を続けながら登校する児童生徒が多数いる。医療機関への受診で学校の役割が終わるのではなく，支援の始まりと言える。そのため，保護者の同意を得たうえで，主治医と定期的に連携をとりながら，児童生徒の学校生活を組織的に支える体制を整えていくことが重要となる。治療的な関わりは困難であっても，学校は教育の場としてできる支援は必ずある。教職員，医療機関が支援目標，方針

を共有し，それぞれの役割を担いながらチームで支援を行う必要がある。具体的な支援を検討する際，医療機関からの診断書は有益な情報となりえる。しかし，診断名から支援方法を考えるのではなく，本人の特性，症状に合わせて支援内容を検討していくことが重要である。

　本人の症状によっては，集中的に治療を行うために入院する場合がある。教職員は，本人の様子をみながら，可能な場合には面会訪問し，学校の様子や学習面でのサポートを行うとともに，医療機関との情報交換を行うことが考えられる。また，退院の際には，今後の家庭生活や学校生活のための具体的支援内容，支援計画を検討する場を設定することで，継続的な連携が可能になる。

２．相互理解による連携の必要性

　医療機関との連携の重要性が高まっている昨今において，学校は，地域の医療機関の情報を整理し，日頃から関係を構築できるように努めることが何より重要である。また，医療機関との連携を行うために，教職員は，医療機関の役割，方針，専門性，限界などを理解しておく必要がある。こうした理解が不足しているために医療機関に受診しても，本人，保護者にとって不利益になってしまう事例も多々ある。特に，こころの健康問題が増加している中，児童思春期の治療を専門的に行う児童思春期精神科等の理解を深めておきたい。医療機関の専門家は，教育現場について十分に理解していない可能性があるため，学校としての現状や方針も教育の専門家として明確に伝え，対等な立場で，お互いの立場を理解しながら協働して支援をしていくことが，よりよい連携につながると考えられる。

参考文献・URL

文部科学省（2011）『生徒指導提要』教育図書。

京都市こころの健康増進センター（2004）「教職員のための手引き（改訂版）学校における精神保健に関する健康相談」 http://www.acplan.jp/soudan/pdf/youth_01.pdf（2020年4月25日閲覧）。

日本精神保健福祉士協会（2020）「児童生徒のこころとからだの支援ハンドブック――メンタルヘルス課題の理解と支援」 http://www.japsw.or.jp/ugoki/hokokusyo/20200324-ssw/all.pdf（2020年4月25日閲覧）。

石川満佐育（2019）「こころの健康問題」柳園順子編著『学校保健』ミネルヴァ書房，pp.132-142。

（石川満佐育）

Q4 児童相談所など児童福祉の関係機関との連携の留意点を述べなさい

　学校が児童相談所などの児童福祉の関係機関との連携において留意すべき点は2つに分けられる。第1の留意点は，その関係機関の役割や対応方法を十分に理解することである。第2の留意点は，学校の役割や対応の仕方を明確にし，それを各関係機関にも理解してもらうことである。

1．関係機関の役割や対応方法を理解する必要性（第1の留意点）

　学校は，児童虐待が発生した時に，児童相談所やそれ以外の関係機関がどのような支援を行い，どのように役割分担をしているのかを理解しておく必要がある。学校が関係機関の役割や対応方法を理解していれば，子どもや保護者が直面している課題について，最も適切に支援できる機関と連携することが可能になる。以下では，児童虐待に対応する機関として，児童相談所と市町村の児童家庭相談援助の役割と対応方法を述べる。

（1）児童相談所

　児童相談所は，都道府県，政令指定都市，一部の中核市と特別区（東京23区）に設置されている児童福祉の専門機関である。厚生労働省（2021）によれば，2019（令和元）年度中に児童相談所が対応した児童虐待の件数は193,780件であり，児童虐待対応における中心的な役割を果たしている。児童相談所運営指針によれば，児童相談所は特に緊急かつ高度な専門的対応を行う機関として定められている。緊急かつ高度な専門的対応の最も代表的なものは，法的権限を用いた対応である。例えば，児童福祉法第33条に基づいて子どもを家庭から分離させて一時保護を行うことや，児童福祉法第28条に基づき，保護者が子どもの施設入所に同意しない場合でも，子どもの福祉を害すると判断されるときは，家庭裁判所の承認を得て，児童養護施設などの施設に子どもの入所措置を行うことができることが挙げられる。

　例えば，ある子どもが顔に傷をつくって登校し，「保護者から叩かれた」

と話した場合は，学校は児童相談所に虐待通告を行う必要がある。児童相談所は虐待の通告を受けて，緊急受理会議を行い，児童虐待の通告を受理し対応を検討する。このような状況であれば，児童相談所は一時保護を検討し，学校で子どもの様子を確認したり，子どもから話を聴きとる。一時保護を行う場合には，子どもの安全を優先するため，学校からそのまま児童相談所へと子どもを移送することになる。

　児童相談所に通告を行う際，学校は子どもに何度も確認を求めて，状況を明確にする必要はなく，学校から保護者に連絡して，傷の状況について確認する必要もない。虐待の確証を得ようとする行為は，むしろ子どもの心理的負担感を増やし，子どもの安全を脅かすことにつながる可能性もある。虐待が起こっているという確証を得るのは学校の義務ではなく（玉井，2007），虐待が疑われるような不適切な養育状況にある子どもや保護者に対して，適切な支援を提供できることを最優先に考える必要がある。

　児童虐待の通告を行うことによって，学校は保護者との関係が悪化し，子どもが登校しなくなるなど，子どもへの被害が増えてしまうという懸念を抱く傾向がある（玉井，2007）。法律の規定上（児童虐待防止法第 7 条），「学校が通告した」と児童相談所が保護者に明言することはないが，学校から子どもを一時保護したのであれば，保護者は学校が児童相談所に通告したと思うこともあるので，学校と保護者の関係悪化は実際に起こりうることである。そうした場合の保護者への対応は，学校にとって難しくなる場合もある。しかし，それを理由に児童虐待の通告をためらってはならない。児童虐待防止法第 5 条には，学校は，児童虐待を発見しやすい立場にあることを自覚し，児童虐待の早期発見に努めなければならない機関として挙げられているからである。保護者への対応に関しては，子どもが一時保護になった時点，あるいは一時保護中に学校内で検討し，児童相談所とも相談するなど，児童相談所と学校の連携に基づいた対応が必要不可欠になる。

（2）市町村の児童家庭相談援助

　市町村の児童家庭相談援助を担当する機関（以下，市町村）は，不登校や育児不安，児童虐待など子どもや保護者からの相談に応じる機関であり，子

ども家庭支援センターなど，各市町村でさまざまな名称で運営されている。児童相談所運営指針によれば，市町村は，育児不安など，身近な子育て相談へのニーズに対して，きめ細やかな対応を行い，児童虐待の未然防止や早期発見に取り組むことが求められている。児童虐待の未然防止や早期発見とは，保健所が行う乳幼児健診で把握した育児不安の高い保護者や不登校などによって子育てに対する負担感が高まっている保護者に対して，市町村のソーシャルワーカーや心理士が支援を行い，育児不安や子育ての負担感の軽減を図るといった対応が挙げられる。

　例えば，「子どもが不登校になっていて，母子世帯の保護者の負担が高まり，子どもに暴言を吐いてしまっている」といった状況のように，心理的虐待が疑われるものの，一時保護など子どもを家庭から分離するのではなく，家庭生活を続けながら，何らかの支援が必要と認められた場合は，市町村に通告を行う方が適切な対応ができる場合がある。なぜならば，保護者の負担感を軽減するためにソーシャルワーカーや心理士などの専門職が通所相談や家庭訪問を通して，きめ細やかな相談支援を行うこと，背景に経済的な問題がある場合には，生活保護やひとり親家庭への支援など，市町村の他の部署との迅速な連携が可能だからである。

2. 学校の役割や対応の仕方を明確にし，それを各関係機関に理解してもらうこと（第2の留意点）

　学校が児童相談所などに児童虐待の通告を行い，何らかの支援が始まれば児童虐待への対応を児童相談所などに任せておいてよいという話ではない。なぜならば，児童福祉における連携とは学校と児童福祉の専門機関が相互に連絡を取り合って，子どもや保護者が直面している問題の解決や改善を共に図っていくことだからである。つまり，不適切な養育状況に対して，学校の立場でできること，取るべき役割が必ずある。

　例えば，保護者から他のきょうだいの世話をするように言われて，週の半分くらいしか登校できていない小学校6年生の子どもがいたとする。その子どもは，学校でも家でも十分に学習の機会をもてていない状況に置かれてお

り，授業についていくことが難しくなっているとする。そのような状況において学校は，登校した日の放課後などに個別の取り出し指導を行うなどの対応によって学習機会の不足を補うことができる。もし，その子が「大学に行きたいけど，たぶん無理かな」と自分の将来への希望を失っている状態にあるのなら，担任など子どもに近い立場にいる教員が進路のことや将来について共に考えることも可能である。

　児童虐待などへの対応を行う際の学校の役割とは，教育の専門機関として児童虐待など不適切な養育が原因で子どもが十分に得ることができていない機会を学校教育の中で提供し，子どもの生活を支えることである。児童相談所などの児童福祉の関係機関という「連携相手」の役割や対応方法を理解し，教育の専門機関としての学校という「自分」の役割や対応方法を連携相手に知ってもらうことが適切な連携のために重要なことである。

参考文献・URL

児童相談所運営指針 https://www.mhlw.go.jp/bunya/kodomo/dv11/01.html
　　（2019 年 12 月 3 日閲覧）。
厚生労働省（2021）「令和元年度福祉行政報告例の概況」https://www.mhlw.
　　go.jp/toukei/saikin/hw/gyousei/19/dl/gaikyo.pdf（2021 年 6 月 11
　　日閲覧）。
玉井邦夫（2007）『学校現場で役立つ子ども虐待対応の手引き――子ども
　　と親への対応から専門機関との連携まで』明石書店。

（堀口康太）

Q5　家族・子どもが利用できる福祉的なサービスについて説明しなさい

　福祉サービスとは，子どもや保護者が直面している生活課題を解決するためのサービスである。生活課題とは，例えば失業や疾病が原因で生活するのに必要な収入が得られなくなる，子どもが保護者からの虐待の被害を受け，自分の家で安心して暮らすことができなくなるなど，多くの人が経験している暮らしを送ることができなくなる事態のことを指す。ここでは，現代においてクローズアップされてきている2つの生活課題に焦点を当てて，それを解決するために利用できる福祉的なサービスについて論じる。

1．貧困対策・就労支援に関する福祉サービス

　2015（平成27）年度版の子供・若者白書によれば，2012（平成24）年における子どもがいる現役世帯の相対的貧困率は15.1％である（内閣府，2015）。相対的貧困とは，人がある社会の中で生活する際に，その社会のほとんどの人が送っている普通の生活を送ることができない状態を示している（阿部，2012）。つまり，子どもが相対的貧困の状態にあるとは，学校に通学する，クラブ活動を行う，友達と遊びに行くなど，多くの子どもが普通に経験することを経験できない生活を送っていることを示す。

　わが国においては特に，ひとり親の相対的貧困率が顕著であり，2012（平成24）年においては，半数以上の54.6％が相対的貧困状態にあるとされている（内閣府，2015）。それゆえ，ひとり親世帯を対象とした支援が喫緊の課題となっている。ひとり親世帯への支援としては，大きく分けると，保護者への就労支援と子どもへのさまざまな機会の提供の2つが挙げられる。

（1）保護者への就労支援

　ひとり親の保護者の就労支援を行う福祉サービスとしては3つの機関が挙げられる。第1は母子家庭等就業・自立支援センターである。このセンターは，専門の相談員による保護者の就職相談，職業紹介や就職セミナーだけで

なく，養育費に関する相談などを行っており，ひとり親世帯の生活に関する
総合的な相談窓口であると言える。第2は生活保護である。生活保護におい
ては，就労支援員などによる就労支援やひとり親世帯の自立を支援するプロ
グラムを活用した，保護者の就労自立に向けた支援が行われている。第3は
ハローワークである。ハローワークでは，マザーズハローワーク，マザーズ
コーナーといった子どものいる保護者に特化した相談窓口を用意して就労支
援を行っている。また，生活保護受給者等就労自立促進事業を通して，生活
保護の担当者とハローワークの相談員が連携した支援も行われており，3つ
の機関は相互に連携しながら，保護者の就労支援を行っている。

（2）子どもへの機会の提供

　子どもへの機会の提供として，代表的なものは学習支援と就労支援の2つ
である。

　学習支援においては，学習の機会を補償することを目的として，NPOな
どによるひとり親や生活保護世帯を対象とした学習支援が全国各地で行われ
ている（三菱総合研究所，2015）。学習支援のかたちはさまざまで，多くの
場合は学習支援を行う拠点を置いて，学習支援員やボランティアが子どもた
ちの学習を支援するが，拠点に来ることが難しい場合には，家庭訪問による
学習支援を行っている場合もある。

　子どもへの就労支援としては，15歳から49歳までを対象とした地域若者
サポートステーション（サポステ）がある。サポステでは，キャリアコンサ
ルタントなどの専門の職員が，個別の相談やコミュニケーションに関する講
座を行うなどして，就労に向けた支援を行っている。

2．外国籍の児童生徒や保護者への福祉サービス

　厚生労働省（2018）によれば，2018（平成30）年10月末日時点において，
わが国で就労している外国人労働者の数は1,460,463人で，過去最高を更新
している。こうした背景から，外国籍の子どもの数も増えてきており，2016
（平成28）年5月時点で，公立学校に在籍する外国籍の子どもの数は80,199
名であり，そのうち日本語指導が必要な子どもは34,335名となっている（文

部科学省，2016）。実に約42%の外国籍の子どもが各教科の学びを習得する前にまず日本語の習得を必要としている状況にある。日本語を理解できないと，学校の授業の内容を理解することができない。その状況に対して，支援を行わないでいると，外国籍の子どもは学習の蓄積や進路選択において，不利な状況に置かれることになる。

　それゆえ，各学校において，外国籍の子どもに対する日本語指導などさまざまな取り組みが行われている。しかし，日本語の指導を行うことができる教員や支援員が不足しており，必要な日本語の指導が学校内で行えていないと回答した学校は2,491校もあったと報告されている（文部科学省，2016）。そうした背景から，学校外でも日本語指導や日本の文化への理解を促すことが必要とされてきている。実際に，行政，公益財団法人，NPOなどが積極的に連携して，学校外で外国籍の子どもや保護者への日本語指導などの支援を行っている例も多く出てきている（表9-5-1）。

　しかし，就学に必要な手続きや費用の支払いといった事務手続き，あるいは保護者面談など，保護者が日本語を習得するまで待っているわけにはいかない状況もある。そのような場合には，通訳ボランティアの活用が有効である。各自治体の国際交流センター，国際交流協会のような団体において，通訳ボランティアを養成，あるいは紹介しており，外国籍の保護者が学校での面談などで，ボランティアを利用して意思疎通を図ることが可能になっている。

表9-5-1　外国籍の子どもや保護者への日本語指導などの取り組み
（総務省，2019から抜粋して作成）

具体的な取り組みの例
訪問型日本語学習事業 　日本語教室が遠方で通えない外国籍の子どものためのボランティアの訪問
外国人学習支援センターの開設 　NPOなどの支援団体と連携した地域における日本語教室など
日本語を母語としない子どもと親のための進路ガイダンス 　進路ガイドブックを作成するなど，市民団体や大学，行政が協働した取り組み

参考文献・URL

阿部　彩（2012）「『豊かさ』と『貧しさ』──相対的貧困と子ども」『発達心理学研究』23，pp.362-374。

厚生労働省（2018）「『外国人雇用状況』の届出状況【概要版】（平成30年10月末現在）」https://www.mhlw.go.jp/content/11655000/000472891.pdf（2019年10月18日閲覧）。

内閣府（2015）「子ども・若者白書」https://www8.cao.go.jp/youth/whitepaper/h27honpen/b1_03_03.html（2019年10月18日閲覧）。

三菱総合研究所（2015）「『生活困窮世帯の子どもの学習支援事業』実践事例集　厚生労働省　平成26年度セーフティネット支援対策事業補助金（社会福祉推進事業）」https://www.mhlw.go.jp/file/06-Seisakujouhou-12000000-Shakaiengokyoku-Shakai/0000080240.pdf（2019年10月18日閲覧）。

文部科学省（2016）「日本語指導が必要な児童生徒の受入状況等に関する調査（平成28年度）の結果について」http://www.mext.go.jp/b_menu/houdou/29/06/__icsFiles/afieldfile/2017/06/21/1386753.pdf（2019年10月18日閲覧）。

総務省（2019）「多文化共生の推進に関する研究会（第4回）議事次第」http://www.soumu.go.jp/main_content/000612054.pdf（2019年10月18日閲覧）。

（堀口康太）

第10章

保護者との連携

Q1　今日の親の子育てをとりまく現状について説明しなさい

1．子育て環境の現状

　現代は，子どもをもつ保護者にとって，子育てに関する多くの課題がある。主な課題としては，子育てや教育にかかる費用などの経済的負担の大きさ，家庭・子育てと仕事の両立の困難さ，家庭における養育力の低下などが挙げられる。これらの背景には，少子化や核家族化の進行，地域のつながりの希薄化など，社会環境の変化によるものが大きい。

　近年では，地域社会の希薄化に伴い，身近に相談できる相手がいないことや，離婚によるひとり親世帯が増加していることなどが，子育ての孤立化につながり，子育てへの負担感が増大していることも報告されている（内閣府，2018）。

2．子育てをめぐる不安や悩み

　2014年に内閣府が行った20代と30代の未・既婚者を対象とした「結婚・家族形成に関する意識調査」では，子育ての不安要素として，「経済的にやっていけるか」が最も多く，次いで「仕事をしながら子育てすることが難しそう」，「きちんとした子どもに育てられるか自信がない」が挙げられている。

　まず，子育てに関する経済的な負担については，食費などの子どもの養育

に関わる費用の他に，教育に関する費用の負担が大きいことが問題視されている。特に，子どものライフステージが進むにしたがって，教育費の負担が重くなっていること，中でも低所得層では，教育費が家計を圧迫している状況もある。さらに，2019 年に行われた独立行政法人労働政策研究・研修機構の調査では，母子世帯で，可処分所得が厚生労働省公表の貧困線を下回っている世帯が 5 割以上存在し，母子世帯における経済的な負担がより深刻なものになっていることが指摘されている。

　次に，仕事と子育ての両立については，1985 年に男女雇用機会均等法が制定され，その後も「出産・育児などによる不利益取扱の禁止」が加えられるなど，女性が育児をしながら働きやすい環境整備に向けた取り組みが行われている。一方では，依然として，女性が家事や育児を担う部分が大きく，出産や育児をきっかけに，女性が仕事を辞めざるおえない状況もある。さらに，子どもの学年が進むほど，子どもの教育費負担が増え，再度，女性（母親）が就労するケースも見られる。子どもの成長や家庭の経済状況に応じて，家族で柔軟に対応していくことが求められている。

　最後に，親の子育てに対する自信のなさについて，子育てをする中で，不安や悩みは誰もが抱えるものであるが，それらを共有したり，気軽に相談したりする場がないこと，もしくはそのような場があっても十分に機能していないことが要因として考えられる。異世代や同世代など，子育てに関した縦・横のつながりを作ること，維持することが難しく，親の悩みや不安を深めることにつながっている。

3．子育て支援制度の整備

　上記のような状況がある一方で，親としてのやりがいを感じながら，子育てを楽しんでいる人も多くいる。国や自治体単位で，子育て支援に関する様々な取り組みが行われており，これらを適切に活用することが，親の子育てに対する負担感の軽減につながっている。

　子育て支援の主なものとしては，2015 年に内閣府が立ち上げた「子ども・子育て本部」による「子ども・子育て支援新制度」がある。本制度では，教

育・保育を一体的に行う施設「認定こども園」の設置，児童手当の給付，幼児教育・保育の無償化などが行われている。

　また，子どもの教育費用の負担軽減については，2020年より文部科学省が行う「高等学校等就学支援金制度」と「高等教育の修学支援新制度」がある。高等学校等就学支援金制度では，高等学校等に通う所得等要件を満たす世帯の生徒に対して，授業料に充てるための就学支援金の支給がなされる。高等教育の修学支援新制度では，大学・短大・高等専門学校・専門学校などの授業料減免と給付型奨学金の拡充が図られている。

4．学校と家庭・地域の連携によるコミュニティ・スクール

　文部科学省は，2004年より地域の住民や保護者のニーズを学校運営に反映させる仕組みとして，学校運営協議会制度（コミュニティ・スクール）を導入した。ここでは，学校支援地域本部や放課後子ども教室，土曜日の教育活動など，学校と家庭・地域の連携・協働により，社会全体で子どもの豊かな学びと成長を支援する取り組みが，幅広く行われている。成果としては，「学校に対する保護者・地域の理解の深まり」や，「地域と連携した取組の組織的な展開」などが報告されている。

　地域社会のつながりが希薄化し，子育てに苦慮する保護者が多い中，今後は，コミュニティ・スクールを核に，学校・家庭・地域の連携・協働により，子どもを育てる環境を整備していくことが重要な課題である。

参考文献・URL

独立行政法人労働政策研究・研修機構（2019）「子どものいる世帯の生活状況および保護者の就業に関する調査（第5回子育て世帯全国調査）」https://www.jil.go.jp/institute/research/2019/192.html（2020年7月30日閲覧）。

コミュニティ・スクールの推進等に関する調査研究協力者会議（2015）「コミュニティ・スクールを核とした地域とともにある学校づくりの一層の推進に向けて」https://www.mext.go.jp/component/b_menu/

shingi/toushin/__icsFiles/afieldfile/2015/03/20/1356133_1_3.pdf
（2020年7月30日閲覧）。

文部科学省（2020）「高等教育の修学支援新制度（授業料等減免と給付型
　　奨学金）」https://www.mext.go.jp/kyufu/index.htm（2020年7月
　　27日閲覧）。

内閣府（2015）「平成26年度『結婚・家族形成に関する意識調査』報告書」
　　https://www8.cao.go.jp/shoushi/shoushika/research/h26/
　　gaiyou-pdf/index.html（2020年7月30日閲覧）。

内閣府（2018）「子供・若者の成長のための社会環境の整備」https://www8.
　　cao.go.jp/youth/whitepaper/h30honpen/s4_2.html（2020年7月30
　　日閲覧）。

（相樂直子）

Q2 保護者の援助ニーズについて説明しなさい

1. 学校教育に対する保護者の意識調査から

　ベネッセ教育総合研究所・朝日新聞社が共同で行った「学校教育に対する保護者の意識調査2018」では，総合的にみて子どもが通う学校に「とても満足している」「まあ満足している」と回答した保護者は合わせて83.8％であり，増加傾向にあることが明らかにされている。この背景には，保護者の学校参画を進める制度により，学校が，保護者との連携強化（例えば，授業公開，教育活動に対する支援要請など）や，情報伝達（学校ホームページ開設など）の取り組みを推進したことが評価されたと考えられている。さらに，学校に望むことについては，「子どもの学校での様子を保護者に伝える」「保護者が気軽に質問したり相談したりできるようにする」「学校の教育方針を保護者に伝える」において，「とても望む」「まあ望む」を合わせると，いずれも９割を超えている。保護者は，引き続き，学校との連携強化や情報伝達に関する取り組みを望んでおり，学校側から保護者に向けた積極的な働きかけが必要とされていることがわかる。近年は，様々な領域において，サービス利用者への情報公開や情報提供が重視され，利用者側の意思決定が尊重されている。学校においても，個人情報の保護に留意しつつ，保護者に必要な情報を発信し，保護者や地域との連携・協働を推進することが望まれる。

2. 学童期・青年期の子どもをもつ親の悩み

　保護者は子育てをする中で，さまざまな不安や悩みをもつ。特に，学童期から青年期においては，勉強がわからない，進路が決まらない，友だちとうまくかかわれないなど，学習や進路，対人面に関する悩みが多く，不登校やいじめなどの問題につながることもある。また，近年は，子どもの発達特性が影響し，これらの悩みや問題をより複雑化・深刻化させ，親が悩むケースも増えている。

　一方，1990年代の後半頃から，親の過剰で一方的な要望が学校に寄せられ，学校に無理難題を要求する親を「モンスターペアレント」と呼ぶ現象が見られた。この背景には，親の地域や家族，親子関係における孤立があり，子育てのストレスを学校に向けているといった指摘もされた（小野田，2011）。これは，親が子育てに関する「困り」を「怒り」として表出することで，親自身のメンタルヘルスを維持しているという見方もできる。

　子どもをもつ保護者の悩みは，多様である。当事者にしかわからない，複雑な背景が関係していることもある。まずは，保護者が何に困っているか，話をよく聴き，学校が保護者にとって安心して話を聴いてもらえる場であり，相談できる場として機能することが大切である。そこから，学校と保護者が適切な関係を築いていくことが，子どもを援助する基盤となる。

3．保護者の援助ニーズとサポート

　田村（2020）は，保護者の援助ニーズについて，「子育てに関する不安や自責の念など精神的なストレスを聴いてもらいたいというカウンセリングニーズ」，「子どもの問題状況について，何をどうしたら良いか知りたいといったコンサルテーションニーズ」の2つがあることを示している。学校は，この2種類の援助ニーズに対して，ていねいに対応することが求められる。

　まず，カウンセリングニーズについては，カウンセリングニーズの高い保護者の状況として，子どもへの関わりに自信を失っている，自分の育て方を否定的にとらえている，子どもの問題を自分のせいだと思い込んでいるなどがある。場合によっては，保護者自身の心身の問題や発達特性が，子どもへの関わりに影響し，子どもの問題状況がより複雑化するケースもある。大河原（2015）は，子どもの感情の育ちの視点から，親が親としてのアイデンティティを維持することが大切であり，親自身が子どもの苦悩と向き合い，葛藤することを抱えられることが重要であると述べている。つまり，子どもの健全な発育・発達に向けて，まずは親のカウンセリングニーズに適切に対応することが重要であろう。次いで，ある程度，保護者の心理的な安定が図られた場合に，コンサルテーションニーズへの対応が求められる（田村，

2020)。

　コンサルテーションニーズについては，保護者が関係者と話し合い，子どもの問題状況について理解を深め，子どもへの関わりについて，チームで検討することが大切である。したがって，学校は，保護者が子どものことについて，安心して話し合える体制を整備することが必要である。小学生の親を対象とした援助要請研究では，他者の子どもであれば心理学的援助を勧めるものの，自分の子どもの場合は，援助要請を行わないパーソナルサービスギャップが見いだされたことが報告されている（Raviv et al., 2009）。その理由として，問題状況に対して，親の期待感が高くて抵抗感も強くなるため，相談したいと思えなくなると考えられている。このことから，保護者は，子どもが問題を抱えている場合，周囲の関わりに対して，より慎重に考え判断していることがわかる。つまり，保護者のコンサルテーションニーズに応じる際には，このような保護者の心情に十分配慮しつつ，話し合いの場を設定し進めることが大切である。

参考文献・URL

ベネッセ教育総合研究所・朝日新聞社（2018）「学校教育に対する保護者の意識調査2018」https://berd.benesse.jp/shotouchutou/research/detail1.php?id=5270（2020年7月30日閲覧）。

小野田正利（2011）「モンスターペアレント論を超えて──保護者の思いと背景を読み取る」『日本小児看護学会誌』20（3），pp.97-102。

大河原美以（2015）「第4章　児童期以降の親子関係における困難」『子どもの感情コントロールと心理臨床』日本評論社，pp.107-123。

Raviv, A., Sharvit, K., Raviv, A., & Rosenblat, S. S.（2009）Mothers' and fathers' reluctance to seek psychological help for their children. *Journal of Child and Family studies*, 18, pp.151-162.

田村節子（2020）「『チーム学校』における保護者との連携」半田一郎編『「チーム学校」入門』日本評論社，pp.73-85。

（相樂直子）

Q3　保護者を援助チームに含めることの意義とその方法について説明しなさい

1．子どもを支える保護者の役割

　子どもが，健全な発育・発達を遂げるには，家庭における親（保護者）の関わりが極めて重要である。そもそも，子どもにとって「親」は，どのような役割を担っているだろう。宮本（2020）は，子どもの発育・発達には，親との愛着形成が基盤となり，愛着の対象となる親には，①養育者の役割（身体・情緒・精神的欲求に適切に応答），②保護者の役割（安全の確保），③指導者の役割（環境に関する情報提供と限界設定）の3つがあることを示している。中でも，学童期から青年期の子どもは，しっかりした親子関係がベースにあることで，愛着機能が内面化・内在化して成熟していくと言われている。言い換えると，子どもの健全な発育・発達には，親が愛着対象として機能すること，さらには，親が親としての役割を果たせるよう，周囲が適切にサポートする必要があると示唆される。一方，田村（2020）は，保護者を「援助を受ける側」としてだけでなく，「援助者として援助を提供する側」と位置付けることを提案している。この場合，保護者の援助ニーズをアセスメントすることが重要であり，保護者の「カウンセリングニーズ」と「コンサルテーションニーズ」の2つへの対応が必要となる（本章Q2参照）。

2．保護者参加のチーム援助とは

　石隈（1999）は，学校心理学の視点から，教師，保護者，コーディネーターが援助チームを形成し，チームで子どもの問題解決を目指す実践モデルを示している。ここで保護者は，我が子を支える「援助者」の立場からチームに参加し，他のメンバーと対等な関係で話し合いに参加できることが望ましい。しかしながら，多くの保護者は，学校から我が子の困難な状況を聞いたり，伝えたりすることには，戸惑いや不安，抵抗をもつだろう。親として

の複雑な心情を十二分に理解し，細やかな配慮をしていくことで，保護者が安心感をもって援助チームに参加することができるだろう。

　一方，保護者が援助チームに参加することに対して，学校側（教員）の態勢はどうだろうか。多くの学校では，教育相談として，担任と保護者，子どもによる二者面談や三者面談が行われている。健康面に関しては，養護教諭が中心となって，健康相談も実施されている。つまり，教育相談や健康相談の枠組みから，既に学校と保護者による話し合いが実施されているのである。今後は，さらに必要な関係者を加え，子どもの問題状況の解決に向けた話し合いを進行し，「チーム会議」へと機能を拡充させることが必要である。

3．保護者参加のチーム援助実践例

（1）対象

中学2年女子A子。家族構成は両親と姉，弟の5人家族。

（2）問題の概要

A子は2年に進級し，夏休み明けから，友人とのトラブルをきっかけに，頭痛や気分不良を訴え，欠席が続くようになった。近くの小児科を受診したところ，器質的な問題は見られなかった。

（3）A子の様子と援助経過

身体症状を訴え欠席が続くA子について，担任，養護教諭，スクールカウンセラー（以下，SC）による話し合いを行った。話し合いでは，これまでのA子の様子について情報を共有し，A子が不登校状態から，保健室登校をできるように援助することを方針とした。さらに，母親が家庭でのA子への関わりに苦慮し，子育てへの不安が高くなっていることから，母親とSCの面接を設定することにした。

　やがてA子は，周囲の働きかけに応じ，保健室に登校するようになった。最初は，A子が周囲の目を気にして遅刻や早退をしたり，保健室でも陰に隠れたりしていたが，徐々に慣れていき，通常時刻に登校し，保健室で安心して過ごせるようになった。母親は，週1回，SCとの面接を続け，子育てに関する不安や悩みについて話をしていた。3カ月程度経過すると，母親から

学校に，「A子の保健室登校の様子を聞きたい」と連絡があった。養護教諭は，このタイミングで担任，SC，母親，養護教諭によるチーム会議を設定した。

　チーム会議では，母親から，保健室登校ができるようになり，家庭でのA子の様子が明るくなったこと，A子の身体症状の訴えが減ったことが語られた。さらに，母親から，両親の意向として，「A子には教室で授業を受けたり，友達と過ごしたりすることで，様々な経験を積んでほしい」ということが語られた。話し合いでは，A子の保健室登校が定着し，心身の状態が安定してきたことを確認し合い，今後の方針を，「A子の意思を確認しながら，無理がないペースで教室への登校を促す」こととした。担任と父親がA子に教室への登校について話をすること，養護教諭はA子が安心して保健室で過ごせるように配慮すること，母親がA子の様子に応じて，励ましやねぎらいの声をかけていくという役割分担も行った。

　年明け頃から，A子は，部分的に教室での授業に参加できるようになった。その間，SCと母親の面接は継続されたが，面接後に，担任と養護教諭が加わり，四者によるチーム会議を行い，A子の様子についてタイムリーに共有していった。チーム会議では，母親から，家庭でのA子の様子が伝えられ，安心してA子に関われるようになったこと，家族全体でA子を支えていることについて話がなされた。

　2月になると，A子は「3年生になったら，高校受験もあるので教室に登校したい」と自ら話し，心の準備を進めている様子が見られた。

　新年度，A子は3年生進級と同時に教室へ登校するようになり，特に問題なく過ごせるようになった。

（4）まとめ

　本事例は，身体症状の訴えが多く不登校になったA子について，保護者を含めた援助チームで関わり，教室への登校につなげた事例である。前半は，主に担任と養護教諭により，A子の保健室登校に関する援助が行われ，SCにより，母親への心理的ケアが行われた。次に，母親から学校に対して，保健室登校に関する情報提供の要求があったタイミングで，担任，養護教諭，

SC，母親によるチーム会議が設定され，両親の意向を尊重した援助方針の検討がなされた。後半は，SCと保護者の定期面接と，関係者によるチーム会議が並行して行われ，チームで継続的な援助を行い，A子の教室への登校復帰が図られた。

　本事例から，保護者の援助ニーズを的確に捉え，保護者のカウンセリングニーズへ対応し，さらに無理のないタイミングで保護者の援助チーム参加を促すことが，効果的な援助につながり，子どもの問題状況の解決に寄与することが示唆された。

参考文献

宮本信也（2020）「第2章　愛着形成と愛着の発達」『愛着障害とは何か──親と子のこころのつながりから考える』エンパワメント研究所，pp.26-35。

田村節子（2020）「第6章　『チーム学校』における保護者との連携」半田一郎編『「チーム学校」入門』日本評論社，pp.73-85。

石隈利紀（1999）『学校心理学──教師・スクールカウンセラー・保護者のチームによる心理教育的援助サービス』誠信書房。

（相樂直子）

Q4　保護者への心理教育の重要性と推奨される内容について説明しなさい

1．子どもの健やかな発達のための保護者への心理教育の重要性

　現代の子どもには，様々な問題が取り巻いている。教育相談で扱う問題も，不登校，いじめ，非行・反社会的行動，精神障害，発達障害など多岐にわたっている。学校における教育相談においては，これらの問題に対して予防や対応といった取り組みをしていく必要がある。しかし，子どもは学校でだけ生活しているのではなく，多くの時間を家庭で過ごしている。教師や友だちからだけ影響を受けているのではなく，家族からも影響を受けている。社会的スキルを高める心理教育，豊かな感情を育てる心理教育，いじめや暴力予防を目的とした心理教育などの心理教育プログラムは，現在，国内外で数多く開発され実施されている。それらの効果については，特に海外の研究において，子どもだけに実施するのではなく，保護者も含めたプログラムにすることでより高まることが明らかにされている。つまり，いくら学校で子どもの心理教育を実施しても，保護者も一緒に取り組んでいかなければ効果は汎化していかないということである。したがって，子どもの健やかな発達のためには，学校と家庭がタッグを組んで心理教育に取り組んでいくことが非常に重要なのである。

　以下では，いじめ問題を取りあげ，予防のための保護者向けのプログラムを概説する。

2．保護者向けいじめ予防の心理教育の内容

（1）いじめ問題に保護者が関わることの意義

　子どものいじめは，現在，非常に大きな問題である。いじめ防止対策推進法が制定されて以降，教育現場では様々な対策がなされてはいるが，なかなかいじめの発生件数の減少の兆しは見えない。その背景には，非常に複雑な

図10-4-1　大人も含めたいじめの構造
（出典：杉本希映・青山郁子・飯田順子・遠藤寛子，2020）

いじめのメカニズムが存在すると考えられる。被害，加害，観衆，傍観といういじめの構造は，よく知られているだろう。しかし，いじめの構造は，子どもたちの中で完結しているのではない。図10-4-1に示したように，子どもたちの周りには，教師や保護者がいて，子どもたちに大きな影響を与えている。さらには，その周りには，大きな地域社会が取り巻いていて，社会情勢などからも影響を受けている。保護者を含めた大人が，どのように子どもたちに関わっていくかも，いじめ予防には重要なのである。

　いじめ防止対策推進法の第9条にも，「保護者の責務等」が主に3つ書かれている。規範意識を養うこと，子どもがいじめを受けた場合に適切に保護すること，学校のいじめ防止に協力することである。このことを知っている教師も保護者も，まだ少ないのが現状ではないだろうか。いじめ問題に保護者が関わる意義を，しっかりとまずは伝えていくことが求められる。

（2）いじめの定義，発生のメカニズム，深刻化する要因

　この詳しい内容は，第4章Q1を参照してほしい。大切なことは，専門用語など難しい言葉を使わずに，どのような保護者にも伝わることを心がけることである。

（3）いじめ予防のための保護者の子どもへの関わり方

　子どもを加害，観衆，傍観する子にしないために，そしていじめられた時には相談できるような子になるためには，日常での親子関係が大切である。

表10-4-1　日常での子どもへの関わり方

		方法	効果
1	子どもの行動についての判断	行動について，「よい行動・望ましい行動」，「あまりよくない行動」，「絶対にしてはいけない行動」の3つの基準で判断し，「絶対にしてはいけない行動」については，「してはいけない」ということをしっかりと伝える。（ペアレントトレーニングの方法）	子どもに規範意識が育ち，いじめか否かの判断もできるようになる。
2	「よい行動」を認め増やしていく	できない時に叱るのではなく，できた時に認めて，よい行動を増やしていく。（ペアレントトレーニングの方法）	よいところに注目する親の姿は，子どものモデルになる。叱って行動をコントロールするよりも，子どもの自己肯定感を育てることになる。
3	様々な感情を育てる	ポジティブな感情もネガティブな感情も大切な感情。どの感情も大切で感じていいということを知り，その感情を親が認めてくれるという安心感の中で，豊かな感情が育っていく。（ソーシャル・エモーショナル・ラーニングの方法）	子どもが何か問題を抱えた時に親に安心して話ができるというよい関係を築くことにもつながる。
4	他者視点を獲得させる	他の人にも自分と同様に様々な感情があるということ，そして，その感情は自分の感情とは必ずしも同じではないということを伝える。相手の子はどう感じたのかに目を向けさせる声かけをしていく。（ソーシャル・エモーショナル・ラーニングの方法）	相手の考えや立場，感情に気付くことができるようになる。
5	問題解決能力をつける	①誰の心も身体も傷つけないこと，②誰かだけが得をすることなく，みんなが公平であること，③実現可能なこと。この3つのルールを守ってどうするか，子ども自身が考える手伝いをする。（セカンドステップの方法）	自分も相手も大切にした解決策を見いだせるような問題解決能力が身に付く。
6	子どもの変化を捉える	子どもが問題を抱えた時に出すサインは様々。落ち込むとは限らない。子どもの普段の生活に目を向け，変化に敏感になる。	いじめだけでなく，子どもが問題を抱えている時に早期に声掛けができるようになる。

表10-4-1にまとめたこれらの方法は，ペアレント・トレーニング，ソーシャル・エモーショナル・ラーニング，暴力予防プログラムなどの方法を参考にしている。この方法は，保護者だけでなく教師のかかわりとしても有効である。子どもは発達途上で，未熟な存在であり，その中で対人関係の葛藤や問題を抱え，いじめの問題も生じてくる。大人が日常的にこれらの方法で子どもに関わることで，いじめではない建設的な方法でその問題を解決できる力が育ってくるのである。

（4）保護者としてのいじめの初期対応

いじめの芽の段階，初期の段階で早期に保護者が対応していくことで，いじめが深刻化することを防ぐことができる。最も大切なことは，被害，加害，観衆，傍観，どの立場であっても，保護者は自分の子どもの味方でなければいけない。いじめという行為を容認するということではなく，どのような立場であっても，その問題に取り組み，解決を目指し，子どもが成長していくためには，保護者が味方である必要があるということである。

初期対応で保護者ができることは，まず子どもの話をよく聞くことである。子どもがどのような立場であれ，いじめに関わっていると知った時，保護者にはいろいろな感情が沸き上がり，冷静になれないかもしれない。しかし，保護者が過剰に感情的になると，子どもは本音を出せなくなる可能性がある。深呼吸をして，穏やかな表情で子どもの目を見て，落ち着いた声のトーンで話を聞くことを心がける。どのよう内容であっても，まずは否定せずに聞く。そして，子どもの主観（子どもの感情，思い，考えなど）と客観的事実（いつ，どこで，誰に，何をした，されたなど）の両方を聞くことを意識することも重要である。これらの情報を整理し学校に伝えて連携していくことで，その後の対応につなげていくことができる。何よりも被害を受けた子どもが，どうしたいのかをていねいに聞いて対応していくことが求められる。このような内容をいじめが起きた時にではなく，年度当初の保護者会などで伝えておくことが必要である。

参考文献・URL

NPO法人日本こどものための委員会（2013）『キレない子どもを育てるセカンドステップ』。

飯田順子・杉本希映・青山郁子・遠藤寛子編著（2021）『いじめ予防スキルアップガイド——エビデンスに基づく安心・安全な学校づくりの実践』金子書房。

文部科学省（2013）「いじめ防止対策推進法」https://www.mext.go.jp/a_menu/shotou/seitoshidou/1406848.htm（2020年4月20日閲覧）。

（杉本希映）

Q5 発達障害のある子どもの親へのペアレント・トレーニングについて説明しなさい

1. ペアレント・トレーニングとは

　ペアレント・トレーニングとは，行動原理に基づいて親が子どもの問題に対応できるようにするために，親を訓練する方法である。1970年代から米国を中心にプログラムが開発され，日本においても1990年代から導入が進んでいる。注意欠如・多動性障害の治療ガイドラインとして開発されてきたが，現在では自閉症スペクトラム障害など発達障害においても有用性が認められている。厚生労働省も発達障害者支援施策の中の発達障害者および家庭等支援事業としてペアレント・トレーニングを推進している。

　ペアレント・トレーニングの目的は，子どもの行動変容，すなわち好ましい行動を増やし，好ましくない行動を減らすための技術を親が習得することである。それにより，親の子育てのストレスを減らすこと，さらには親子で困り感を減らし，心地よく生活を送っていけるようになることを目指している。したがって，子どもの行動変容だけでなく，副次的には親のストレスの低減や虐待予防といった効果にも寄与するものであると言える。

　ペアレント・トレーニングの対象の多くは，効果が期待される就学前から小学生の子どもの親ということになるが，すべての親が参加対象になるわけではない点は，留意が必要である。まず，子どもが幼すぎたり，あるいは知的な問題があるなどにより言葉のやり取りができない場合は，参加は難しい。このトレーニングは，親子での言葉でのやり取りを基本としているためである。また，親の側に知的な問題がある，非常に攻撃的であるなどパーソナリティの問題がある，精神状態が不安的であるなどの場合も，参加は難しい。ペアレント・トレーニングは，グループでの実施となるため，他の親と安定したコミュニケーションが取れることが求められるためである。ペアレント・トレーニングは，親が自分の行動を変えること，宿題をやることなど

親の自主性が求められている。したがって，最も重要な参加の条件は，親自身に自分が変わりたいという意欲があるということである。やる気のない親にむりやりトレーニングを受けさせても効果は期待できないため，モチベーションをしっかりと高めてから参加を勧めることが大切となる。

　ペアレント・トレーニングは親向けの方法であるが，教員がこの方法を知ることで，発達障害のある子どもに対応するときに活用することもできる。また，子どもとのかかわりに困難を抱える保護者との相談を受ける際にも有用であるため，教員も知っておくべき方法と言えるだろう。

２．ペアレント・トレーニングの内容

　ペアレント・トレーニングは現在，ある障害に特化したもの，短期間のものなど，多くのガイドラインが開発されている。ここでは，UCLAが開発したプログラムを奈良教育大と国立精神・神経センターが連携して開発したガイドライン（上林，2009；岩坂，2012）を基に，トレーニングの内容を説明する。

（1）ペアレント・トレーニングの構成

　トレーニングは，１回90分，隔週，全10回で実施される。３人から６人くらいの親とトレーニングを実施するファシリテーターでグループは構成され，10回の間にメンバーが代わることはない。各セッションは，①よいところ探し（前回のセッションからの間に見られた子どものちょっと良かったエピソードを披露），②宿題の報告（毎回のセッションで出る宿題についての報告），③そのセッションの内容（表10-5-1），④次回までの宿題の提示，という決まった流れで行われる。このトレーニングの参加者の中には，子どもの問題への対応がうまくいかず，疲れを感じ，自分の子育てを責めている親もいる。したがって，お互いを否定することなく，どの親もメンバーから受け入れられていると感じ，安心して発言できる温かい雰囲気の中で行っていくことが重要となる。

（2）ペアレント・トレーニングの内容

　各セッションの内容の詳細は，参考文献を参照してほしい。ここでは，トレーニングで実施することの概要を説明する。

表10-5-1　各セッションの内容

	（岩坂，2012）	（上林，2009）
第1回	ミニ講義「発達障害とペアレント・トレーニング」 オリエンテーション，自己紹介・子ども紹介	オリエンテーション 子どもの行動を3種類に分ける
第2回	子どもの行動の観察と理解	ほめる
第3回	子どもの行動への良い注目の仕方	注目しない
第4回	親子タイムと上手なほめ方	注目と無視
第5回	前半のふりかえりと学校との連携	指示する
第6回	子どもが達成しやすい指示の出し方	選ばせる
第7回	上手な無視の仕方（ほめるために待つ）	チャートをつくる
第8回	トークンシステム（ご褒美）とリミットセッティング（限界設定）	制限する
第9回	ほめ方，無視の仕方，タイムアウトのまとめ	連携する
第10回	全体のまとめとこれからのこと，学校との連携（再）	まとめ

　トレーニングの初回では，発達障害のこととトレーニングの目的・効果を説明する。発達障害のある子どもの問題行動は，本人の怠けやわがままなのではなく脳の特性である。その行動に対して，子どもを必要以上に叱り続けると，親も子もイライラして関係が悪くなり，子どもの問題行動が継続してしまうという悪循環に陥ってしまう。また，叱られ続けた子どもは，自己肯定感の低下，抑うつ，他の問題行動の増加といった二次障害が生じてしまう危険性もある。ペアレント・トレーニングは，親自身の子どもへの関わり方を変えることでこの悪循環から抜け出し，問題行動の減少と良好な親子関係を築いていくことを目指す。これらのことを，わかりやすく伝えることで，トレーニングに入るための下準備をし，親の参加に対する意欲を高めていく。

　次は，日常の子どもの行動をよく観察してもらい，「好ましい行動」「好ましくない行動」「許しがたい行動」の3つに分類してもらう。重要なポイントは，なるべく具体的な行動，エピソードで捉えることである。このことにより，よいところなどなく，いつも叱られることばかりしているように見え

ていた子どもの行動が，実は，そうではない時があることに気付くことができるようになる。

　子どもの行動を3つの視点で捉えられるようになったら，今度はその行動に対して，親はどう関わるのかを学んでいく。「好ましい行動」に対しては，ほめる，認めるなど肯定的な関わり方をすることでその行動を増やしていく。「好ましくない行動」に対しては，注目しない，見て見ぬふりをする，好ましい行動をするようわかりやすい指示，選択肢を提示する，そして好ましくない行動を止めた時にほめるなど肯定的な関わり方をする。「許しがたい行動」に対しては，タイムアウト（一時的にゲームを取り上げる，別室に連れていくなど，あらかじめ子どもと決めておいた厳しすぎないペナルティ）などで行動を制限する。このような関わり方ができるようになるために，親は各セッションで様々な方法やスキルなどのトレーニングを受けることになる。最後に，家庭だけでなく学校など他の場所でも問題行動を減らしていくために，学校などと連携してく方法も学ぶ。

　簡単に言うと，子どものよくない行動に注目するのではなく，よい行動あるいは当たり前だけどできている行動に注目するということである。つまり，悪い行動を叱るというのとは逆の関わり方を身に付けてもらうということになる。ペアレント・トレーニングでは，各メンバーが取り組んできたことを労い，お互いのよいところを認めていくことで，親自身の自己肯定感も上がっていく。このことも大きな効果と言えるだろう。

参考文献・URL

岩坂英巳編著（2012）『ペアレント・トレーニングガイドブック——活用のポイントと実践例』じほう。

厚生労働省「発達障害者支援施策の概要」https://www.mhlw.go.jp/stf/seisakunitsuite/bunya/hukushi_kaigo/shougaishahukushi/hattatsu/gaiyo.html（2020年9月19日閲覧）。

上林靖子監修（2009）『ペアレント・トレーニング』講談社。

（杉本希映）

Q6 保護者の障害受容について説明しなさい

1. 障害のある子どもの保護者を理解する重要性

　内閣府による2019（令和元）年の障害者白書によると身体障害，知的障害，精神障害のある人は，国民のおよそ7.6％になるとされている。特別支援学校や教室だけでなく，通常学級においても，様々な障害のある子どもがおり，そしてその保護者がいる。障害のある子どもを学校で支援していくためには，子どもだけに対応していればよいのではなく，保護者と連携していく必要がある。障害の種類や重さにもよるが，多くは病院など外部の専門機関と連携して，学校での対応を決めていくこととなる。したがって，家庭，専門機関，学校が同じ方向性をもって対応していくことが重要である。病院など外部の専門機関に子どもが行っていない場合であっても，家庭との連携は不可欠となる。

　しかし，学校現場では，「保護者が自分の子どもの障害を認めてくれない」，「保護者が専門機関に子どもを連れて行ってくれない」など保護者が協力的でないために困っているということがよく聞かれる。教師の側は，子どもの障害による特性を把握し指導に役立てたいと思うが，保護者の側は消極的であるというギャップが生じているのである。このギャップには，保護者の子どもの障害を受容していく過程が深く関わっている。

2. 保護者が子どもの障害を受容していく過程

　保護者が子どもの障害を受容していく過程は，ドローター他（Drotar et al., 1975）の段階説が有名である（図10-6-1）。自分の子どもに障害があるとわかった時，保護者はそのことをすんなりと受け入れるわけではない。障害受容の初期には，「ショック」を受け取り乱したり，「うちの子に限ってそんなはずはない」と障害を「否認」したり，ひどい落ち込みを伴う「悲しみ」や自他に向かう激しい「怒り」を感じたりする。「否認」の心理が強い

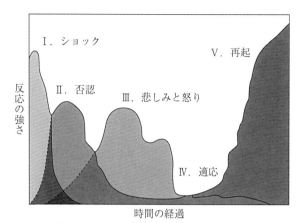

図10-6-1　障害児の親の障害受容の過程（Drotar, 1975に基づく）

と，子どもを病院や専門機関に連れていくのを拒否することもある。「怒り」が他者に向かい，教師の指導力や友だちのせいと非難することもある。「怒り」が自分の子どもに向かってしまい，虐待のリスクが高まることもある。「健康な子どもを産めなかった」と自分を責め，保護者自身が抑うつ的になり子育てが十分にできなくなったり，逆に「自分が頑張らないと」と過剰にやり過ぎてしまうこともある。「ショック」が終わったから「否認」が来るというような一方向のものではなく，この過程を行きつ戻りつしながら，時間をかけて「適応」と「再起」の過程に入っていく。父親，母親，祖父母などが，子どもにどのように関わっているかによっても，この過程は異なってくる。

　教師は，子どもにより適切な指導をしたいと思うがあまり，早く専門機関に行って検査を受けてほしい，学校での子どもの様子を理解してほしいと，保護者に障害受容を急かしてしまうことがないか留意が必要である。保護者のこの複雑な心理過程を理解し，ていねいに話を聞き，保護者の気持ちに寄り添うことが大切である。

3．保護者の子どもの障害を受容していく過程を支える要因

　上述したように保護者が子どもの障害を受容していくためには，保護者を

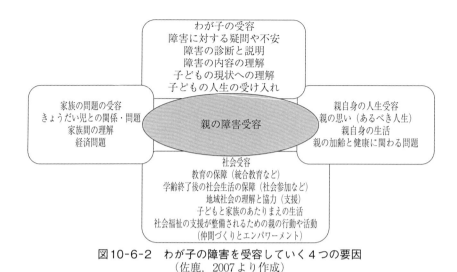

図10-6-2　わが子の障害を受容していく４つの要因
（佐鹿，2007より作成）

サポートする環境があることが必要である。佐鹿（2007）は，保護者が子ど
もの障害を受容していくための４つの要因を明らかにしている。「わが子の
受容」，「家族の問題の受容」，「親自身の人生受容」，「社会受容」という，非
常に多岐にわたる要因が保護者の障害受容には関連している（図10-6-2）。
学校で教師だけが対応できるわけではなく，医療など専門機関による支援，
福祉的な支援，場合によってはカウンセリングなど心理的な支援なども活用
する必要がある。保護者によって，どの支援がより必要であるかは異なる。
まずは，保護者とよく話をすること，保護者の気持ちや考えを知ることで，
どの支援がその時期の保護者に必要かを判断していくことになる。保護者の
支援をていねいに行うことが，子どもの学校での適切な指導，そして子ども
の成長につながっていくことを忘れないようにしたい。

参考文献・URL

Drotar,D., Baskiewicz,A., Irvin,N., Kennell,J., & Klaus,M.（1975）, The
　　　adaptation of parents to the birth of an infant with a congenital
　　　malformation : A hypothetical model, *Pediatrics*, 56(5), pp.710-717.

内閣府「令和元年版障害者白書」https://www8.cao.go.jp/shougai/white
　　paper/r01hakusho/zenbun/siryo_02.html（2020年4月27日閲覧）。
佐鹿孝子（2007）「親が障害のあるわが子を受容していく過程での支援
　　（第4報）――ライフサイクルを通した支援の指針」『小児保健研
　　究』66（6），pp.779-788。

（杉本希映）

第11章

予防・開発的教育相談

1．予防・開発的教育相談とは何か

　学校教育における予防とは，公衆衛生学の概念を精神保健の分野に取り入れた理論をベースとしている。予防は，一次予防から三次予防の３つに分類され，学校心理学における３段階の心理教育的援助サービスも，この３つの予防的介入モデルと共通点がある。特に一次的援助サービスは，全ての児童生徒を対象としており，全ての子どもが共通にもつと考えられるニーズに応じることを目指している。また一次的援助サービスには，児童生徒の問題行動を予防するだけでなく，現状をよりよい状況に高めていくための支援も含まれており，このような視点を「開発的」ととらえることができる。つまり，予防・開発的教育相談（"育てるカウンセリング"）とは，全ての児童生徒を対象に，問題行動を未然に防ぐために集団生活を営むうえで必要となる集団の意識や規範，個人の知識，スキルなどの獲得などを目指し児童生徒の発達や成長を援助することである。

2．予防・開発的教育相談の方法

　具体的な方法として生徒指導提要（2010）を参考に，以下の５つを取り上げる。なお，この他にもグループ・エンカウンターなどの３つが提示されて

いるが，次のＱ２，Ｑ３で紹介しているので参考にしてほしい。

（1）アサーション・トレーニング

アサーションとは，自分も相手も大切にした自己表現やコミュニケーションのことである。アサーション・トレーニングは，1950年代にアメリカで誕生し，心理療法の1つである行動療法のアプローチから開発されたものである。日本には，1980年代に入ってから紹介され，学校現場だけでなく，医療やサービス業などの幅広い分野で活用されている。アサーション・トレーニングは，「主張訓練」と訳されるが，自分の意思や考えを主張することだけを，トレーニングするものではない。大切なことは，相手も尊重したうえで，自分の意思をしっかり伝える方法を学ぶためのトレーニングなのである。相手のことを尊重するためには，「話す」ことだけではなく，「聴く」ことも大切であり，相互交流，相互作用も含めてとらえていく必要がある。

自己表現には，以下の3つがある。

① 非主張的な自己表現：相手の意見を尊重するだけで，自分の意見を後回しにし，言わずに我慢してしまうという行動をとるかたち

② 攻撃的な自己表現：自分の意見や考え，気持ちをはっきり言うが，自分を優先することで相手の言動を抑えつけるようなコミュニケーションのかたち

③ アサーション：相手も尊重したうえで，自分の意見や気持ちを伝えるかたち

①，②は，どちらも適切なコミュニケーションスキルとは言えず，人間関係が固定化し，会話も閉ざされたものとなってしまう可能性が考えられる。一方，アサーティブ（アサーションができている状態をアサーティブと言う）な自己表現では，相手も自分も尊重されるため，結果的に対人関係が円滑になり，心身の健康や適応につながることが期待される。トレーニングでは，「私（アイ）メッセージ」を使うことや，ロールプレイを使った「断り方」などの実践，「DESC法」による問題解決などが実践される。

（2）アンガーマネジメント

アンガーマネジメントとは，怒りの感情と上手に付き合うための心理教育

である。怒りの感情は攻撃行動に結びつきやすいため，怒りに対して上手に
対処できないと，学校場面ではいじめ，暴力などの問題行動につながる可能
性が考えられる。そこで，アンガーマネジメントでは怒らないことを目的に
するのではなく，自分の中に生じた怒りの対処法，つまり怒りを上手にコン
トロールすることで，学校生活への適応や対人関係のトラブルを予防するこ
とを目的とする。実際のトレーニングでは，感情学習（怒りと攻撃的行動が
果たす機能とその結果を学ぶ），認知の再構成（怒りの感情につながりやす
い考えや怒りの兆候に気付く），行動計画の作成（怒りを感じた時の対処や，
普段の生活でできるストレスの対処方法を見つける）など，自分の情動への
認知を促し，適切な方法で怒りに対処する方法を学ぶ。また，呼吸法，動作
法などリラックスする方法を学ぶ実践もある。

（3）ストレスマネジメント教育

　学校では集団の中で日常生活を過ごすため，児童生徒だけでなく，教職員
もストレスに晒されやすい場であると言える。ただし，ストレスの感じ方に
は，個人差が大きいこともおさえておきたいところである。こうした日常生
活の中で生じるストレスについて正しい知識や対処方法を身に付け，セル
フ・ケアできる力を育てるのが，ストレスマネジメント教育である。
　ストレスマネジメント教育の構成要素として，次の4つがある。
①　ストレスの概念を知る
②　生活の中のストレッサー（ストレスを引き起こす原因）に気付く
③　自分のストレス反応（ストレスによって引き起こされる反応）に気付く
④　ストレス対処法を習得する
　④のストレスに対処するスキルとしては，リラクゼーション（例えば，呼
吸法，筋肉弛緩訓練法など），運動，考え方への働きかけ，人に話す，趣味
を楽しむなどがある。また，平常時だけではなく，災害発生など緊急事態が
起こった際にも，積極的に活用していくことが望まれる。

（4）ライフスキルトレーニング

　ライフスキルとは，WHO（世界保健機関）によって，「日常生活で生じる
さまざまな問題や要求に対して，建設的かつ効果的に対処するために必要な

能力」と定義された概念である。スキルは，特定の問題を解決するために役立つ具体的なスキル（調理スキル，運動スキルなど）とさまざまな問題解決に共通して有用な一般的・基礎的スキルに大別でき，後者のスキルのうち心理社会的能力に関係するものがライフスキルに相当する。WHOはライフスキルを，①意思決定，②問題解決，③創造的思考，④批判的思考，⑤効果的コミュニケーション，⑥対人関係スキル，⑦自己認識，⑧共感性，⑨情動への対処，⑩ストレスへの対処，の10種類に整理している。

　ライフスキル教育は，一般的に「知識を行動に結びつけるための学習」として位置付けられており，喫煙，飲酒，薬物乱用，思春期の妊娠の予防など健康教育の分野を中心に，学校教育の中で導入・実践されている。

（5）キャリア・カウンセリング

　学校におけるキャリア・カウンセリングは，自己の可能性や適性についての自覚を深めさせたり，適切な情報を提供したりしながら，子どもが自らの意志と責任で進路を選択することができるように，個別またはグループ別に行う指導援助である。教師が指示や助言を一方的に与えたり，問題解決の方法や意思決定の方向性を教示するよりも，受容的な態度で傾聴し，子どもの考えや気持ちに共感的理解を示し，子どもに寄り添った指導支援が求められる。カウンセリング場面は，学校で計画された定期的な相談に限らず，必要なときに児童生徒を呼び出して行う相談，担当教師が児童生徒と接する，日常の機会を利用した相談も非常に有効である。また，児童生徒が自発的に相談しやすいように，日頃の教育活動の中で児童生徒と信頼関係を構築しておくことも必要である。

参考文献

平木典子監修（2012）『よくわかるアサーション』主婦の友社。

石隈利紀監修，熊谷恵子・田中輝美・菅野和恵編（2016）『ライフスキルを高める心理教育』金子書房。

安保寛明監修，野津春枝（2013）『思春期・青年期版アンガーコントロールトレーニング』星和書店。

（髙橋智子）

Q2 問題の予防に特化したプログラムについて説明しなさい

1．うつ予防のプログラム

　近年，子どものうつ病は，大人のうつ病と同様に増加傾向にある。生徒指導だけでなく学校保健の分野でも，児童生徒のメンタルヘルスの問題は重要なテーマであり，小・中学校及び高等学校において，精神疾患の予防的対応としての心理教育や早期の教育的介入の必要性が指摘されている。

　小学校高学年以上の児童生徒を対象としたうつ予防プログラムでは，認知行動療法を活用した予防プログラムの効果が実証されている。ここでは，代表的なプログラムを2つ紹介する。1つ目は，Penn Resiliency Program（以下，PRP）で，認知行動的技法と社会的問題解決スキルから構成されており，対象者は「考え，感情，行動のつながり」，「悲観的な認知スタイル」，「否定的な考えに挑戦するための認知再構成法」，「コーピングと問題解決のための技法」を学ぶ。さらに，ディスカッションとホームワークを通して，対象者の生活に応用させていくのである。2つ目は，青年を対象としたAdolescent Coping with Depression（CWD-A）で，行動活性化，社会的スキル訓練，リラクゼーション，認知再構成法，問題解決訓練の内容で構成されている。

　日本の学校現場では，特定のプログラムを実施することよりも，適切な自己主張，共感，譲り合い，気持ちのコントロール，葛藤や問題解決と多様な内容が含まれた包括的なプログラムが多く実施されている。こうした学習の結果，他者との関わりからの自己理解の深まりや他者とのほどよい関係を含めた自己のあり方を身に付けることがうつの予防につながる可能性も示唆されている。

2．いじめ防止のプログラム

（1）ピア・サポート

ピア・サポートの「ピア（peer）」とは，「同年代の仲間，同輩」を指しており，「サポート（support）」とは，支援する，援助するという意味である。

ピア・サポートは，もともとカナダ発祥のプログラムであるが，欧州ではいじめ対策として導入・展開されている。個々の役割に特化し，ピア・ヘルピング，ピア・メディエーション，ピア・カウンセリングなどの名称が使用される場合もあるが，仲間による対人関係を利用した支援活動の総称としてピア・サポートと呼ばれることが多い。

日本の学校におけるピア・サポート実践は，さまざまな形態で導入・実践されており，その多くは小学校高学年から中学生を対象としている。また，ピア・サポート実践は，その構成要素として「ピア・サポートトレーニング」と「ピア・サポート活動」に大別できる。トレーニングでは，サポーターとなる児童生徒に対し，そのために必要な知識や社会的スキルを育成することを目的に行われる。ピア・サポート活動では，サポーターがトレーニングで学んだことを生かし，大人の最小限の支えのもとで，サポート活動を実践する。活動の効果として，校内の雰囲気がよくなることなどが報告されており，継続的に活動することでいじめの減少や防止にも効果が期待される実践である。ピア・サポートの実践に関する書籍も，数多く出版されている。

（2）KiVa（Kiusaamista Vastaan=against bullying）プログラム

KiVa（反いじめのフィンランド語の略）は，フィンランドで開発され，いじめ対策として，小学校，中学校の年代の児童生徒全体，教師，保護者，さらに個人あるいは特定の集団（いじめ当事者など）を対象として実施されているプログラムである。その内容は，「KiVaレッスン」と「KiVaゲーム」の2つに大別することができる。「KiVaレッスン」では，話し合い，ショートフィルム視聴，ペアや小グループでの体験学習などを通じて，「仲間意識からくる心理的圧力」「尊敬の念」などの"感情"に焦点を当て，いじめを防止するために自分がどう行動すべきかを学んでいく。「KiVaゲーム」では，

コンピューターを使用した，バーチャル学習型のプログラムで，実際にいじめが発生したことを想定し，その時の対処法についてゲームを通じて学んでいく。

　また，個々のいじめへの対応として，実際にいじめが起こった際の教員と児童生徒がとるべき具体的な対処行動もまとめられている。加えて，KiVa開発チームのメンバーと学校，学校間が連携して取り組めるようなネットワークも構築されている。プログラムの効果としては，KiVa プログラムの実践校では，言葉によるいじめ，身体的ないじめ，ネットいじめを含むいじめ被害の減少が報告されている。

（3）セカンド・ステップ（Second Step：Skills for Social and Academic Success）

　1970年代以降少年犯罪の増加など，暴力を中心とした子どもの問題行動の増加を背景に，1980年代にアメリカで「子どもが加害者にならないためのプログラム」として開発された。集団の中で社会的スキルを身に付け，さまざま場面で自分の感情を言葉で表現し，対人関係や問題を解決する能力と怒りや衝動をコントロールできるようになることが目標とされている。

　プログラムの教材は，①相互理解，②問題解決，③怒りの扱いの3つの柱から構成されている。ぬいぐるみやカードなどの道具を使用したり，ある状況におかれた登場人物の気持ちをそれぞれ想像し，子どもたちが自由に発言したり，参加者同士で話し合いながら，問題を解決する方法を学んでいく。このように，プログラムは専用の教材を用いて，ロールプレイを交えた実践型の学習方法が取り入れられている。また，発達段階に合わせたプログラムがあり，米国では，未就学児向け，小学生低学年向け，高学年向け，中学生向け，およびその保護者向けのプログラムがある。日本版（NPO法人「日本こどものための委員会」）では，対象の発達段階別にコースを6つに分け翻訳出版されている。

3．ネットいじめ防止

　「ネットいじめ」とは，誹謗・中傷の書き込み，個人情報の流出や悪用などである。その特徴としては，学校内で発生するいじめと違い，匿名性が高

く，関与者の認定が難しいことや，加害者・被害者の流動性の高さ，時間的・空間的に制限がないことなどが挙げられる。また，ネットいじめの場合，家庭にいる時間にいじめにあっている可能性が高く，家庭の役割が大きいことが指摘されている。特に，ソーシャル・ネットワーキング・サービス（SNS）を使ったもの，例えばLINEやTwitterといった無料アプリを使ったいじめが中心となっている。

　具体的な予防の方法として，児童生徒に対しての教育，技術面での予防策，さらに学校と外部機関との協力・連携の３つの視点が挙げられる。児童生徒に対しての教育では，ネットいじめに関する基本的な知識を学んだり，ネットリテラシーに関するものなど，さまざまな教材が開発されている。また，ネットトラブルを避けるための具体的な対処法なども，児童生徒だけでなく保護者を対象にしたものも多くある。インターネットに関する知識は，専門的なものも多く，学校の教職員だけで予防策を講じるのは難しい状況である。そのため，通信会社などの民間企業の出前講座や研修会の講師派遣など，校外の資源も積極的に活用していくことが必要である。また，保護者や地域と協力して，予防策の共有やネットの見守りなど，日頃から協力体制を構築しておくことで，ネットいじめ防止の効果を高めると期待される。

参考文献・URL

安心ネットづくり促進協議会　https://www.good-net.jp/（2020年4月20日閲覧）。

戸田有一・青山郁子・金綱知征（2013）「ネットいじめ研究と対策の国際的動向と展望」『〈教育と社会〉研究』23，pp.29-39。

山崎勝之・戸田有一・渡辺弥生編著（2013）『世界の学校予防教育——心身の健康と適応を守る各国の取り組み』金子書房。

（髙橋智子）

Q3 開発的プログラムについて述べなさい

1. 構成的グループ・エンカウンター

　グループ・エンカウンターには，非構成的グループ・エンカウンターと構成的グループ・エンカウンター（以下，SGE）の２種類がある。SGEは，1970年代に國分康孝，國分久子によって日本に紹介された。そこから，予防的・開発的カウンセリングにおける人間関係開発の技法として，学校教育の中で多くの実践が積み重ねられてきた。「構成的」とは，エクササイズを行う際に条件設定をするという意味である。「エンカウンター」とは，「出会い」という意味であり，自分のホンネに気付き（自分との出会い），状況に応じてそれを他者にオープンにすること（他者との出会い）である。SGEでは，エクササイズを介してリレーションを作り，リレーションを介して自己理解，他者発見，人生発見を促進することを目指す援助方法である。

　SGEの進め方は，以下の４つの流れに整理することができる。

① 　インストラクション：参加者が納得して参加するために，エクササイズのねらい・目的や内容・方法，留意点などを説明すること。

② 　エクササイズ：心理面の発達を促す課題である。エクササイズの種類としては，「自己理解」「他者理解」「自己受容」「自己表現・自己主張」「感受性の促進」「信頼体験」の６つの側面に働きかけるエクササイズがある。

③ 　シェアリング：エクササイズに取り組んだあとに行うもので，「エクササイズをして感じたことや気付いたこと」を語り合い，共有し合う。メンバーがお互いに認知（受け取り方・考え方）を修正・拡大するという機能がある。

④ 　介入：リーダー（プログラムの実施者のこと）が行う割り込み指導のことであり，ねらいからはずれた行動が見られたり，心的外傷のおそれがあると感じられたら，介入して軌道修正することが必要である。

　上述した②のエクササイズは，さまざまな種類のものが開発されており，多数あるエクササイズの中から，児童生徒の実態や実施時期，カリキュラムに位置付けられている授業内容などを考慮したうえで，選択して実施していくことが必要である。

　SGEを実践するためのエクササイズ集は，数多く出版されており，学校段階に即した内容に編集されており，導入しやすいと考えられる。ただし，実践者がSGEの体験もなく児童生徒を対象に導入・実践するには，難しい点も多くあるので留意してほしい。

2．ソーシャル・スキル・トレーニング（以下，SST）

　人間関係に関する知識や具体的な技術やコツを総称して，「ソーシャルスキル」と呼ばれている。SSTは，もともとは病院や厚生施設などで実施されていたが，1980年代からアメリカやカナダを中心に教育現場でも活発に用いられるようになったものである。SSTを実施するためには，個々の子どもについて，どのようなスキルが不足しているかを特定する必要がある。この特定化され，トレーニングの目標となるスキルを「ターゲットスキル」と呼ぶ。このターゲットスキルを選定する，一連の流れをアセスメントと言う。アセスメントとトレーニングの評定の詳細については，本章Q6を参照してほしい。

　一般的なSSTの流れは，以下の通りである。

① 　導入：これから始めるSSTについて，また，数回のセッションから成るトレーニング全体の流れについて説明する。

② 　教示：ターゲットスキルが対象者に，どのように，どの程度不足しているのか，また対象者にどんな問題を起こしているのかを説明する。

③ 　モデリング：ターゲットとするスキルのモデルを示し，それを観察させ，模倣させたり，不適切なスキルを見せて誤りに気付かせたりする。

④ 　リハーサル：教示やモデリングで示した適切な反応を，対象者に何回も繰り返し練習させる。ロールプレイなどを使用する。

⑤ 　フィードバック：モデリングやリハーサルで示した行動に対して，適

切である場合には褒め，不適切である場合には修正を加える。

⑥　般化：トレーニングしたスキルが，トレーニング場面以外でも実践されるよう促す。

　実際に学校場面で実施する際には，個別でのトレーニング，学級などの集団でのトレーニングが想定される。学級など集団の中で，特にスキルが低い児童生徒（例えば，攻撃性が目立つ子どもなど）には，個別のトレーニングが有効であろう。また，道徳や特別活動などの授業時間に学んだことを，朝の会や帰りの会などで繰り返すことで，般化を促進させ，児童生徒のソーシャルスキルを高めることができることから，日常生活の中でターゲットスキルの提示やフィードバックを繰り返すなどの工夫が重要である。

3．社会性と情動（感情）の学習（ソーシャルエモーションラーニング：以下，SEL）

　社会性とは，「社会的能力をもとにした社会との関係性」のことであり，情動（emotion）とは，「一般的に明確な表情や生理的返還を伴う，喜び，怒り，悲しみ，恐れ，嫌悪，驚きといった一過性の反応」とされる。日本語としては感情に包括されている概念であると考えられる。SELは，「自己の捉え方と他者との関わり方を基礎とした社会性（対人関係）に関するスキル，態度，価値観を身に付ける学習」と定義されており，この定義に合致する数多くの心理教育プログラムの総称（特定の心理教育プログラムを意味するものではない）である。

　SELはアメリカで誕生したものであるが，その背景には，十分に感情を理解し，統制し，読み取る力が無ければ，強い感情が生じる場面において対人スキルが発揮されないなど，従来実践されてきた心理教育の中で感情へのアプローチの不足が指摘されたことにある。日本においても同様の課題があることから，こうしたプログラムの学校教育への導入は重要なことであろう。

　アメリカではCASELという団体が，SELがエビデンスに基づき，効果の得られる実践となっているかについてプログラム評価を行っている。CASELではSELに共通するねらいとして，5つの基礎的な社会的能力が提

示されている。①自己への気付き（self-awareness），②セルフマネジメント（self-management），③他者への気付き（social awareness），④対人的スキル（relationship skills），⑤責任ある決定（responsible decision-making）である。SELプログラムの実践によって，児童生徒の自信と自尊心，学校や教育に対する態度，彼らの向社会的行動や学業成績が向上することが報告されている。

　日本においても，感情に焦点を当てたプログラムが実践されるようになってきている。Q1にも記載した，ストレマネジメント教育やアンガーマネジメントプログラムなどが挙げられる。また，Q2で取り上げたセカンドステップも，CASELから評価を受けているプログラムの1つである。

　児童生徒のさまざまな問題の予防においても，感情に焦点を当てたプログラムが必要であり，エビデンスに基づいた効果的なプログラムの実践，対象とする子どもの年齢，発達を考慮したプログラム内容の選定，さらにアセスメントの工夫が重要である。この点については，本章Q6を参照してほしい。

参考文献

相川　充（2009）『人づきあいの技術——ソーシャルスキルの心理学』サイエンス社。

山崎勝之・戸田有一・渡辺弥生編著（2013）『世界の学校予防教育——心身の健康と適応を守る各国の取り組み』金子書房。

（髙橋智子）

Q4 学級風土を把握する方法，改善する方法について述べなさい

　日本の学校では学級が1つの重要な活動単位となっており，児童生徒は1年以上の間，固定された学級集団の中で学校生活を送り，さまざまな学校行事を経験する。したがって，自らが1日の大半を過ごす学級の風土，つまり学級がどのような雰囲気や特徴であるかということは，児童生徒にとって重要な意味をもつと言える。また，いじめなどの問題行動を予防することが求められる教師の立場に視点を移すと，学級風土を把握し改善を図るということは学級経営上避けては通れないものと言っても過言ではないだろう。

1．学級風土を把握する方法

　学級風土の把握には，心理測定尺度（以下，尺度）を用いるという方法がある。観察によって把握することもできるが，教師の視点からは見えづらい部分もあるため，尺度を用いた質問紙調査の実施は客観的な情報が得られる有効な方法となる。なお，尺度は（a）学級を構成する各児童生徒の特性から間接的に学級風土を把握する尺度，（b）児童生徒が認識する学級風土を直接的に把握する尺度の2つに大別される。

　（a）間接的に学級風土を把握する尺度に分類されるものとしては，Q-U学級満足度尺度（河村，2000；以下，Q-U），学校適応感尺度（Adaptation Scale for School Environments for Six Spheres〔ASSESS〕；山田・米沢，2011；以下，アセス）がある。Q-Uは，教師との関係に関連する「承認・非承認」，児童生徒間の関係に関連する「侵害・非侵害」の2つの軸から児童生徒の学級適応感を測ることができ，また，学級に属する児童生徒の回答分布の様子から，当該学級の特徴をとらえることができる。次に，アセスは，以下の6領域について主観的適応感を尋ねる尺度である。具体的には，教師との関係に関連する「教師サポート」，児童生徒間の関係に関連する「友人サポート」と「非侵害的関係」，その他に「学習的適応」「向社会的スキル」「生活満足

感」である。

　次に（b）学級風土を直接的に把握する尺度に分類されるものとして，学級風土尺度（Classroom Climate Inventory；以下，CCI；小学生用：伊藤，2009；中学生用：伊藤・松井，2001，伊藤・宇佐美，2017）がある。小学生用CCIは，学級全体で取り組む活動に対し積極的に取り組む雰囲気が学級にあるかを表す「学級活動への関与」，学級内の人間関係の悪さを表す「学級内の不和」，学級での生活の楽しさを表す「学級への満足感」，学級が自分自身のことを安心して話せる環境かどうかを表す「自然な自己開示」，学習活動が重視され熱心に取り組む雰囲気があるかを表す「学習への志向性」，落ち着きがあり教師の指示が通る環境かどうかを表す「規律正しさ」の6つの下位構造をもつ。中学生用CCIはさらに，学級内の生徒間の仲の良さを表す「生徒間の親しさ」，学級内でリーダーシップを発揮する人がいるかどうかを表す「リーダー」が加わり，8つの下位構造をもつ。このようにCCIは多角的に，言わばその学級の性格を浮き彫りにすることができる尺度である。

　2種類の尺度は，それぞれ長所が異なる。間接的に学級風土を把握する尺度は，個々の児童生徒の学級への適応の状態が把握できるため，誰にどのような側面（学習なのか対人面なのかなど）から介入をすればよいかという指針立案に役立てやすいという長所がある。他方CCIは，学級風土そのものを把握することができるので，教師は児童生徒の目線から学級の状態を把握することができ，そこから教師目線では得られない新たな発見が得られる可能性があるという長所がある。両者を併用するという方法も考えられるが，負担が大きすぎる場合には，特にどのような情報を得たいのかという目的を明確にし，尺度を選択することが重要となる。

２．学級風土を改善する方法

　先述の2種類の尺度の構造から，学級風土は大きく分けて，学級内の人間関係（児童生徒間，児童生徒–教師間），学習への態度・行動，規律正しさ，学級生活への満足感の4側面より構成されることが見て取れる。前者3つの側面は学級構成員の行動であり，学級生活への満足感は学級構成員の行動の

結果として各個人が抱く心象と言えるだろう。学級風土への介入を考える際，学級構成員の心象は直接操作できるものではないので，学級構成員の対人行動，学習行動，規律に関わる行動にアプローチすることとなる。

なお「改善」を考える際，一度醸成された当該学級の風土を今よりもよいものにできるよう事後的に介入するだけではなく，よい学級風土が醸成されるよう予防的に介入することも教師には求められている。ここでは，事後的介入，予防的介入の2つの視点で改善方法について述べる。

（1）事後的介入としての改善方法

行動変容を考える際には，応用行動分析学の考え方が参考になる。応用行動分析学においては「きっかけ→行動→結果」という3項随伴性の中で行動をとらえ，標的とする「行動」（以下，標的行動）を定義した後に，「きっかけ」と「結果」への介入を通して行動変容を図る。

介入に先立って，いつ，どこで，誰と一緒にいる時に標的行動が生じるのか，あるいは生じないのかという情報，また，標的行動が「もの・活動獲得」（欲しいものを手に入れたり，人にして欲しい活動をしてもらう機能），「注目獲得」（人から注目を得る機能），「逃避・回避」（好きではない課題や状況から逃れたり，そうした場面を避ける機能），「自己刺激」（その行動をすること自体が楽しいなどその行動をすることにより特定の刺激を得る機能）のうちどの機能を果たしているかについての情報を得ることが重要となる。これらの情報を基に，次のような手続きを取る。

① 見通しをもてるよう活動スケジュールを明示する，もめ事が頻繁に生じる者同士の座席を離すなど標的行動が生起しにくい環境設定を行う。

② 標的行動と同様の機能を果たす適切な代替行動を提示し，併せてその行動が生起した時に強化する（具体的手続きは本章Q3や他書を参照）。

（2）予防的介入としての改善方法

予防的介入についても事後的介入と同じように行動をとらえ，「きっかけ」と「結果」への介入を行っていく。「きっかけ」への介入について具体的には，構成的グループ・エンカウンター（本章Q3参照），ピア・サポート活動（本章Q2参照）などを通したあたたかい人間関係の構築を図ること，ユニ

バーサルデザイン（Universal Design for Learning；以下，UDL）への配慮を通した学びやすい環境の調整を行うこと，望ましい行動や学級内のルールを学級構成員で決めることにより適切な行動を学級構成員で共有することなどが考えられる。なお，学級内で適切な行動を共有する際には，授業中，休み時間，清掃の時間などの生活場面別に適切な行動を決め，一覧表にする。さらに，適切な行動を行った後に強化される仕組みを作る，「結果」への介入も忘れてはならない。

また，UDLへの配慮の具体的な例は次の通りである。

①　教室前面に掲示物を貼らない，戸棚には目隠しをする，水槽ポンプなど音の出る物を教室に置かないなどの集中できる教室環境を整える工夫を行う。

②　机上を整理させる，筆記用具を精選させる，見やすいノートの書き方を指導するなどの授業環境を整える工夫を行う。

③　情報伝達を行う際に，チョークの色を配慮する，言語指示だけでなく文字やイラストなどの情報を併用するなど視覚情報の活用や，端的な指示を出す，個人課題を行っている時に全体への声かけを行わない，追加の指示を出すときには全体の活動を止めてから行うなど聴覚情報への配慮を行う。

参考文献

阿部利彦編著（2017）『決定版！授業のユニバーサルデザインと合理的配慮──子どもたちが安心して学べる授業づくり・学級づくりのワザ』金子書房。

松山康成（2018）「学級全体で取り組むPBIS」栗原慎二編著『PBIS実践マニュアル＆実践集』ほんの森出版，pp.26-37。

大久保賢一（2019）『3ステップで行動問題を解決するハンドブック──小・中学校で役立つ応用行動分析学』学研プラス。

（江角周子）

Q5 学校風土を把握する方法，改善する方法について述べなさい

1．学校風土を把握する方法

（1）そもそも「学校風土」とは何か

　学校の教育目標，教職員や児童生徒，保護者など学校の構成員の特徴，地域の特徴は様々である。その点を勘案すると，学校風土，つまり学校の雰囲気や特徴も千差万別であることは容易に想像されるだろう。

　諸外国の研究において，学校風土を改善することは，いじめなどの問題行動の予防，生徒の学業成績の向上などにつながることが明らかになっており，国内での調査結果からも，学校風土の平均得点が高い学校ほど，いじめ被害が少なく，欠席や遅刻・早退の日数も少ないことが示されている（西村，2017）。したがって，学校に関わる人々の日々の営みにより醸成される各学校の特徴である学校風土は，児童生徒の行動や情緒，学習に影響を及ぼす非常に重要なものであると言えよう。日本では学級風土ほどに関心をもたれているとは言えない状況であるが，学級が学校に包含されるという構造を考えると，必然的に学校風土は学級風土に影響を与えると考えられ，学級風土と同様に関心を示し，改善に取り組むことが望まれる。

（2）学校風土の把握

　把握する方法に入る前に，具体的に学校風土がどのような要素から構成されるのかについて見ていく。学校風土については諸外国において研究が蓄積されており，次の5つの領域から構成されることが明らかになっている。

① 暴力やいじめを予防することにより生徒が身体的・精神的・社会的に安心できること，ルールや規範が公平であることを含む「安全（safety）」

② 他者との関係性（児童生徒同士，児童生徒と教師，教職員同士の関係性など）と自分自身との関係性（セルフケアや自分自身についての受け止め方など）の良好さ，多様性が尊重されること（人種や文化的背景，

経済的背景によって不公平な扱いを受けないなど）を含む「関係性
（relationships）」
③　学習におけるルール，学習の目標や価値が明確にされているかという
　　ことを含む「教授と学習（teaching and learning）」
④　物理的な環境（学級規模や教室のレイアウトなど），教材や人的資源，
　　学校への所属感などを含む「学校環境（institutional environment）」
⑤　学校が組織として学校風土を改善しようとしているかといったことを
　　含む「学校改善のプロセス（the school improvement process）」

なお，先述した通り学校風土の改善と問題行動の予防や学業成績の向上に
関連があることが明らかにされていることから，学校風土は「5つの領域が
高い水準となっていることがよい状態である」という方向性をもつ概念であ
ると考えられる。学校の特徴には人の性格のように様々な側面があり，それ
ぞれ個性があってよいと考えられるが，しかし，先に示した5つの領域は児
童生徒の学校生活の質を担保するためにどのような学校においてもよりよい
水準になるよう努力すべきものであると考えられる。

学校風土の把握においては，学級風土と同様に心理測定尺度（以下，尺
度）を用いるという方法がある。具体的には，文部科学省委託事業として子
どもみんなプロジェクト事務局が作成した「日本学校風土尺度」（Japan
School Climate inventory；JaSC）は先述の諸外国における知見を踏まえて開
発されているため，この尺度を用いて質問紙調査を実施することが1つの方
法として考えられる。JaSCは，身体的・情緒的安全に関する項目と規律に関
する項目からなる「安全」，授業に関する項目と心の教育に関する項目から
なる「教えと学び」，子ども同士の関係，子どもと教師や学校との関係，多
様性の尊重に関する項目からなる「関係」，物理的環境や人的環境（保護者
や地域）に関する項目からなる「環境」の4つの領域に分けられる。先述の
学校風土を構成する5つの領域のうち①～④が含まれており，包括的に学校
風土について把握することができる尺度であると言える。

2．学校風土を改善する方法

　先述した学校風土の領域に関する知見から，学習場面・対人関係場面における ルールや適切な行動の共有と実行のサポート，学校における物理的・人的環境の調整を行うことが必要であり，そうした日頃の活動により，安全で多様性が尊重される風土が醸成されると言える。そのように考えると，教職員が行うべきは，児童生徒の学習場面・対人関係場面における行動への介入，適切な環境設定ということになる。

　改善の方法としては，対人関係，学習など様々な場面における行動にアプローチすることができ，学校風土を改善するための包括的な方法である学校規模ポジティブ行動支援（School-Wide Positive Behavior Support：以下，SWPBS）がある。SWPBSは応用行動分析学に基づいたアプローチであり，大別して，次の4つの構成要素から成る。

① 児童生徒への行動支援の「実践」
② 教職員がエビデンスに基づいた行動支援を計画通り実施できるよう，教職員をサポートする「システム」
③ 児童生徒の行動変容，教職員による行動支援の実行度という2種類の「データ」に基づく，実践およびシステム改善に向けた意思決定
④ 児童生徒の社会的コンピテンスや学業達成などの「成果」

なお，「実践」では次に示すような3階層の連続する支援体制を構成することにより児童生徒を支援する。

① 全ての児童生徒を対象とした行動支援である「第1層支援」
② 第1層支援で効果の見られない児童生徒のグループに対する，より集中的な支援である「第2層支援」
③ 第1，2層支援で効果の見られない児童生徒に対する集中的な個別の支援である「第3層支援」

SWPBSでは，第1層支援における集団への介入を充実させることにより，真に個別支援を必要とする生徒に時間と労力を割き，必要な支援を提供できるようになると考えるのである。

　特に学校風土の改善に関連の深い第1層支援について，その基本的な手続きについて簡単に述べると，次のようになる。

① 　全教職員の意見を集約しながら，児童生徒に期待する目標の設定，対象とする場所や場面の設定を行い，続いて，目標と場所・場面の組み合わせから具体的な標的行動の選定を行う。

② 　児童生徒に対し，標的行動（期待されている行動，その行動が求められる理由等）を教示したうえで，モデリング，ロールプレイ，練習における標的行動への正の強化と修正フィードバックという3つの手続きを実施する。

③ 　学校規模で，標的行動の生起頻度を高めるための強化手続きを考案する。

　こうした支援体制，手続きを用いて，学校全体で組織的に児童生徒のポジティブな行動を増やすための支援を行う取り組みがSWPBSである。

　SWPBS以外の方法として，包括的な方法とは言えないが，学校風土の諸領域のうち特に対人関係場面に焦点を当てた行動支援として，ピア・サポート活動を学校規模で実施することも挙げられる。詳細については本章Q2を参照してもらいたいが，ピア・サポート活動では，児童生徒のサポート行動を促進し，支援的な関係を児童生徒間に構築することを目指す。

参考文献

西村倫子（2017）「日本学校風土尺度の開発について」『子どものこころと脳の発達』8，pp.16-26。

庭山和貴（2020）「学校規模ポジティブ行動支援（SWPBS）とは何か？――教育システムに対する行動分析学的アプローチの適用」『行動分析学研究』34，pp.178-197。

大久保賢一（2018）「学校コンサルテーションとSchool-wide Positive Behavior Support（SWPBS）」柘植雅義監修，奥田健次編著『ハンディシリーズ　発達障害支援・特別支援教育ナビ　教師と学校が変わる学校コンサルテーション』金子書房，pp.19-26。

栗原慎二編著（2018）『PBIS実践マニュアル＆実践集』ほんの森出版。

（江角周子）

Q6 予防・開発的プログラムの進め方について説明しなさい

予防・開発的プログラムの進め方についての説明に入る前に，確認しておくべきことがある。それは実施規模，また，それに関連して誰がプログラム実施者の役割を担うかという点である。

実施規模としては大別すると，学級，学年，学校の３つがある。学級規模で実施する際には，学級担任が自らの裁量でプログラムを進めていくことになる。他方，学年，学校規模で実施する際には，コーディネーターとなる教職員が全体を統括し，他の教職員と協働してプログラムを進めていくことになる。学年規模であれば学年の教員間で選出した担当者，学校規模であれば教育相談担当，教育相談コーディネーターなどが担当することとなるだろう。なお，心理的援助の専門家であるスクールカウンセラーに援助（情報提供，助言など）を求めながら進められるとよいだろう。

予防・開発的プログラムに取り組む際の流れを大まかに示すと，(a) 現状把握（アセスメント），(b) 現状を踏まえたプログラムの選択，(c) プログラムの実施，(d) プログラムの評価，となる。本項では，現状把握とプログラムの選択，プログラムの評価の２つに分けて述べていく。なお，プログラムの実施方法については本章Q1～Q3を参照してほしい。

1．現状把握とプログラム選択

どのような特徴や課題があるのかなど，児童生徒や学校・学年・学級についての現状把握なしにプログラムを選択することはできない。

現状把握の方法としては，観察と質問紙調査が挙げられる。観察は大きく分けて，観察対象（時間，場面など）を明確にして行う組織的観察と観察対象をあらかじめ決めず行う日常的観察がある。また，質問紙調査においては心理測定尺度（以下，尺度）を用いることが多い。例えば本章Q4，Q5で紹介したような，学校風土尺度，学級風土尺度といった集団の特徴を測定す

るもの，アセス，Q-Uといった児童生徒の適応状態を測定するもの，その他には，ソーシャルスキルやサポート行動，ストレス対処能力を測定するものがあるので，得たい情報に応じて選ぶこととなる。

　学校においては，日頃の教育活動の中で教職員は児童生徒の行動を観察（日常的観察）しているため，まず教職員間で情報を共有し，おおよその現状の様子を探り，その情報を補強する形で組織的観察や質問紙調査を行い客観的な情報を得るという方法が望ましく，現実的な方法であろう。

2．プログラムの評価

　現状把握に基づきプログラムを選定して実施するが，忘れてはならないものがプログラムの評価である。

　児童生徒の様々な行動面における問題への対応が求められる中，問題の予防に焦点を当てた予防・開発的な生徒指導・教育相談の重要性が認識されるようになりつつあり，熱心な教師ほど予防・開発的プログラムの導入に積極的であろう。ただ，その行動が機能的でないと，換言すれば，その行動をとることでよい結果が得られたり嫌なことがなくなったりしないとその行動は維持されないという行動の原則を考えると，他の行動と同様に「予防・開発的プログラムに取り組む」という行動も，児童生徒の行動の変容や学校・学級風土の改善という効果が感じられないと維持することは難しい。

　特に，問題解決型の介入に比べ，予防・開発的な介入の効果は把握することが難しい側面がある。なぜなら，問題解決型の介入であればその問題が解消すれば効果があったと理解できるが，予防・開発的な介入については問題発生のリスクを低減，あるいは，小さな問題が生じたときにその問題が大きくならないようにする介入であるから，真に効果が出ている場合，終始，大きな問題は目の前にはないのである。したがって，プログラムを導入する際には，導入段階でいかにプログラムを評価するのかということを検討しておく必要がある。

　プログラム評価の具体的な方法としては，(a) 質問紙調査，(b) 観察，(c) すでにある指標を用いるという3つが挙げられる。

（a）質問紙調査は一般的によく使われるもので，児童生徒本人による評価，教師による評価，級友による評価といった方法がある。具体的には，本章Q４，Q５で紹介した尺度，あるいはプログラムにおいて児童生徒が学ぶ内容に関連する他の尺度を用いることになる。

　効果を検討するためにはプログラムの前後における数値の変化を見ていくことになるが，より妥当性の高い結果を得るためには，プログラムを導入した群（実験群）とプログラムを導入しない群（統制群）を設定し，比較することが望ましい。学級規模の実践であれば同じ学年のプログラムを導入しない他の学級，学校・学年規模であれば近隣の他の学校にも同様の質問紙調査を行うという方法が考えられるが，実際には実施が難しい場合が多々ある。その際には，プログラムを導入した群に対し，事前事後など複数時点において調査を行うこと，加えて，時間の経過に伴う自然な発達的変化による数値の上昇，事前調査を行ったこと自体が児童生徒の行動を変化させたなどの可能性があることを考慮し，調査結果を慎重に解釈することが重要となる。さらに，観察など他の方法による評価を含め総合的に評価を行う姿勢が求められる。

　（b）観察の方法として，ここでは組織的観察について詳述する。まず，組織的観察を行うに当たっては，何を観察するのかということを明確にする必要がある。したがって，プログラムの目標やプログラムにおいて児童生徒が学ぶ内容から，児童生徒を観察する明確で具体的な観点をいくつか設定しておくことが重要である。例えば，学校規模ポジティブ行動支援（以下，SWPBS）においては，授業中や休み時間，廊下など場面・場所ごとに目標行動を具体的に設定し一覧表を作成し，それに基づき介入および行動観察が行われる。なお，評価者となる教職員の負担軽減の観点からは，特定の時間（例えば，１つの授業時間や休み時間）内の目標行動の生起の有無を記録するという方法を用いることが有効となろう。例えば，授業開始時における授業準備行動について，学級担任が授業開始時に「学習に必要な道具をすべて準備できている児童生徒」の人数を記録するという方法がある。

　また，効果を評価するためには観察をどのタイミングで行うかといった

「デザイン」も重要になる。具体的には，プログラムなど特別な介入を行わない時期（ベースライン期：A），介入を行う時期（処遇期：B）という２つの時期を設定し，ベースライン期・処遇期・ベースライン期という３つの時期をおくABAデザイン，２度目のベースライン期の後に再度処遇期を設定するABABデザインがある。ABABデザインでは２度目の処遇期は目標行動がある程度定着したと判断される時期まで継続され，処遇を終了しても行動が維持されているかを確認するため一定期間後に追跡調査を行うことが多い。

　（c）すでにある指標を用いるというのは，文部科学省に報告するため各学校で毎年集計しているいじめ，非行，不登校等の件数を活用するということである。例えばSWPBSでは，適切な行動が増加すれば必然的に問題行動が減るとの考えに基づき，各問題行動の件数をプログラム評価に導入している。

　このような様々な方法を活用し，エビデンスに基づき次の実践内容を検討する努力を行う必要がある。また，教職員のモチベーションを維持するという意味では，成果を見える形にするということに加えて，教職員間で児童生徒の問題行動について情報を共有するだけでなく，予防・開発的プログラムで学んでいる時の児童生徒の反応や日々の学校生活における児童生徒のポジティブな行動，小さな変化・成長といった点も積極的に情報を共有し，予防・開発的プログラムの効果を体感できるような工夫を行うことも重要だろう。

参考文献

小泉令三（2011）『子どもの人間関係能力を育てるSEL-8S 1　社会性と情動の学習（SEL-8S）の導入と実践』ミネルヴァ書房。

大久保賢一・月本　彈・大対香奈子・田中善大・野田　航・庭山和貴（2020）「公立小学校における学校規模ポジティブ行動支援（SWPBS）第１層支援の効果と社会的妥当性の検討」『行動分析学研究』34, pp.244-257。

（江角周子）

第 **12** 章

教師のメンタルヘルス

Q 1　教師のメンタルヘルスを悪化させやすい性格的な要因について述べなさい

　教師のメンタルヘルスを悪化させやすい性格的な要因ついては，諸説の先行研究があるが，ここでは「真面目である」，「熱意がある」，「気づかいができる」として述べていく。

1.「真面目である」こと

　真面目であることは，教師としてだけではなく，人として生きるうえでも大切な資質の１つであるが，時にはその度が過ぎると，理想の高い完璧主義となり，杓子定規で融通が効かなくなって，教育活動に差し障りが出ることがある。物事がうまく進み，順調である時はよいが，雲行きが怪しくなってきた時に，自身の掲げる高い理想に追いつくべく強迫的な努力を重ねて余裕をなくし，周囲の意見を聞かなく（聞けなく）なって，メンタルヘルスを悪化させてしまうのである。

　真面目さと関連する行動特性に，タイプA型行動パターンがある。これは1959年にFriedmanらによって提唱された概念で，狭心症や心筋梗塞などの心臓疾患の発症と密接な関係があり，せっかち，怒りっぽい，競争心が強い，積極的などの性格特徴をもつ（ちなみにこれらの特性をもたない場合をタイプB行動パターンと言う）。タイプA型行動パターンをもつ人は，喫煙や多量飲酒などの不健康な日常行動や，上述したせっかち，怒りっぽい等の

252

性格から，日常的にストレスを受けやすい生活傾向を有していることが指摘
されている。

2.「熱意がある」こと

　熱意があることも教師として，職業人として生きていくうえで大切な性格
要因であるが，これも時と場合によっては空回りしてしまうことがある。教
師が熱意をもって教育活動に携わり，受け手としての児童生徒，保護者，あ
るいは同僚教師が求めるニーズと合致する時はよいのであるが，ニーズとか
み合わない場合や，教師の熱意が強すぎる場合には問題を引き起こすことが
ある。

　ワーカホリックという言葉がある。日本語では仕事中毒と訳されることが
多いが，時としてワーカホリックな教師の熱意が周囲とのトラブルの発端と
なり，教師のメンタルヘルスを悪化させる要因となる。ワーカホリックな人
は仕事に熱心なあまり，仕事のことを常に優先するので，家族を含む周囲の
人とのコミュニケーションをおろそかにし（その帰結として相手のニーズと
かみ合わず），睡眠時間を削ったり，食事に気をつけなかったりして，自分
自身の心身の健康を損なってしまう場合がある。

　次にワーカホリックとも関連する強い熱意を理解するうえで，メサイア・
コンプレックス（救世主コンプレックスとも言う）の行動特性に触れたい。
メサイア・コンプレックスをもつ人は，自分は困っている人を助けられる人
間であるとの意識的・無意識的な思い込みがあり，自分の不幸感を不幸そう
な人に投げ映し，その人を救うことに一生懸命になり過ぎる傾向がある。相
手のためというより自分のための行動であるため，努力が実らずに燃え尽き
たり，感謝が少なくて腹を立てたりと，無意識的な感情に振り回されて，メ
ンタルヘルスを悪化させることがある。

3.「気づかいができる」こと

　気づかいができることは，相手との対人コミュニケーションを円滑にし，
教師としての教育活動を進めるうえで重要な資質の1つであるが，これも程

度が過ぎることで問題になる。

　気づかいが過ぎることで生じる第一の問題は，１人で仕事を抱え込んでしまうことである。周囲に気づかいができるために，「周りの先生たちも大変なのだから…」と一緒に取り組むべき仕事すら頼ることができず，自分で問題を抱えてしまうのである。仕事が順調である時はよいのだが，仕事量が増えて余裕がない時やトラブルが生じて不安が増した時，こういう人たちはともすると自分を責めがちであり，気分が沈んで抑うつ的になったり，食欲不振や不眠になったりして，メンタルヘルスを悪化させやすい。

　気づかいと関連する概念に，1992年にTemoshokが提唱したタイプC型行動パターンがある。この行動パターンをもつ人は自己犠牲的で，自分よりも相手を優先して，我慢強いといった性格特徴をもつとされており，メンタルヘルスを悪化させやすい性格要因となる。

参考文献

井上麻紀（2015）『教師の心が折れるとき』大月書店。

宗像恒次・椎谷淳二（1988）「中学校教師の燃えつき状態の心理社会的背景」土居健郎監修『燃えつき症候群——医師・看護婦・教師のメンタル・ヘルス』金剛出版。

中島一憲（1997）『こころの休み時間——教師自身のメンタルヘルス』学事出版。

中島一憲（2003）『先生が壊れていく——精神科医のみた教育の危機』弘文堂。

武井清栄編（1994）「教師のメンタルヘルス」『現代のエスプリ』323，至文堂。

（信原孝司）

Q2　教師のメンタルヘルスを悪化させやすい環境的な要因について述べなさい

1．教師の長時間労働と多忙さ

　教師のメンタルヘルスを悪化させる環境的な要因の第一には長時間労働があり，その背景には教師の多忙さがある。以下，順に説明したい。

（1）教師の長時間労働

　教師の長時間労働を話題にする時，教師の過酷な労働のあり方を「定額働かせ放題」という言葉で表現されることがある。これは，いくら長時間働いても残業代が支払われない現状を表現したものであり，給特法（公立学校教育職員の給与等に関する特別措置法）を背景とした問題であることが多方面で指摘されている。

　このような長時間労働の中，教師のライフ・イベントとの折り合いが難しくなることもある。例えば，教師の結婚・出産・育児や親の介護などであり，時には人事異動による転勤も重なり，慣れない環境の中で心身ともに疲弊してしまうのである。教師の長時間労働は，メンタルヘルス悪化の大きな環境要因と言えよう。

（2）教師の多忙さ

　教師の多忙さが過労死などの社会問題となって久しいが，その多忙さが休職や退職の大きな引き金となっている場合は多い。

　教師の多忙さの背景には色々な要因が考えられるが，1つには作成する報告書類の増大化や部活動指導の長時間化など，多岐にわたる仕事量の多さが挙げられる。最近では，個人情報の漏えいを防ぐためにUSBメモリーなどの記憶媒体を学校外にもち出せず，報告書類作成で超過勤務せざるを得ない傾向にある。

　もう1つには，学校を取り巻く地域・社会情勢の変化が挙げられる。少子化を含めて家族の単位数は年々減少し，地域社会，特に都市部では，地域住

民間の対人関係の希薄化が指摘されている。子どもと関わる大人が少なくなり，地域として家族を支える力や子どもを育てる力が減退する中で，学校教育が担う課題が今までになく大きくなってきている。今までは家庭や地域が子どもを支え，育てていたことが，何でもかんでも学校任せになっている現状があり，教師の多忙さに拍車が掛かっている。

２．教師同士の対人関係

　教師同士の対人関係も，メンタルヘルスと関連する環境要因である。筆者が現職教師からよく聞くのは，特に学校における管理職との関係である。校長や教頭，あるいは学年主任との関係がうまくいっている時はよいのであるが，こじれてしまって関係修復が難しい場合や，理解ある管理職が人事異動で転勤してしまった時（逆に，人事異動してきた管理職との信頼関係の構築が難しい時），孤立無援感を抱くなどして働く意欲が減退し，メンタルヘルスを悪化させることがある。

　人事異動との関連では，学校運営上の業務分担である校務分掌に関わって問題が起こる場合がある。例えば，小規模校に人事異動となった時，校務分掌は大規模校でも小規模校でも数が変わらないため，教師１人が担当する業務が多くなりがちである。そのような時に慣れない不得手な校務を分担することがあると，教師同士の対人関係もギクシャクして，メンタルヘルスを悪化させやすい。

３．保護者との対人関係

　最近は保護者との対人関係に悩む教師は多い。従来は家庭や地域に教育力があり，周囲の大人が子どもを支える環境があったが，「１．**教師の長時間労働と多忙さ**」で前述したように，近頃は様々なことが学校任せになりがちである。保護者は子どもの教育を学校に頼り，時には頼りきって依存してしまうこともある中で，学校の教育のあり方に強い関心を示す保護者は多い。特に担任教師の指導のあり方や教育方針への関心は強く，違和感を抱く場合は，強い苦情や大きな要求を学校に突きつける事態も増えてきている。

学校教育に強い関心を示す保護者の中には，子どもの発達に何らかの困り感をもっている場合がある。特に保護者が子どもの発達障害特性の受け入れに難しさを抱えている場合，教師の対応次第で保護者のわかってもらえなさが増大し，苦情が繰り返され，過大な要求が突きつけられることもある。

保護者の否定的な意見表明に向き合う作業は労力のかかることではあるが，うまく対応できた場合には信頼関係が形成され，保護者が学校や担任に理解を示してくれることが多い。一方で，保護者の気持ちに寄り添えず，学校への不信感を増大させてしまった場合には，関係がこじれてしまい，教師のメンタルヘルスを悪化させる大きな環境要因となってしまう。

参考文献

井上麻紀（2015）『教師の心が折れるとき』大月書店。

菅野　純（2009）「教師の心のスイッチ」『月刊学校教育相談』23（9），ほんの森出版。

宗像恒次・椎谷淳二（1988）「中学校教師の燃えつき状態の心理社会的背景」土居健郎監修『燃えつき症候群——医師・看護婦・教師のメンタル・ヘルス』金剛出版。

中島一憲（1997）『こころの休み時間——教師自身のメンタルヘルス』学事出版。

武井清栄編（1994）「教師のメンタルヘルス」『現代のエスプリ』323，至文堂。

（信原孝司）

Q3 メンタルヘルスの悪化によって生じやすい教師の不適応問題の特徴について述べなさい

メンタルヘルスの悪化によって生じやすい教師の不適応問題については，心の問題の視点，身体の問題の視点，行動の問題の視点から述べてみたい。

1．心の問題の視点

教師の不適応を心の問題として捉えた時，適応障害として様々な問題が引き起こされている場合がある。例えば，担任教師が学級運営に行き詰まって学級崩壊となった時，耐えがたい無力感を抱いて不安感や抑うつ感が強くなり，出勤できなくなることがある。問題が深刻化，長期化するとうつ病などの精神障害を発症することも多く，休職や退職に追い込まれる場合がある。

他にも，休職期間中に人と接することが怖くなり，対人恐怖や社交不安と呼ばれる状態になることがある。人が怖くて外出できない，人と目を合わせられない場合があるが，人前で顔が赤くなっているに違いない，人前で体が震えているに違いないと思い込む場合もあり（程度の差はあるが，実際には本人が考えているほど深刻ではないことが多い），やがて社会的な交流が乏しくなって，ひきこもり状態となることがある。最近はひきこもりが長期化するケースが増えており，教師本人やその家族の苦しみが長引くこともあって，深刻な社会問題となっている。

2．身体の問題の視点

メンタルヘルスの悪化で生じやすい問題に，心の不適応の問題が身体に症状として出る心身症がある。教師本人の心理的ストレスが背景にあるが，心身症を発している本人はそのストレスに気付いていないことも多い。

（1）食欲不振，睡眠不足，倦怠感

メンタルヘルスが悪化した時，程度の差はあれ誰でも食事と睡眠に異変が表れることがある。例えば，食欲がわかない，寝つきが悪いなどの症状が続

くと，なかなか疲れが取れなくて倦怠感が増していく。問題が深刻化する中で，睡眠障害や食行動異常，うつ病などの精神障害に発展する場合がある。食行動の異常としては，食べ物を受けつけなくなる拒食症と呼ばれる場合や，逆に食欲のコントロールができずに食べ過ぎてしまう過食症といった状態に陥る場合がある（拒食症と過食症を総じて摂食障害と呼ぶ）。

（2）下痢や便秘，消化性潰瘍

下痢や便秘も，メンタルヘルスが悪化した時にはよくみられる症状である。しかし，症状が続き，胃や腸などの消化器官が潰瘍化する，消化性潰瘍になる場合もある。お腹の痛み，下痢や便秘が数カ月以上続く場合は，過敏性腸症候群と呼ばれる症状になることがあり，通勤途中で列車やバスを途中下車したり，勤務中に頻繁にトイレに駆け込んだりして，仕事を続けることが難しくなる場合がある。

（3）脱毛症，皮膚炎

いずれも皮膚に関するトラブルであるが，本人が気付かないうちに，まとまった頭髪が抜け落ちてしまうケースが円形脱毛症である。アトピー性皮膚炎やじんましんなど，皮膚のかゆみや腫れを生じ，炎症がひどくなる場合もある。

3．行動の問題の視点

教師のメンタルヘルスが悪化する時，行動の問題に表れることがある。

（1）暴言や体罰，ハラスメント

教師が心身ともに疲弊していたり，多忙で心理的な余裕がなかったりするなど，メンタルヘルスが悪化する中で，児童生徒への暴言や体罰がなされることがある。些細なことがきっかけで児童生徒への暴言や体罰が引き起こされる場合があり，普段とは違った，急に感情を爆発させるような態度を取ることもあって，被害者の児童生徒だけではなく，周囲の教師も驚くことが多い。

ハラスメントとしてのパワー・ハラスメントは，教師という優位な立場を利用して児童生徒に圧力をかけたり，管理職の教師が優位な地位を利用して同僚教師に圧力をかけたりすることである。そこに性的な要素が加わる時

（相手の意に反する性的言動が見られる時）は，セクシュアル・ハラスメントとなる。いずれも加害者側の教師が懲戒の対象となる問題であり，免職となるような深刻な場合がある。

（2）交通違反などの不祥事

教師のメンタルヘルスの悪化と関連して，スピード違反や酒気帯び運転，飲酒運転などの交通違反が生じることがある。かなりの速度超過や飲酒運転が発覚して，懲戒免職となる場合がある。これらの問題の背景には，メンタルヘルスの悪化による，教師の自律性の弱まりが一因として考えられる。

（3）依存の問題

日常生活の中で，ギャンブル依存やアルコール依存などといった，依存の問題を引き起こす場合がある。教師はメンタルヘルスの悪化に気付いていないことが多く，これらの依存は教師の職務遂行を難しくする。

依存の問題は，教師のメンタルヘルスの悪化による衝動コントロールの欠如などによってもたらされる。教師が本来取り組むべき職務から目を逸らせ，依存によってかりそめの達成感が生じるため，1人では依存を断ち切ることが難しい場合もある。

参考文献・URL

厚生労働省「適応障害」https://www.mhlw.go.jp/kokoro/know/disease_adjustment.html（2020年7月31日閲覧）。

真金薫子編（2018）「教師のSOS メンタルヘルスを守る・支える」『こころの科学』197，日本評論社。

村田豊久・小林隆児編（2011）「教師のうつ」『子どもの心と学校臨床』No.4，遠見書房。

中島一憲（1997）『こころの休み時間——教師自身のメンタルヘルス』学事出版。

竹内健児（2000）『スクールカウンセラーが答える教師の悩み相談室』ミネルヴァ書房。

（信原孝司）

Q4　メンタルヘルスの悪化を未然に防ぐために個々の教師が日頃から留意すべき点について述べなさい

1．4つのケア，セルフケア

　2006（平成18）年，厚生労働省は「労働者の心の健康の保持増進のための指針」を表し，「心の健康づくりの基本的な考え方」として4つのケアを示した。「セルフケア」は，「心の健康づくりの基本的な考え方」の1番目に記されており，重要な位置付けになっている。また，メンタルヘルスの背景にはストレスが関係しているが，ストレスによる健康への影響は，メンタルだけでなく，身体や行動においても認められる。例えば，メンタル不調として代表的なうつ病では，気分が落ち込むだけでなく，体重の増減や身体的不調，気力の減退による行動面での影響を伴うこともある。そこで，「メンタルヘルスの悪化を未然に防ぐために個々の教師が日頃から留意すべき点」について，広くストレスマネジメントの観点から見ていくことにする。

2．ストレスマネジメント教育

　セルフケアを助長するためには，ストレスマネジメント教育の観点が役に立つだろう。これは，ストレスに対する自己コントロール能力を育成するための教育援助の理論と実践であり，次のようなストレスの概念を知る（第1段階），自分のストレス反応に気付く（第2段階），ストレス対処法の習得（第3段階），ストレス対処法の活用（第4段階）から成る（山中，2000）。

（1）ストレスの概念を知る（第1段階）
　stressとは，本来，「物理的な歪み」を意味する言葉であるが，私たちが通常使っているストレスでは，生理学者セリエ（Selye，1936）が「生物的な歪み」について用いたのが始まりとされており，次の2つの意味で用いられている。まず，嫌悪や脅威を感じる「刺激や出来事」を意味しており，専

261

門的に"ストレッサー"と呼ぶこともある。また，この刺激や出来事によって引き起こされる「心身の変化」，つまり本来の「歪み」を示す。

　近年，よく耳にするレジリエンス（resilience）も，もともとは物理学の用語である。「歪み」を意味するストレスに対し，レジリエンスは歪みを「跳ね返す力」として使われはじめ，ボナノ（Bonanno, G.）が2004年に述べた「極度の不利な状況に直面しても，正常な平衡状態を維持することができる能力」という定義が用いられることが多い。「精神的回復力」等と訳されている。後で述べるストレス対処法等を取り入れ，レジリエンスを高めていくとよい。

（2）自分のストレス反応に気付く（第2段階）

　ストレスがかかると，誰でもストレス反応が生じるのが自然であるが，各人によって出やすい反応がある。図12-4-1に，代表的なストレス反応として身体面，心理面，行動面についてまとめた。悩んでいる時や疲れている時に多くなる反応を探し，○で囲んでみるとよい。表れやすいストレス反応の領域を発見できるであろう。ポイントは，"疲れに気付くサイン"として生かし，後述のような対処法へとつなげていくことである。

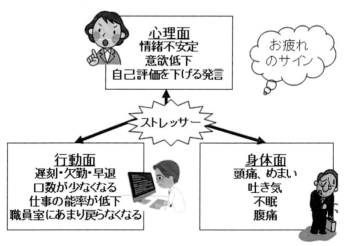

図12-4-1　教師によく認められるストレス反応
（「教職員のメンタルヘルス対策について（最終まとめ）」2013を参考に筆者作成）

（3）ストレス対処法の習得（第3段階）

　ストレス対処法は問題解決型と情動焦点型に大別される。一般的には「情報を収集する」，「計画を立てる」等の問題解決的な対処法が有効とされているが，困難なストレス状況においては「気分の調整に焦点を当てる対処」や「一時的にその場を回避する対処」等が有効であることがわかってきている。

【ストレス解消法を日頃から意識する】

　気持ちが沈んでいる時は，つらいことばかりが思い浮かぶという「ぐるぐる思考」がよく起こる。そのため，普段から楽しかったことや興味のある事柄を用紙に書き留めておき，そうした行動をできる時に少しずつ増やしていくとよい。メンタル不調で余裕のない状態においても過ごしやすくなり，うつ病のような治療段階においても役立つとされている。また，自分の気持ちを安心して話せる親友や家族，同僚等が居るとよい。話すだけでも気持ちがずいぶん楽になるだろう。さらに，専門的な訓練を受けている公認心理師や臨床心理士の場合，気持ちの葛藤を整理しながら，直面する課題や人間関係についても一緒に考えていくことができる利点がある。

　また，ストレス対処法は，環境への介入と個人への介入という2つに大別できる。前者は，次のQ5で扱うこととし，ここではセルフケアとして「個人への介入」について見ていく。「考え方への介入」，「ストレス対処への介入」，「ストレス反応への介入」という3つの観点から，次にいくつか紹介する。

①考え方への介入

　【リフレーミング】

　リフレーミング（reframing）とは，「ある枠組み（フレーム）で捉えられている物事の枠組みをはずして，違う枠組みで見ること」を指し，もともとは家族療法の用語である（西尾，2012）。まず，自らを追い込んでしまう破局的な見方になっている時，その否定的な考え方とともに肯定的な考え方を探していく。プラスの側面とマイナスの側面とを，できるだけ多く書き出すとよい。次に，Webサイトにも「リフレーミング辞典」等が紹介されているので，認知の歪みに気付くようにそれにラベリング（名前付け）する。こ

れは，物事の多面的な見方を行うことで，ポジティブな視点に気付きやすくなる作業である。

【ストレスを越えていくとストレスに強くなる】

　ストレスを乗り越えていくとストレス対処能力が高まったり，人間性が深まる可能性のあることが様々な研究から示されている。近年，着目されているものとして，心的外傷後成長（Posttraumatic Growth in Clinical Perspective：PTG）が挙げられるが，これは「トラウマテックな出来事を体験した人が，その後に，精神的にもがき，苦闘した結果として個人が体験するポジティブな変化の体験」と定義される（Calhoun & Tedeschi, 2013）。Calhoun ら（2013）は，トラウマテックな出来事の後に，自分の弱さだけでなく強みを自覚していく「自己感覚」，他者への思いやりの心が強まる「関係性」，そして，新たな人生の可能性を見いだし，スピリチュアリティに対する意識が深まったり，日々の生活にありがたみを感じたりするなどの「人生哲学」へと至ることを見いだしている。その可能性を知ることも心の支えになるかもしれない。

②ストレス対処（コーピング）への介入

　ストレス場面で必要とされる方法を学ぶことも有用である。日頃から「対処レパートリー」を拡充したり，改善したい具体的な場面を想定し工夫したりしながらリハーサルを繰り返す「行動リハーサル」，自分の行動や考え，感情を自分で観察記録する「セルフ・モニタリング」，そして「コーピングの使い方の再検討」を行っていく方法等がある。プログラム化された「社会的スキル訓練」もある。医療や心理の専門家が関わる機関を利用するのもよい。

③ストレス反応への介入

【リラクセーション】

　心身のストレス反応を自分で緩和するための技法を身に付けることも有用である。これまでの研究から，リラクセーションは緊張や不安感を低減させるという。代表的なものに，呼吸法，自律訓練法，漸進的弛緩法などがある。

【エクササイズ】

医学系の国際的な論文を扱う PubMed を通じて検索すると，ストレス対処法としてエクササイズについても効果検証が進んでいることがうかがわれる。

広島県立教育センターは，2017（平成29）年に教職員のメンタルヘルスためのリフレッシュ体操として「ラーン体操」を開発し，研修会の前に取り入れている。同じ姿勢が続いたり，ストレスによりこわばっている身体を動かしたりしながら自らに向き合っていく作業であり，5分間で行える簡易なものである。公式ホームページからもダウンロードできることから，参考にされるとよい。

（4）ストレス対処法の活用（第4段階）

ストレス対処法を学んだ後は，学習や仕事，家庭などの日常場面で活用することが重要である。興味があり，できそうな対処法から試してみることで，自分に適した対処法として定着するであろう。

公立学校共済組合中国中央病院では，公立学校共済組合広島支部の要請を受け，福利厚生事業の一環として2005年よりメンタルヘルスのための「リラクゼーション・ドック」を実施している。これは各種ストレスマネジメントを含むホリスティックな内容であり，近年，わが国でも人気が高まっているマインドフルネスの背景にある瞑想の根源を扱うプログラム（統合的ヨーガ療法：Integrated yoga therapy）となっている。その有用性は，一般に使用されている自律訓練法等とのランダム化比較試験や，追跡調査等においても確認されており，日常で気軽に活用できる内容となっている。各地域においても様々なセミナーが実施されているので，日頃から積極的に利用されることを推奨する。

参考文献・URL

西尾和美（2012）『リフレーム――一瞬で変化を生みだすカウンセリングの技術』大和書房。

Nosaka, M. & Okamura, H.（2015）A single session of an integrated yoga program as a stress management tool for school employees: Comparison of daily practice and nondaily practice of a yoga therapy program. *Journal of Alternative and Complementary Medicine*, 21（7），pp.444-449.

坂野雄二監修，嶋田洋徳・鈴木伸一編著（2004）『学校，職場，地域におけるストレスマネジメント実践マニュアル』北大路書房。

山中寛・冨永良喜編著（2000）『動作とイメージによるストレスマネジメント教育・基礎編——子どもの生きる力と教師の自信回復のために』北大路書房。

広島県立教育センター（2017）「ラーン体操リーフレット」http://www.hiroshima-c.ed.jp/pdf/top/Learn-leaflet.pdf（2020年5月24日閲覧）。

（野坂見智代）

Q5　教師のメンタルヘルスを維持・改善するための管理職や教育委員会の課題・役割について述べなさい

1．教師のメンタルヘルスを維持・改善するための管理職や教育委員会の課題

　わが国では，1992（平成4）年頃より職場において強いストレス等を感じる労働者が約60％（厚生労働省「労働者健康状況調査」1992, 1997, 2002, 2007, 2012；「労働者安全衛生調査」2017）を占めるようになり，特に教職員については，2000年頃から約10年間で在職者に占める精神疾患による休職者の割合が0.2％から0.6％へと約3倍に増加し（文部科学省「公立学校教職員の人事行政状況調査」2011），現在も高値が続いている。

　2013年には，文部科学省の委託を受けた教職員のメンタルヘルス対策検討会議による「教職員のメンタルヘルス対策について（最終まとめ）」（以下，「最終まとめ」）が示された。それによると，現代の教師のストレッサーには，①提出する書類の量の増加に伴う勤務時間，および仕事量の多さ（校務分掌，研修会・研究会への参加，部活動指導などを含む），②仕事の質的な面（生徒指導，保護者や地域との関係），③教職員間の人間関係，④異動に伴って生じるストレッサー（前任校のように学級経営や生徒指導がうまくいかない，他の教職員との人間関係が確立されていない，事務的な仕事が増える），また，家庭のストレッサーとして子育て，夫婦関係，親や姑などとの関係，親の介護などが挙げられる。このような勤務状況とともに人生の各時期における問題を有する教師において，メンタルヘルスを維持・改善するためには多面的な対策が必要であり，それは管理職や教育委員会の課題である。

２. 教師のメンタルヘルスを維持・改善するための管理職や教育委員会の役割

　こうした背景から労働安全衛生法第70条の２第１項の規定に基づき，厚生労働省は2006（平成18）年３月に「労働者の心の健康の保持推進のための指針」を表し，「心の健康づくりの基本的な考え方」として「４つのケア」を示した。

　教師のメンタルヘルスについては，2013年３月の「最終まとめ」において，その予防的取り組みとして，①セルフケアの充実，②ラインによるケアの充実，③業務の軽減・効率化等，④相談体制等の充実，⑤良好な職場環境・雰囲気の醸成が位置付けられている。これらの取り組みは，先に厚生労働省が示した「４つのケア」の枠組みに基づいて展開するとよいであろう。これらの概要をまとめ，図12-5-1に示す。

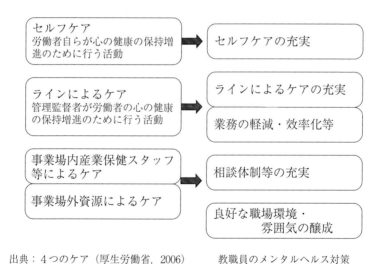

出典：４つのケア（厚生労働省，2006）　　　教職員のメンタルヘルス対策
（文部科学省，2013）

図12-5-1　メンタルヘルス対策

次に，「4つのケア」について見ていくこととする。

（1）セルフケア

メンタルヘルス対策の1番目に示されている「セルフケア」については，本章Q4において述べた。各人がストレス対処能力を育むことは個人のメンタルヘルスを促進することとなり，精神疾患による休職者の未然防止，および復職支援や再発予防の基盤になる。管理職や教育委員会は，各教職員が「セルフケア」を実践できるよう教育研修等を推進することが重要である。

（2）ラインによるケア

ラインとは，一般に管理職を示す。管理職はヘルスケアを推進することが求められている。学校の場合，校長は個々の教師と定期的に面談を行ったり，校長や副校長，教頭，主幹教諭等も含めた管理職が，日頃より本人からの相談とともに他の教職員からの気付きにも耳を傾けたりすることで，各教師の勤務状況や健康状態を把握していくことが必要である。

労働安全衛生法が改正され，2015（平成27）年12月より，常時使用する労働者数が50人以上の事業場ではストレスチェックを年に1回実施することが義務化されており，教職員においても実施されている。ストレスチェック制度では，職場環境改善も目的としており，管理職には集団全体における平均値等の結果が報告されることから，職場環境の把握と改善に役立てることができる。ただし，回答する側にとっては，メンタルヘルスの結果が勤務評定等に影響するのではと懸念し，正確に答えなかったとの声を聞いたこともある。正確な結果を得るためには，個人の検査結果は他者に知られないことを，文章とともに職員会議や配布時に口頭でも説明するなど，安心して回答できるよう周知させる必要がある。また，実施とともに結果の分析なども含めて産業医や看護師，公認心理師や臨床心理士等の専門家の支援を受けるとよい。

校長は，先のような副校長，教頭，主幹教諭も含めたラインによるケアを統括し，校内の現状を総合的に理解することができる立場にあることから，「最終まとめ」の「③業務の軽減・効率化等」，「⑤良好な職場環境・雰囲気の醸成」についても，管理職の代表としてのリーダーシップにより積極的に改

善を推進していくことが望まれる。

（3）事業場内産業保健スタッフ等によるケア

　事業場内産業保健スタッフとは，学校や教育委員会に設置された産業医や保健師，心理士等の専門職が該当する。「最終まとめ」によると，スクールカウンセラー，スクールソーシャルワーカー等を活用することが推奨されている。また，教育委員会に統括産業医と精神科医を配置し，各学校の産業医などと連携して教職員の健康管理を行うことも推奨されている。事業場内産業保健スタッフ等によるケアとしては，セルフケアやラインによるケアが効果的に実施されるよう教職員に対してコンサルテーションや教育研修を行うこと，事業場外資源の窓口となる役割を果たすことが期待される。

（4）事業場外資源によるケア

　学校や教育委員会以外のメンタルヘルスに関する専門家や専門機関としては，公立学校共済組合の直営病院，精神科・心療内科等の医療機関，EAP機関（従業員支援プログラム Employee Assistance Program：事業所において労働者へ提供される，仕事の業績に関わるような個人的問題に対する福利厚生ケア），外部のカウンセリングルーム等がある。専門的な治療，さらには休職中のケアや職場復帰を行う機関もある。

　そのうち，公立学校共済組合の直営病院は，教職員である組合員とその家族に対する福祉事業の一環として設立され，職域病院として位置付けられている。全国の各地域に所在し，医療の提供，および人間ドックなどの健康管理事業やセカンドオピニオン事業とともに，メンタルヘルス対策事業にも力を入れている。「メンタルヘルス相談」では，専門医師または公認心理師，臨床心理士などがプライバシー厳守で対応しており，学校の人間関係やストレスだけでなく，家庭や自身の悩みなども1人で抱え込まず，話すことから始めていくことができる。このほか，各地域の直営病院（「公立学校共済組合○○中央病院」と表記）ごとに特色を有していることから，一例として，公立学校共済組合中国中央病院における各種メンタルヘルス対策事業について，次に簡単に紹介する。「こころの悩みホットライン（電話相談）」では，受付時間内に電話でメンタルヘルス相談ができるため，手軽に利用できる利

点がある。「リラクゼーション・ドック」（共済組合広島支部による福利厚生）は，先にＱ４で記したようなストレスマネジメントに関する理論と体験学習を通じて，「セルフケア」としてのストレス対処能力を育む機会となっている。「こころの健康チェック事業」は，ストレスチェックの義務化に伴い本部・支部との共同事業として設けられている。「公立学校復職トレーニング」では，県市教育委員会との提携により展開しており，心理療法士による心理的サポートや心理療法，元教員をアドバイザーとした模擬授業も組まれていることから，自分のペースで復職へ向かうことができる内容となっている。

　「最終まとめ」の⑤「良好な職場環境・雰囲気の醸成」は，教職員一人ひとりがお互いを尊重し，協力する姿勢において成立する。仮に児童生徒や保護者との関係がこじれた場合でも，教職員間の関係が良好で協力的に解決を図ろうとする職場環境や雰囲気があれば，困難な状況にも取り組んでいけるであろう。

　以上，「教師のメンタルヘルスを維持・改善するための管理職や教育委員会の課題・役割」について述べたが，このようなメンタルヘルスを支え整える側である管理職や教育委員会に位置する人々も含めて，これまで見てきた「最終まとめ」を参考とし，広く教師のメンタルヘルスを維持・改善を推進することが望まれる。

参考文献

広島県教育委員会事務局管理部教職員課・健康福利課（2012）「メンタルヘルスの保持に向けて――学校におけるメンタルヘルス対応事例集」広島県教育委員会。

広島県教育委員会事務局管理部健康福利課（2013）「広島県教育委員会心の健康づくり計画」広島県教育委員会。

石田　弓編著（2018）『教師教育講座 第11巻 教育相談 改訂版』協同出版。

Nosaka M & Okamura H（2015）A single session of an integrated yoga program as a stress management tool for school employees: Comparison of daily practice and nondaily practice of a yoga therapy program. *Journal of Alternative and Complementary Medicine,* vol.21 (7), pp.444 - 449.

（野坂見智代）

新・教職課程演習　第9巻
教育相談

編著者・執筆者一覧

［編著者］

飯田順子　筑波大学人間系准教授，博士（心理学）。
　著書：（共編著）『いじめ予防スキルアップガイド』（金子書房，2021 年），（共編著）『小学生のためのソーシャルスキル・トレーニング』（明治図書出版, 2019 年）。

石田　弓　広島大学大学院教授，博士（心理学）。
　著書：（編著）『教師教育講座　第 11 巻　教育相談　改訂版』（協同出版，2018 年），『「火のある風景描画法」の臨床的有用性に関する研究』（風間書房，2011 年）。

［執筆者］（50 音順）

安部主晃	（広島大学助教）
荒井佐和子	（川崎医療福祉大学講師）
新井　雅	（跡見学園女子大学准教授）
五十嵐哲也	（兵庫教育大学准教授）
石川満佐育	（鎌倉女子大学准教授）
江角周子	（浜松学院大学講師）
大中　章	（福山平成大学教授）
勝見吉彰	（県立広島大学准教授）
川崎知已	（千葉商科大学准教授）
相樂直子	（宮城大学准教授）
杉本希映	（目白大学准教授）
高田　純	（東京工業大学特任講師）
髙橋智子	（東邦大学非常勤講師）
茅野理恵	（信州大学准教授）
中原元気	（株式会社ユグドラシル代表）
野坂見智代	（広島市立大学心と身体の相談センター相談員）
信原孝司	（愛媛大学教授）
林　智一	（香川大学教授）
深瀬裕子	（北里大学准教授）

福田雄一　　（広島文教大学教授）

堀口康太　　（白百合女子大学講師）

本田真大　　（北海道教育大学函館校准教授）

新・教職課程演習　第9巻
教育相談

令和3年11月30日　第1刷発行

編著者　飯田順子 ©
　　　　石田　弓 ©
発行者　小貫輝雄
発行所　協同出版株式会社
　　　　〒101-0054　東京都千代田区神田錦町2-5
　　　　　　　　　電話　03-3295-1341（営業）　03-3295-6291（編集）
　　　　　　　　　振替　00190-4-94061
印刷所　協同出版・POD工場

ISBN978-4-319-00350-1

新・教職課程演習

広島大学監事 野上智行 編集顧問
筑波大学人間系教授 清水美憲／広島大学大学院教授 小山正孝 監修
筑波大学人間系教授 浜田博文・井田仁康／広島大学名誉教授 深澤広明・広島大学大学院教授 棚橋健治 副監修

全22巻　A5判

協同出版